物流师职业资格培训系列教材（公共教材）

现代物流管理基础

清华大学深圳研究生院
广东省职业技能鉴定指导中心　组织编写
深圳市职业技能鉴定指导中心

魏际刚　施祖麟　编著

海天出版社（中国·深圳）

图书在版编目（CIP）数据

现代物流管理基础 / 魏际刚, 施祖麟编著. —深圳：海天出版社, 2004.1
（物流师职业资格培训系列教材）
ISBN 978-7-80654-988-9

Ⅰ. 现… Ⅱ. ①魏… ②施… Ⅲ. 物流—物资管理—技术培训—教材 Ⅳ. F252

中国版本图书馆CIP数据核字（2003）第067906号

现代物流管理基础
XIANDAI WULIU GUANLI JICHU

出 品 人 聂雄前
责任编辑 来小乔 张绪华
责任技编 梁立新
封面设计 刘 晖

出版发行 海天出版社
地 址 深圳市彩田南路海天大厦（518033）
网 址 www.htph.com.cn
订购电话 0755-83460397（批发）0755-83460239（邮购）
印 刷 深圳市希望印务有限公司
开 本 787mm × 1092mm 1/16
印 张 11.5
字 数 256千
版 次 2004年1月第1版
印 次 2017年8月第19次
定 价 20.00元

物流师职业资格培训系列教材
编辑及指导委员会

丛书总序

现代意义上的物流业发端于二十世纪五六十年代，成熟于七八十年代，从全球看，只有不到半个世纪的发展史。以致国外有些著名经济学家和管理学家曾把它称为经济管理领域最后一块神秘未知土地。我国直到九十年代中后期，才开始重视发展现代物流业。但是，我国物流业正处于高速增长的上升阶段，存在着巨大的市场潜力和广阔的发展前景。

人们过去之所以对物流业认识模糊，与这个系统的庞大和复杂分不开。所谓物流是指从原材料和零部件的采购、装卸、运输、转运、生产、包装、贮存、配送、销售，到最终将商品送达用户手中的过程中，所涉及的各个环节的物品移动和滞留的流程形态。研究物流的现实目的在于：综合运用科学技术手段和组织管理方法来降低物流流程的广义成本，从而提高商品生产和流通的效率及经济效益。

物流业已经成为经济全球化过程中最主要的话题之一。国际学术界和业界公认，物流业正在成长为潜力最巨大的利润源泉。我国企业要想迅速融入全球化并在其中得到高额回报，必须以高效率、高质量的金融流、信息流、人力流和物流系统作为支撑。纵观我国产业结构现状，唯现代物流，基础极为薄弱且人们认识模糊，需要我们努力改变之。

为了迅速将我国传统物流系统改造成为现代物流业，我们面临的任务不仅仅是提高其内在的技术含量和管理水平，更重要的是解决人才问题。目前全国物流专门人才严重匮乏，据不完全统计，缺口总量高达 60 万人。如果不能尽快改变这种状况，我国物流业想得到快速健康的发展是困难的。通过高质量的系统的教育培训来改变现有物流人才知识结构，是改变当前现状的重要途径。

深圳市一直高度重视物流业的发展，市政府把物流业定为该市未来经济发展的三大支柱产业之一，制定了《深圳“十五”及二〇一五年现代物流业发展规划》，从陆、海、空全方位地建设物流网络系统，并重点发展大型专业化配送中心专业市场及第三方物流。深圳市还特别重视物流人才的引进和培养。最近，深圳市劳动局和清华大学又合作编写了物流职业资格培训系列教材，用于人员培训。教材由浅入深，兼备实用性、可操作性和理论性。内容框架结构合理，既有详尽的物流现代技术分析，也有全面的管理知识介绍。这套丛书还有一个显著特点，就是比较详细全面地阐述了物流技术与管理的基本技术要素，内容系统、深入、全面，读后有耳目一新的感觉。总的来说，这是一套值得推荐给读者的教材。我希望这套教材的推出，对深圳市以及全国物流人才的培养起到良好而积极的推动作用。

中国就业培训技术指导中心主任

陈宇教授

前 言

物流学科所涉及的知识门类庞杂，总体上讲涉及技术与管理两大门类的知识。解决物流问题，一般需要交通运输、工业工程、机械工程、经济学、管理学等方面的知识；同时也需要信息技术、交通与仓储仿真、自动化技术、供应链管理等现代学科前沿知识作为其基础。

近年来，物流业在全国范围内蓬勃发展，形成了对物流人才的巨大需求。由于我国物流业起步较晚，物流教育相对滞后，迫切需要在借鉴国外物流教育经验的基础上，建立起符合我国现实需求的合理的知识架构，培养出适合我国物流业发展需要的合格人才。

目前迫切需要有合理的知识架构和较为完备的知识呈现给学习者，以培养出有较强专业知识背景的物流人才。培养出一大批合格的人才是保证我国物流基础设施建设、物流产业健康发展的最根本保障。我们依据物流的基本知识体系衍生规律，遵循物流职业资格认证培训的相关标准，设计了本丛书的框架体系。本丛书具有自己鲜明的特色：（一）系统性：从物流管理和物流技术两大角度分别论述，对物流活动中的各功能要素进行了完整系统的分析；（二）层次性：针对各个层次的物流管理和技术人员的实际需要组织教材内容；（三）先进性：充分吸收了当前物流理论和实践中的最新成果和技术。

《现代物流管理基础》一书共分为十章，主要介绍现代物流管理中一些基础性的概念和理论观点，包括物流的基本概念、物流的基本理论、物流活动的范围、物流网络、企业物流、供应链、全球物流、物流企业、物流质量、成本和标准化以及物流相关法规与国际公约等内容。对这些基本概念和理论的阐述和拓展，目的是使读者能够基本上掌握现代物流管理中的核心概念、理论观点和一些重要的方法。

在此，我们向提供资料和研究成果的学者，以及在理论上、经验上给予指导的专家同行致以诚挚的谢意。同时，向给予我们启示的研究先行者致以敬意！

应社会急需仓促编写完成此丛书，错误疏漏在所难免，期望读者、专家不吝赐教。

编者

2003年8月8日于深圳

目　录

第一章　物流的基本内涵和发展阶段

自从有了人类以来，就开始了不同种类的零散物流活动。早期人们为了生存和突破空间地域范围的局限，在搬运和储存方面进行了较大的努力和革新，当企业出现后，更是一直不断地从事运输与储存方面的活动。不过，人们对这些活动绝大多数情况下都是分别进行管理，很少对它们进行总体的协调管理，也很少涉及物流增加产品或服务价值的概念，而增加的这部分价值对于提高最终用户的满意度和实现销售十分重要。

尽管近二十年有关协调物流管理的理念才被普遍接受，但有关运输和物流方面的学术研究可以追溯到 19 世纪 40 ~ 50 年代，当时美国耶鲁大学校长、经济学家亨利·亚当斯（Henry Adams）开设了一门关于铁路运输经济学的课程，它主要是从经济和商业的角度来综合分析运输问题。而关于物流（Logistics），一些学者把该词追溯到拿破仑时代的法国军队中，另外一些学者则认为物流一词出自于 1844 年居里·杜彼特（Jules Dupuit）的一篇关于水运和道路运输的论文中。杜彼特在其论著里明确地阐述了在陆运和水运之间进行选择时，会有一种成本抵消另一种成本（运输成本代替库存成本）的观点："事实是，陆上运输更快捷、更可靠、货损更少，对于能经常投入大量资金的商人，陆上运输有优势。然而，0.87 法郎的节约很可能促使商人使用运河，他要购买仓库，增加运输途中的资本占用，在手中持有足够货物以防运河运输的低速度和不规律运送带来的损失，如果有人告诉他，运输中节约的 0.87 法郎只会为他带来几个生丁的好处，他会倾向于选择新的路线。"①

20 世纪初，国外对物流的研究开始进入一个新的阶段。1901 年，约翰·F·克罗威尔（John F. Crowell）在美国政府报告《行业委员会关于农产品配送的报告》中第一次论述了对农业产品流通产生影响的各种因素和费用。1916 年，阿什·沙（Arch Shaw）在《商业问题的解决途径》一书中，初次论述物流在流通战略中的作用。同年，魏尔德（Weld）引进配送渠道概念。1922 年，弗瑞德·E·克拉克在市场营销中确认了物流的作用。1927 年，拉尔夫·布索迪（Ralph Borsodi）在《流通时代》一书中，正式用 Logistics 称呼物流，物流这个词被定义成很接近它今天的使用方式。

第一节　物流的基本内涵

一、物流的定义

① ［美］罗纳德·H·巴罗：《商业物流管理——供应链的规划、组织和控制》机械工业出版社，2002，P2。

物流的定义随着人们对物流活动和实践的逐步认识而发生变化，其内涵逐步得到丰富、深化和扩展。

美国物流管理委员会定义“物流（管理）是供应链流程的一部分，是为了满足客户需求而对商品、服务及相关信息从原产地到消费管理地的高效率、高效益的正向和反向流动及储存进行的计划、实施与控制过程”。现代物流管理强调把正确质量正确数量产品以正确的方式在正确的时间送达正确地点用户手中的有效性活动的集合。显然，物流已经纳入了企业间互动协作关系的管理范畴，而且要求企业在更广阔的背景上来考虑自身的物流运作。即不仅要考虑自己的客户，而且要考虑自己的供应商：不仅要考虑到客户的客户，而且要考虑到供应商的供应商；不仅要致力于降低某项具体物流作业的成本，而且要考虑使供应链运作的总成本最低。

我们认为，对物流的认识至少应该包括以下几个方面内涵：

(1) 物流中的“物”既包括有形的实体产品，也包括无形的服务；

(2) 物品（包括无形的服务）从起始点向最终点的动静结合的流动过程；

(3) 满足客户需求为目标，追求在正确的时间、以正确的数量、用正确的价格、把正确的产品或服务送到正确地方的正确的客户手中；

(4) 存在对物流活动全过程中各环节的计划、实施、协调与控制。

二、物流的分类

对物流的分类，目前并没有统一的看法，综合已有的论述，可从以下四种角度进行划分：

1．从物流在经济中的运行角度可划分为宏观物流与微观物流

宏观物流是指社会再生产总体的物流活动，从社会再生产总体角度认识和研究物流活动。这种物流活动的参与者是构成社会总体的大产业、大集团。显然，宏观物流在空间上呈现出大跨度，在很大空间范畴内进行活动。在通常提到的物流活动中，下述物流应属于宏观物流，如：国民经济物流、全球物流等，宏观物流研究的主要特点是综合性和全局性。

微观物流是指消费者、生产企业所从事的实际的、具体的物流活动。在整个物流活动中的一个局部、一个环节的具体物流活动也属于微观物流。在一个小的区域空间发生的具体的物流活动也属于微观物流。针对某一具体产品所进行的物流活动也是微观物流。下述物流活动皆属于微观物流，如：企业物流、生产物流、供应物流、回收物流、销售物流、废弃物物流、生活物流等，微观物流研究的特点是具体性和局部性。

2．从物流服务对象角度可划分为社会物流与企业物流

社会物流是指超越一家一户的以一个社会为范畴、以面向社会为目的的物流。这种社会性很强的物流往往是由专门的物流服务供应商提供，社会物流的范畴是社会经济的大领域。社会物流研究再生产过程中随之发生的物流活动，是研究国民经济中的物流活动；研究如何形成服务于社会、面向社会、又在社会环境中运行的物流；研究社会中的物流体系的结构和运行，因此社会物流带有一定的综合性和广泛性。

企业物流是从企业角度研究与之有关的物流活动，是具体的、微观的物流活动的典型领域。企业物流又可以划分为不同典型的具体物流活动，如企业供应物流、生产物流、销售物流、废弃物流和回收物流。

3．从物流活动的空间范围角度可划分为国际（全球）物流、国内物流和区域物流

国际（全球）物流是指不同国家（地区）之间的物流。世界发展主流是国家与国家之间的经济交流越来越频繁，国际、洲际的原材料和商品相互流通，形成国际物流。国际物流的研究已成为物流研究的一个重要分支。

国内物流是指一个国家内部各地区之间的物流。一国所制定的各项法律、方针、政策、规划、标准在所辖的范围内普遍适用，国内物流的运作应遵守该国物流管理部门所制定的行业标准。

区域可以有不同的划分标准：可以按行政区别划分，也可以按地理区域位置划分。划分标准还很多。区域物流是指按以上各种区域展开的物流活动。

4．从物流活动的运作主体可划分为第一方、第二方、第三方和第四方物流

根据运作主体的不同，可将物流的运作模式划分为第一方物流、第二方物流、第三方物流和第四方物流。

第一方物流是由卖方、生产者或供应方组织的物流活动，这些活动的核心业务是生产和供应商品，为了自身生产和销售业务需要而进行物流自身网络及设施设备的投资、经营与管理。

第二方物流是由买方、销售者组织的物流活动，这些活动的核心业务是采购并销售商品，为了销售业务需要投资建设物流网络、物流设施和设备，并进行具体的物流业务运作组织和管理。

第三方物流是指物流活动由供方需方之外的第三方去完成，它是企业物流业务外包的产物。

第四方物流是供应链的集成者，它与职能互补的物流服务提供商一起组合和管理组织内的资源、能力和技术，提出整体的供应链解决方案。

三、物流的若干特性

物流作为涉及多部门、多功能活动的集成，具有若干特性：

1．系统性

物流是一个系统，是由物流各要素所组成要素之间彼此存在有机联系的整体。这个整体十分复杂，内部各要素彼此之间相互作用和相互依赖。

2．客观性

物流活动一直客观存在，只是长久以来未为人们认识，特别是现代物流的活动范围和影响已经渗透到国民经济的方方面面，成为社会经济生活中不可分割的组成部分。

3．大跨度性

这主要表现在两个方面，一是物流活动地域跨度大，二是物流活动时间跨度大。

4．动态性

物流联结多个生产企业和用户，随需求、供应、渠道、价格的变化，系统内的要素及系统的运行经常发生变化，难于长期稳定。稳定性差、动态性强带来的主要问题是要求系统有足够的灵活性与可改变性。

5. 中间层次性

物流系统本身具有可分性，可以分解成若干个子系统；同时，物流系统在整个社会再生产中又主要处于流通环节中，因此它必然受更大的系统如流通系统、社会经济系统制约。

6. 复杂性

物流系统要素本身就十分复杂，如物流系统运行对象“物”，遍及全部社会物资资源，将全部国民经济产品的复杂性最后集于一身不可能不引起物流系统的复杂；此外，物流系统要素间的关系也不像某些生产系统那样简单而明晰，这就增加了系统的复杂性。

7. 效益背反

物流系统中的某一项活动得到优化将会使系统中的另一活动相应劣化，甚至会出现系统总体恶化的结果。这种非常强的“背反”现象常称之为“交替损益”或“效益背反”现象。

8. 网络经济性

物流网络经济性，具体包括物流线路密度经济和物流网络的幅员经济，物流网络经济包括特定产品的线路密度经济、载运工具载运能力经济、车（船、机）队规模经济、港站（枢纽）处理能力经济、线路延长的运输距离经济和由于物流网络幅员扩大带来的多产品经济。

四、物流的目标

物流在社会实践中不断得以发展，是社会分工深化的结果，物流活动的目标符合社会经济发展的规律，可以归纳为以下几个方面：

1. 客户满意

现代物流系统具有很强的服务性，这是一种以客户满意为出发点的服务目标，树立“用户第一”的观念，将商品按照用户的要求，以正确的方式、合理的成本送到用户手中。

2. 降低成本

物流活动是一种降低总成本的活动，这种成本降低活动包括的内容是广泛的，即时间成本的降低、空间成本的降低而且还包括交易成本的降低等。物流系统就是要通过渠道设计和网络分析来提高物流运作的高效性、流动性。

3. 速度经济

及时性并不等于快速性，也就是说它并不只是简单的时间节约，而是指让物品在最恰当的时间送到用户手中。现代物流不仅仅只是物品的传递，更是要通过信息的沟通来实现物品最适合的流动。在物流领域采取的，如直达运输、联合运输、看板、实行按专门路线配送（货运专线运输）等管理和技术，就是这一目标的体现。

4. 规模经济

与生产领域的规模生产一样，在流通领域同样也需要规模化经营。对于物流系统，就是要通过引入机械化、自动化来提高物流设施规模化的处理能力；通过电子计算机和通信技术的应用以及物流网络的建立与完善等来实现信息处理的规模化。

5. 范围经济

范围经济意味着对产品进行共同生产相对于单独生产的经济性。物流的范围经济性指物流企业在同时能够提供运输、仓储、流通加工、配送以及这些功能集成的服务时远比单独建立起一个个功能性企业来提供运输、仓储、流通加工、配送服务更具有效益。

6. 战略与竞争优势

通过物流活动的有效组织和协调，能够对企业的成本降低和差异化产生影响，从而形成相对于竞争对手的竞争优势。

传统运输、仓储、物资等企业纷纷转型发展现代物流，把物流作为一种战略性竞争行为，通过物流服务提供的成本优势和差异化树立起其在行业内的竞争优势。

第二节　物流发展的阶段

物流真正意义上的发展是从20世纪50年代开始的。美国学者爱德华·弗雷泽（Edward Frazelle，2002）从物流活动范围和影响力方面把物流的演进分为五个阶段：工场物流（workplace logistics）、设施物流（Facility Logistics）、企业物流（Corporate Logistics）、供应链物流（Supply Chain Logistics）和全球物流（Global Logistics）五大阶段。如图1－1所示。图中可以看出，20世纪50年代以来，物流的活动范围和影响力正得到不断扩展。

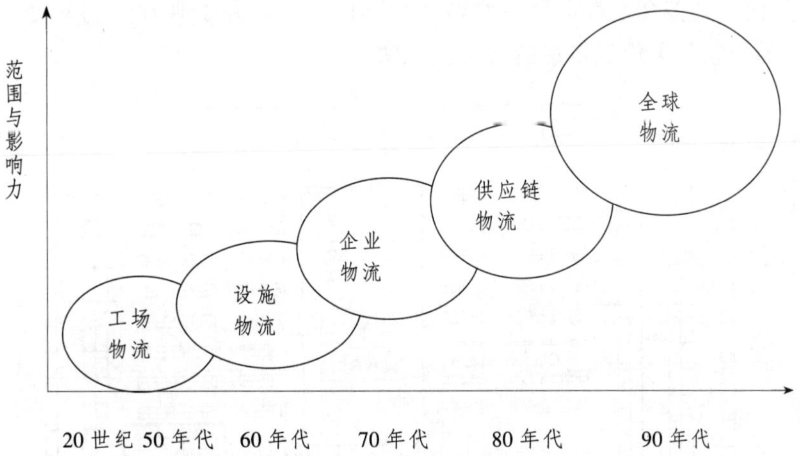

图1－1　物流发展的阶段

一、工场物流

工场（工作场所）物流（见图1－2）是在一个单一工作站的物资流动。工场物流的目标是使得个人在单个机器上工作或使物资沿安装线移动呈平滑状态。工场物流的原理由二战期间工业工程和二战后工厂经营的奠基人发展起来的，人们对这种研究称为工效学。

图 1-2 工场物流

二、设施物流

设施物流（如图 1-3）是指在一个设施内的工作站之间的物资流动，设施物流更一般的是指物料处理。设施可能是指一个工厂、码头、仓库或配送中心，设施物流与物料处理来源于大规模生产和 20 世纪 50～60 年代装配线的使用。这种情况使得从那时起一直到 20 世纪 70 年代，许多企业都保留有物料处理部门。不过到了现在，物料处理活动已不再受到重视，因为它与无价值增加的活动相关联。

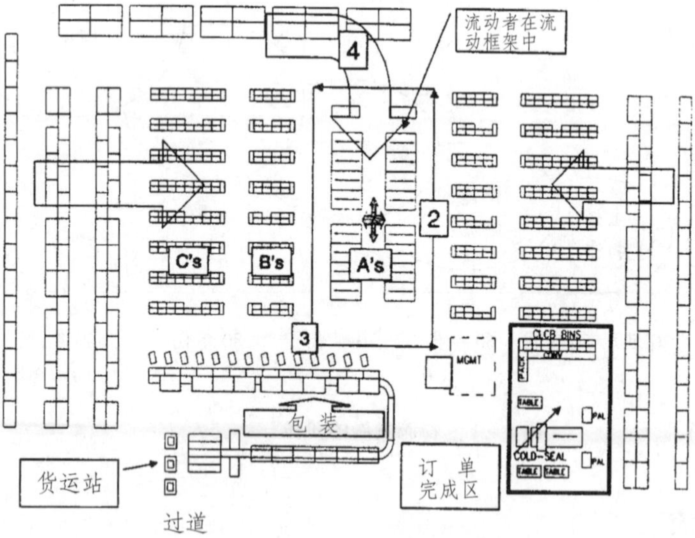

图 1-3 设施物流

在 20 世纪 60 年代，物料处理，仓储和交通被成组在一起，形成人们熟知的实体配送（Physical Distribution）。采购、市场营销和客户服务被成组在一起，形成人们熟知的商业物流（Business Logistics）（即使在今天，对许多学术机构而言，物流仍然按这些项目划分）。在商业院校，物流的教学和研究侧重于商业物流，而在工程类院校，则侧重于实体配送。

三、企业物流

在20世纪70年代，伴随着管理结构和信息系统的相应推动，人们有能力在一个企业内部把物料处理、仓储等其他物流功能部门集成在一起形成具有商业物流和实体配送职能的第一次真正意义上的物流应用。企业物流成为在一个既能减少企业物流总成本又同时形成和保持一个具备盈利能力的满足客户服务目标的过程。

企业物流（图1－4）是一种在设施之间和企业流程中的物资和信息流动过程。企业物流是一种围绕企业经营的物流活动，不同类型的企业，其物流活动的侧重点是不同的。对于一个制造企业，物流活动主要发生在工厂和仓储之间；对于一个批发商，物流活动主要发生在它的配送中心之间；对于一个零售商，物流活动主要发生在它的配送中心与零售商店之间。

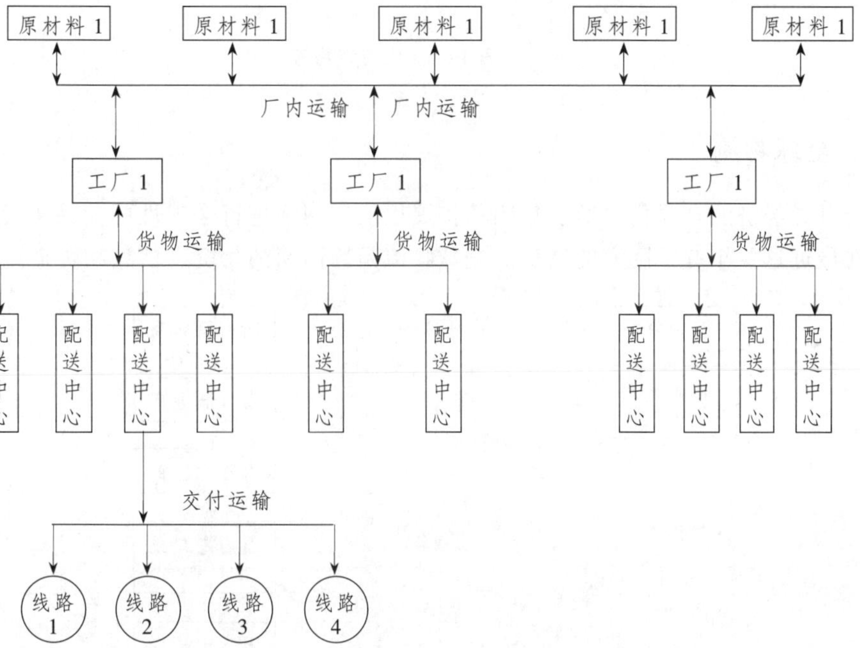

图1－4　企业物流

四、供应链物流

供应链物流（图1－5）是指企业之间的物资、信息和资金的流动。供应链与物流的区别是：供应链是一种由企业的供应商的供应商和它的客户的客户把设施（仓库、工厂、码头、港口、商店以及家庭等）、车辆（卡车、火车、飞机、远洋船舶）和物流信息系统连接起来的网络；物流则发生在供应链当中。借用竞技场的术语，物流是在供应链竞技场中表演的比赛。人们有时把供应链称之为物流网络。

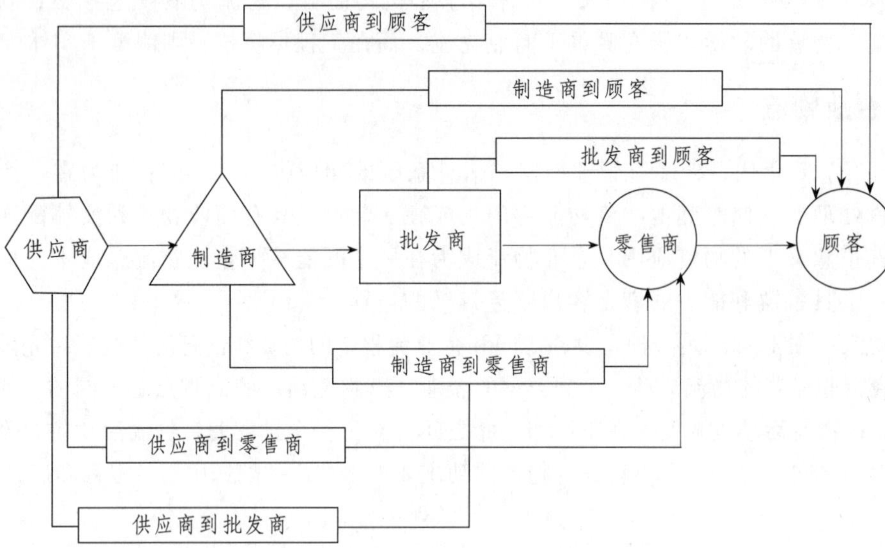

图 1－5 供应链物流

五、全球物流

由于世界经济的全球化、贸易集团的扩展以及用网络进行全球性的商品买卖推动着全球物流在最近这些年有了巨大的增长。全球物流是跨国间的物资、信息和资金流动，是国

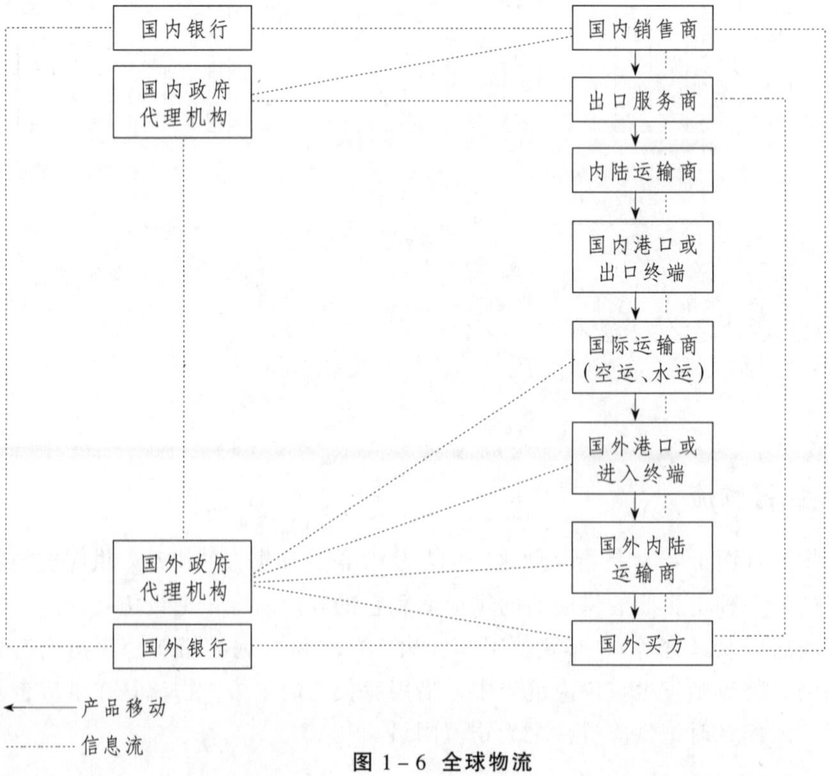

图 1－6 全球物流

际上供应商的供应商通过核心企业与客户的客户的连接，图 1－6 显示的是全球物流的主要参与者。如今，许多产业的高层管理者需要特别管理复杂的全球供应链：从世界各地采购原材料到把最终产品配送到世界各地。他们中的许多人开始认识到企业在供应链管理方面的能力是企业变化的一个重要的杠杆。这种关键性的协作和价值中心能够使企业同时将许多扩展的物质流和信息流建立在一个世界范围的基础之上，并且促成整个企业更有效地利用资产来获得成本优势以及拥有更高的生产率。由于国际商务中的商业伙伴、语言、文件、货币、时间差、文化以及制度的多样性，全球物流比国内物流显得更复杂。

六、下一代物流

许多物流专家相信共同化物流，建立在所有供应链伙伴上的连续、实时优化和沟通的物流模式，将是下一阶段演进的方向。还有一些物流专家认为下一阶段的物流将是虚拟物流或第四方物流，即所有物流活动与管理将外包给第三方物流供应商，而第三方物流供应商反过来被一个当做第四方物流供应商的总承包商所管理。不管下一代物流呈现何种形态，但有一点可以肯定的是，未来的物流活动在企业的成功和失败方面将继续扮演着重要的角色，其范围和影响力将继续得以扩展。

七、物流技术的相应发展

相伴物流活动范围和影响力的扩展，物流技术发展也呈现出阶段性特征：

第一代物流是人工物流。人类自有文明以来，物流一直是世界的一个重要组成部分。初始的物流是从人们的举、拉、推和计数等人工操作开始的。虽然第一代物流是人工的。但即使在今天，人工物流仍存在于几乎所有的社会经济系统中。

第二代物流是机械物流。由于机械的引入，人类的能力和活动范围都扩大了。现代化设备能让人们举起、移动和放下更重的物体，速度也更快。机器延伸了人们的活动范围，使物料堆得更高，在同样的面积上可以储存更多的物料。从 19 世纪中叶到 20 世纪中叶的一个世纪里，这种机械系统一直起主导作用。同时，它在当今的许多物流系统中也仍是主要的组成部分。

第三代物流是自动化物流。自动存储系统（AS/RS）、自动导引车（AGV）、电子扫描器和条形码是自动化系统主要组成部分。同时，自动化物流也普遍采用机器人堆垛物料和包装、监视物流过程及执行某些过程。自动输送机系统提供物料和工具的搬运，加快了运输的速度。物流的效率大大提高了。

第四代物流是集成物流。它强调在中央控制下各个自动化物流设备的协同性。中央控制通常由主计算机实现。这种物流系统是在自动化物流的基础上进一步将物流系统的信息集成起来，使得物料计划、物料调度直到将物料运输到达生产的各个过程的信息，通过计算机网络相互沟通。这种系统不仅使物流系统各单元间达到协调，而且使生产与物流之间达到协调。

第五代物流是智能型物流。在生产计划做出后，自动生成物料和人力需求；查看存货单和购货单，规划并完成物流。如果物料不够，无法满足生产要求，就推荐修改计划以生产出等值品。这种系统是将人工的智能集成到物流系统中。目前，这种物流系统的基本原理已在实际的一些物流系统中逐步得到了实现。

第二章　物流基本理论

伴随着物流概念的起源、形成和发展，人们逐渐产生和形成了对物流的一些重要的认识和理论观点。本章介绍一些最基础性的物流理论知识和观点。

第一节　物流创造的基本效用

物流创造的基本效用包括：时间效用、空间效用形质效用。

一、时间效用

时间效用是“物”从供给者到需求者之间存在有一段时间差，由于改变这一时间差创造的价值，称做“时间价值”或“时间效用”。时间效用是使某件事物可在适当的时间被得到而创造的价值。如果在需要的时候却恰恰无法得到产品，那么此物对于客户来说就不那么有价值了。时间效用通过物流获得的形式有以下几种：

1. 缩短时间

缩短物流时间，可获得多方面的好处，如减少物流损失、降低物流消耗、增加物的周转、节约资金等。

2. 弥补时间

经济社会中，需求和供给普遍存在着时间差，可以说这是一种普遍的客观存在。但是商品本身不会自动弥合这个时间差，如果没有有效的方法，集中生产出的粮食除了当时的少量消耗外，就会损坏掉、腐烂掉，而在非产出时间，人们就会找不到粮食吃。物流便是以科学的、系统方法弥补，有时是改变这种时间差，以实现其“时间效用”。

3. 延长时间

在某些具体物流中也存在人为的能动的延长物流时间来创造效用的。例如，秋季集中产出的粮食、棉花等农作物，通过物流的储存、储备活动，有意识延长物流的时间，以均衡人们的需求，是一种有意识地延长物流时间、有意识增加时间差来创造价值。

二、空间效用

空间效用指的是“物”从供给者到需求者之间有一段空间差，供给者和需求者之间往往处于不同的场所，由于改变“物”的不同场所存在位置，创造的效用称作“空间效用”。空间效用通过产品在合适的地点被购买或消费而为产品创造或增加的价值。

物流创造空间效用是由现代社会产业结构、社会分工所决定的，主要原因是供给和需求之间的空间差，商品在不同地理位置有不同的价值，通过物流将商品由低价值区转移到高价值区，便可获得价值差，即“空间效用”。空间效用有以下几种具体形式。

1. 从集中生产场所流入分散需求场所

现代化大生产的特点之一，往往是通过集中的、大规模的生产以提高生产效率，降低成本。在一个小范围集中生产的产品可以覆盖大面积的需求地区，有时甚至可覆盖一个国家乃至若干国家。通过物流将产品从集中生产的低价位区转移到分散于各处的高价位区有时可以获得很高的利益。

2. 从分散生产场所流入集中需求场所

和上面一种情况相反的情况在现代社会中也不少见，例如粮食是在一亩地一亩地上分散生产出来的，而一个大城市的需求却相对大规模集中，一个大汽车厂的零配件生产也分布得非常广，但却集中在一个大厂中装配，这也形成了分散生产和集中需求，物流便依此取得了空间效用。

3. 从低价值生产场所流入高价值需求场所

现代社会中供应与需求的空间差十分普遍，除了大生产所决定之外，有不少是自然地理和社会发展因素决定的，例如农村生产粮食、蔬菜而异地于城市消费，南方生产荔枝而异地于各地消费，北方生产高粱而异地于各地消费等等。现代人每日消费的物品几乎都是相距一定距离甚至十分遥远的地方生产的。这么复杂交错的供给与需求的空间差都是靠物流来弥合的，物流也从中取得了利益。

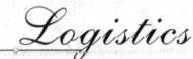

在经济全球化的浪潮中，国际分工和全球供应链的构筑，一个基本选择是在成本最低的地区进行生产，通过有效的物流系统和全球供应链，在价值最高的地区销售，信息技术和现代物流技术为此创造了条件，使物流得以创造价值和增值。

三、形质效用

“物”通过加工而增加附加价值，取得新的使用价值，这是生产过程的职能。在加工过程中，由于物化劳动和活劳动的不断注入，增加了“物”的成本，同时更增加了它的价值。在流通过程中，可以通过流通加工的特殊生产形式，使处于流通过程中的“物”通过特定方式的加工，将供应者手中所具有的形状性质的物资改造成具有需求者所需要的形状性质的物资，创造物资的形质效用，从而增加产品的附加值，这也是物流创造加工价值的活动。

物流创造加工价值是有局限性的。它不能取代正常的生产活动，而只能是生产过程在流通领域一种完善和补充。但是，物流过程的增值功能往往通过流通加工得到很大的体现，所以，根据物流对象的特性，按照用户的要求进行这一加工活动，可以对整个物流系统完善起到重大作用。尤其在网络经济时代，物流作为对于用户的服务方式，依托信息传递的及时和准确，得以有效组织这种加工活动，因此它的增值作用也是不可忽视的。

第二节 物流的经济价值

现代物流是一种重要的经济活动，其作用和影响已经渗透到社会生活的方方面面。物流早期发展的价值体现主要在军事后勤方面，因为基于时空节约的良好后勤保证是赢得一场战争必不可少的支撑性条件。但是，在现代社会里，物流除了传统意义上的一些基本价值，更重要的是体现在其经济价值方面，其中主要包括国民经济价值、区域经济价值、企业经济价值以及消费者经济价值等。见图 2-1。

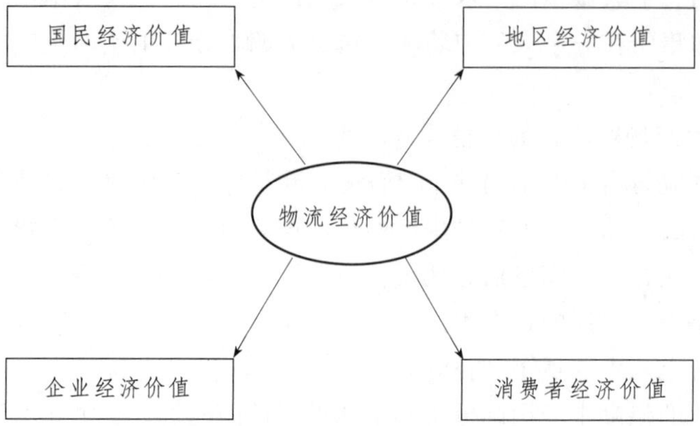

图 2-1 物流的经济价值

一、对国民经济增长的基础性支撑作用

古典经济学家威廉·配第认为发达的运输是一个国家经济繁荣的重要特征，运输工具改良是提高运输生产力的重要手段，有助于运输业发展，并认为运输发展有利于资源的更好利用。亚当·斯密提出了运输通过影响市场、分工从而推动生产力和经济发展的重要思想。亚当·斯密认为，劳动生产力的最大改良产生于劳动分工，而劳动分工的扩大又依赖于运输发展和运输费用的降低。他指出："分工起因于交换能力，因此分工的程度要受交换能力大小的限制"，即要受市场广狭的限制。由于良好的道路、运河或可通航的河流可减少运输费用，开拓更大的市场，推动劳动分工，于是一切改良中，以交通改良最为有效。李斯特认为运输是社会经济发展的重要因素，认为运输发展既是工业的结果，又是工业的原因。罗雪尔认为运输发展使分工变得容易，因此生产更为完善，产品价格更为低廉，市场扩大，整个国家被更紧密地联系在一起，运输发展将会对经济的各个方面产生影响。

马克思则在《资本论》中指出，19 世纪的运输革命"只有 19 世纪下半叶的工业革命才能与之相比"。马克思认为运输是社会进步的一般条件，认为商品生产中社会劳动的物质交换是在资本循环这个循环的一个阶段的商品形态变化中完成的，这种物质变换要求产品发生场所的变换，即产品由一个地方到另一个地方的实际运输。即便在印加国，虽然社会产品不作为商品流通，也不通过物物交换来进行分配，但是运输业还是起着重要作用。

马克思从多方面论述了运输革命给社会经济带来的影响：为工业运来了较远地方的廉价原料；不断为工商业开拓远方市场，扩大市场的范围；使商品产地和销地的位置和距离发生相对变化，改变资源的配置；加速了人口和资本的集中，促进了城市的发展，成为现代工业的先驱；运输业加速瓦解了各国小生产的分工方式，促使资本主义经济体系全面形成，同时也激化了资本主义的经济和社会矛盾等等。马歇尔认为运输业是经济发展的重要内容，运输影响生产力布局，运输便利和运费低廉影响商品供求范围的因素。

现代发展经济学家、经济地理学家以及运输经济学家同样高度重视运输业对经济发展的影响。发展经济学家罗斯托（Rostow，1960）认为，世界各国经济发展的阶段性演进过程中运输的重要性不尽相同，但它总是以适宜的形式成为各个时期经济发展的前提条件和表现特征。W·伊萨德（1956）在《区位与空间经济》一书中指出，“在经济生活的一切创造革新中，运输工具的革新在促进经济活动和改变工业布局方面，具有最普遍的影响力。”B·豪伊尔（Hoyle，1973）认为，任何人都无法逃脱运输，就算是最遥远、最落后和人烟稀少的地区，某种形式的运输也仍旧是那里日常生活节奏的基本组成部分。豪伊尔认为，运输是一个多维性质的问题，在经济、社会、政治和空间等各个尺度上都很重要，认为运输部门说得上是地理特征、经济历史、社会和政治体制以及发展水平和模式的集中体现。理查德·索斯塔克（Szostak，1985）论证了改善运输对当年工业化进程产生的重要影响，他指出运输改善大大降低了生产成本和商品售价，同时改变了商品的供给曲线和需求曲线，因而成为能够在微观层次上说明工业革命发生原因的少数几个理由之一。柏拉克和希特杰（Jacob Polak and Arold Heertje，1993）就运输对地区发展的影响作了深入分析，他们认为，运输基础设施改善既影响生产也影响消费，它导致运输成本和在途时间的减少，除此之外，运输基础设施改善意味着地区经济能够用具有更高生产率的运输方式来利用生产要素，更好的运输基础设施意味着用更少的资本和劳力来达到同样的生产力水平。罗纳德·H·巴罗（1999）认为，一个高效运转的运输系统对于任何国家的国民经济发展都起着基础性的支撑功能。只要对比发展中国家和发达国家的经济，我们就可以看到运输在创造高水平经济活动中的作用。在发展中国家，生产和消费通常在空间上非常接近，大量劳动力投入到农业生产中，居住在城市的人口只占总人口的很小一部分。随着廉价、便利的运输服务的出现，整个经济结构逐步朝着发达国家的结构演变。人口向城市中心转移，导致大城市的产生，生产的地域限制、产品的种类限制有所改善，居民的物质生活水平普遍提高。更具体地说，就是高效、廉价的运输系统促使市场竞争加剧，带来生产中更多的规模经济效益以及产品价格的下降。

新制度经济学的流行和新兴古典经济学的兴起使经济学对运输业的重要性有了进一步的认识。新兴古典经济学家杨小凯（Yang，X.1998）认为，运输发展作为改进交易效率的重要方式之一，而改进交易效率可以增加分工水平，分工演进产生下列共生现象：商品化和市场化程度增加、贸易依存度上升、人与人之间互相依赖程度上升、市场容量增加、市场种类增加、生产率上升、内生比较利益增加、经济结构多样化增加、专业化增加、自给自足率下降、生产集中程度和市场一体化程度上升。人们可以改进法律制度、发展运输基础设施、发展银行等交易基础设施，发展城市化，减少人与人之间距离来改进交易效率。

政府也可以通过减税来改进交易效率。这些措施都会一方面提高分工水平和生产力，另一方面增加人民福利。

我国一些学者认为，特定条件下，物流是国民经济的支柱。物流对国民经济起支柱作用，或者物流与其他生产活动一起起支柱作用的国家，已有一定数量，这些国家处于特定的地理位置或特定的产业结构，物流在国民经济和地区经济中能够发挥带动作用和支持整个国民经济的作用，能够成为国家或地区财政收入的主要来源，能造成主要就业领域，能成为科技进步的主要发源地和现代科技的应用领域。例如欧洲的荷兰、亚洲的新加坡和香港地区、美洲的巴拿马等，特别是日本以流通立国，物流的支柱作用是显而易见的。

二、带动区域产业结构升级和区域经济增长

现代物流业的区域经济价值主要体现在三个方面：①现代物流业成为某一地区的主导产业，从而带动地区产业结构升级；②由物流基地和物流园区形成的各种等级的物流中心成为地区大小不一的增长极，通过极化作用和扩散作用带动有限地区内经济增长；③由物流中心和物流基础设施线路形成的区域性物流网络形成地区发展的"点…轴"开发效应。

1. 带动区域产业结构升级及形成区域支柱产业

发展经济学家罗斯托（1960）认为，人类社会的发展可以分为五个阶段：传统社会、"起飞"准备阶段、"起飞"阶段、成熟阶段、高额群众消费阶段。后来他在1971年出版的《政治和增长阶段》一书中又在"高额群众消费阶段"后面增加一个追求生活质量的阶段。罗斯托认为，一个国家和地区经济起飞的重要条件是要建立"起飞"的"主导部门"，经济增长阶段的更替表现为主导部门次序的变化。他认为"现代经济增长实质上是部门的增长过程"，经济增长总是由某个部门采用新技术开始的，采用了先进技术的部门降低了成本，扩大了市场，增加了利润和积累，扩大了对其他一系列部门产品的需求，扩大了对各个地区的经济增长的影响，从而带动了整个国民经济的发展。但是一旦它的先进技术及其影响已经"扩散"到各个有关部门和地区后，它的历史使命也就完成了，这时就有新的主导部门代替旧的主导部门的地位，新的主导部门采用新技术，再影响其他部门，带动国民经济持续增长。

现代物流业作为某一地区的主导部门不是孤立地发展起来的，一个主导部门同与它有联系的若干部门一起构成一个主导部门综合体系。物流主导部门的核心由铁道、公路、水运、空运、仓储、托运等行为主体组成，通过三种影响带动其他产业的成长：①后向效应，指物流产业对某些供给资料部门的影响；②旁侧效应，指物流产业对所在地区的商业、物质业、供销、粮食、外贸等行业及地区经济的所有行业的供应、生产、销售中的物流活动的影响；③前向效应，指物流产业对物流新工艺、新技术、新原料、新能源、新装备工具出现的诱导作用。鲍森（Pawson，1979）认为，运输发展存在着前向效应和后向效应，前向效应是基于运输创新的发展，任何一种新的或改善了的运输基础设施将影响移动的范围、容量和成本，使流动性和可达性发生有效的变化，这将潜在的增进经济和社会机会。运输的后向效应则是一种乘数效应，如铁路建设将对铁、煤和制造业有需求。正是这些后向效应使得罗斯托相信铁路在美国、英国和俄罗斯等国的持续发展中起到了主导作用。

2．区域性物流中心成为地区经济增长极

增长极思想最初是由法国经济学家 F. 佩罗克斯在 20 世纪 50 年代提出来的。其要点是：①在高度工业化的背景下，社会生产集聚是在经济发展冲动的地点首先实现的。因借喻磁场内部运动在磁极为最强这一规律，称经济发展的这种区域"极化"为"增长极"；②作为"增长极"发展及作用基础的产业被称为关键产业，它的特征是：生产规模大，有很强的增长推动力并且与其他产业有广泛的关联。当关键产业开始增长时，该企业（或部门）所在区域的其他产业也开始增长。经济增长的动力将逐步渗透，最终波及整个地区；③"增长极"在两个方向作用于周围地区。一是"极化过程"，即增长极以其较强的经济技术实力和优越条件将周围区域的自然及社会经济潜力吸引过来，如矿产资源、原材料、劳动力、投资、地方工业或企业；二是扩散过程，即增长极对周围地区投资及其他经济技术支援，形成附属企业或子公司，为周围地区初级产品提供市场，吸收农业剩余劳动力等；④在"增长极"发展演化的中后期，以"渗漏"（扩散）作用为主，在这一阶段，给予多于吸取，区域发展水平趋于均衡。

物流中心、物流园区或物流枢纽，既是自身增长极的形成过程，又是逐步开始发挥增长极作用的过程。物流中心形成和发展过程有以下三个明显特点：①人力资源迅速聚集；②主导产业迅速形成，物流产业有很强的关联效应、乘数效应和竞争优势，呈现出发展快、竞争力强的特点；③资金迅速聚集。物流中心的增长极作用主要体现在以下两大方面：①区域经济增长的带动效应；②改造传统产业的辐射效应；日本的和平岛物流园区、阪神商业综合物流园区、荷兰鹿特丹物流园区以及遍布美国大城市群的配送中心都对当地的经济发展发挥重要作用，其中日本的东京、阪神和京都三大经济圈的物流总量占日本全国物流量的比重长期保持在 44%以上，不仅对日本经济发挥了支持作用，使日本能够充当东亚经济的生产总值中枢，还优化了该地区的物流结构，繁荣和完善了市场体系，提高城市经济档次，并带动运输业的发展，提供新的就业机会，增加税收。

3．物流网络的"点…轴"开发效应

区域物流网络是由一些点和轴构成的，这里的"点"指各级物流结点，"轴"指由交通、通讯干线连接起来的"基础设施束"；在物流网络形成过程中，社会经济要素在"点"上集聚，并由线状基础设施联系在一起而形成"轴"。"轴"对附近区域有很强的经济吸引力和凝聚力。轴线上集中的社会经济设施通过产品、信息、技术、人员、金融等，对附近区域有扩散作用。扩散的物质要素和非物质要素作用于附近区域，与区域生产力要素相结合，形成新的生产力，推动社会经济的发展。在国家和区域的发展中，在"基础设施束"上一定会形成产业聚集带；由于不同国家和地区地理基础及社会经济发展特点的差异，"点…轴"空间结构形成过程具有不同的内在动力、形式及不同的等级和规模；在不同社会经济发展阶段（水平）情况下，社会经济形成的空间结构也具有不同的特征。这种特征体现为集聚与分散程度及社会经济客体间的相互作用等。随着区域社会经济的进一步发展，"点…轴"必然发展到"点…轴…集聚区"。

4．降低区域经济运行的物流成本

现代物流产业有利于降低区域产业发展中的物流运行成本，例如在市场需求的驱动下，区域内某几类制造产业的原材料物流中心的建成，将会使区域内相关产业的企业采购成本、仓储成本、运输成本以及时间成本等大大降低，使企业的产品生命周期缩短，产品生产成本降低，从而提高企业产品的竞争力。

三、降低企业物流成本及实现企业竞争战略

物流的企业经济价值是众多经济学家关注的热点，现代物流对企业的经济价值主要体现在通过降低企业物流成本和实现企业竞争战略等。

1. 降低企业物流成本

企业重视物流管理的一个重要原因是在保证一定的服务水平下，尽可能降低物流成本，从而形成企业第三利润源泉。根据汤浅和夫（1997）的研究，物流费用在销售额中所占的比例约在9%。估计我国的物流费用在销售额中所占的比例还要高。即使按日本最保守的算法计算，比如，当一个企业销售额为1000亿日元时，物流成本占销售额10%的话，就是100亿日元。这就意味着，只要降低10%的运输、保管、装卸、包装等各环节的物流费，就等于增加10亿日元的利润。假如这个企业的销售利润率为2%，则创造10亿日元的利润，需要增加500亿日元的销售额，这会是很困难的，但降低10%的物流费与此相比却容易办到。同时也可以说，降低10%的物流费用所起的作用，相当于销售额增加50%。

其次，现代物流使货物从起始地到目的地之间进行正确速度的流动能够大大节约企业的时间成本。马克思指出："流通时间越等于或近于零，资本的职能越大，资本的生产效率就越高，它的自行增殖就越大。"这就告诉人们，物流时间的缩短，可以把物流过程中节约的资金再投入生产领域，使资金发挥更大的效益。马克思还指出："劳动时间起着双重作用，一方面，劳动时间的社会的有计划地分配，调节着各种劳动职能同各种需要的适当的比例；另一方面，劳动时间又是计量生产者个人在共同产品的个人消费部分所占份额的尺度。""时间的节约，以及劳动时间在不同的生产部门之间有计划的分配，在共同生产的基础上仍然是首要的经济规律。"可见时间的节约就是成本的节约。时间的节约可体现为两方面，一是生产过程中劳动时间的节约，这主要是提高劳动生产率，减少单位产品生产的劳动时间。另外减少非劳动时间的生产时间，例如原材料的储备时间等。

哈佛大学的钱德勒教授于1977年提出了速度经济的概念，强调了追求从生产到流通的速度而带来的经济性。在战略管理学中，速度经济被进一步明确表示为快速反应的能力，是指企业在竞争环境的突变中，能否迅速做出反应的能力。麻省理工学院国际生产效率调查委员会在比较分析了美日欧的厂商行为之后，得出了一个结论性观点："企业适应用户的速度，不亚于质量的优势，企业的竞争力是从新的产品概念到产品定型从而提供给市场的速度和适应场所变动而更新产品线的能力。物流系统的形成与发展就是体现出一种对时间成本节约的追求。通过准点供货以满足生产企业"零库存"生产的要求；由于"物流过程涉及包装、装卸、运输、仓储、配送等一系列环节，如果这个链条上某个环节出现不协调，就有可能使全部或大部分链条运转停滞，准点供货和零库存都无法实现，损失将是巨大的。从商品供应方来看，这种快速的商品流动节约产品进入或转移过程中的时间成本，特别是在现代科技发展迅速的时代，产品的市场生命周期的替代产品的出现的时间都有短期的性质，市场占有率的竞争十分激烈，控制产业的进入的时间成本因而显得愈加重要。

2．实现企业竞争战略

从市场需求变化趋势看，市场范围在空间上不断延伸，原来分割的国家或区域市场正逐渐演变成一个统一的全球市场。同时，产品生命周期越来越短。为了实现争夺市场和降低成本的双重目标，跨国公司一方面在全球范围内进行生产和营销体系布局，另一方面通过提高及时供应减少库存以降低成本，物流管理成为企业管理的关键环节。目前，制造企业的竞争环境正发生着剧烈的变化，在这其中最显著的变化是全球竞争加剧，精益生产、及时生产等新制造理念的出现，对信息技术的更加重视，贯穿于供应链增值活动的一体化。这些变化的一个结果是产品生命周期被大大压缩，在过去的20年，制造商正面对着连续开发新产品和有效进入市场的更大压力，在这种竞争环境下，新产品在市场中获利的期限大大减少，而产品的开发和引入市场成本却是实质性的。为了弥补产品开发和引入市场的巨大的投资要求，企业必须把目光投向更广阔的国际市场，进入全球市场的能力已成为竞争成功的基础，获得全球市场份额已成为企业长期生存的关键因素。因此制造企业必须开发在过去曾经被忽略的新领域，物流就是它们追求的一个领域。

四、满足消费者多样化需求和增加消费者剩余

物流的消费者经济价值一方面体现为消费者在其所希望的时间和地点拥有所希望的产品和服务，另一方面体现为消费者所支付的价格低于其所期望的价格，即消费者获得了消费者剩余。简言之，创造消费者价值和满意是物流消费者经济价值的核心所在。如果产品或服务不能在消费者所希望消费的时间、地点供给消费者，它就不存在价值。当企业花费一定的费用将产品运到顾客处，或者保持一定时期的库存时，对消费者而言，就产生了以前不存在的价值。这一过程与提高产品质量或者降低产品价格一样创造价值。例如，联邦快递公司的消费者所获得的众多利益中，最显著的一个就是快速和可靠的包裹递送。但是，在采用联邦快递时，消费者可能还会取得一些地位和形象价值。因为采用联邦快递通常会使包裹发送人和收件人均感到更加重要。消费者在决定是否采用联邦快递寄送包裹时，会将这些及其他一些价值与使用这些服务所付出的金钱、精力和精神成本之间进行权衡和比较。而且，他们还会对使用联邦快递公司与使用联合邮政系统、空运公司等其他承运公司的价值进行比较，从而选择能给他们最大价值的那家公司。

第三节　物流的若干理论认识

一、商物分离

“商”，指“商流”即商业性交易，实际是商品价值运动，是商品所有权的转让，流动的是“商品所有权证书”，是通过货币实现的。具体的商流活动包括买卖交易活动及商业信息活动。商流活动可以创造物资的所有权效用。“物”即“实体物流”，即马克思讲的“实际流通”，是商品实体的流通。早期流通中商流和实体流动的物是紧密地结合在一起的，进行一次交易，商品便易手一次，商品实体便发生一次运动，物流和商流是相伴而生并形影相随。在现代社会诞生之前，流通大多采取这种形式，甚至今日，这种情况仍不少

见。二次世界大战之后，流通过程中商流和物流出现了明显的分离，从不同形式逐渐变成了两个有一定独立运动能力的不同运动过程。

商物分离，就是在物资流通过程中将商流和物流活动分别开来进行。同一笔物资的流通活动，包括两个方面，一方面是它的商流活动，洽谈、支付等；另一方面是它的物流活动，运输、储存等。商流的特点，是灵活、机动、活跃、相对成本低；而物流的特点，是费人、费事、费成本。特别是在我国，人情观念很重，洽谈生意，很多不是在办公室里，而是在酒宴上、在旅游娱乐场所。可见商流是非常灵活机动的。但是物流则不同，它的每一步运动，都要耗费成本，运动路程越多，耗费成本就越高。因此，为了活跃交易，又为了降低物流成本，商物流分离是经济运行规律的必然体现。商物分离实际是流通总体中的专业分工，职能分工，是通过这种分工实现大生产式的社会再生产的产物。

1. 商流与物流过程的分离

如果物流以本身的特殊性与商流过程分离，与商流过程完全一致比较，显然会合理得多。在经济全球化的趋势下，国际分工越来越深入，商业交易可以在全球范围内进行，甚至可以采用电子商务的形式进行虚拟运作，在这种情形下，商流过程与物流过程的分离，将成为网络经济时代的一个趋势，这种分离在网络经济时代将越发彻底。

2. 商流经营者与物流经营者的分离

网络经济时代，由于物流服务供应商（如第三方物流等）的出现，商品的交易双方只进行商流的运作，而物流则由第三方来承担。这种商流运作和物流运作责任人的分离，是网络经济时代商物分离的一个标志。

不过，商物分离也并非绝对的，在现代科学技术有了飞跃发展的今天，优势可以通过分工获得，优势也可以通过趋同获得。“一体化”的动向在原来许多分工领域中变得越来越明显，在流通领域中，发展也是多形式的，绝对不是单一的“分离”。事实上，有一些国家的学者和一些领域中的操作都提出了商流和物流在新基础上的一体化问题，欧洲一些国家对物流的理解本来就包含企业的营销活动，即在物流研究中包含着商流。在物流的一个重要领域——配送领域中，配送已成了许多人公认的既是商流又是物流的概念。企业中，最初是把独立设置物流部门看成是一种进步，而现在，则更多地进行综合的战略管理，已不单独分离其功能，这也是值得我们重视的。

二、黑大陆说

著名的管理学权威 P·F·德鲁克曾经讲过：“流通是经济领域里的黑暗大陆。”但是，由于流通领域中物流活动的模糊性尤其突出，是流通领域中人们更认识不清的领域，所以“黑大陆”说法现在转向主要针对物流而言。

“黑大陆”说法主要是指尚未认识、尚未了解的意思。在黑大陆中，如果理论研究和实践探索照亮了这块黑大陆，那么摆在人们面前的可能是一片不毛之地，也可能是一片宝藏之地。“黑大陆”说是对 20 世纪中在经济界存在的愚昧的一种反对和批判，指出在当时资本主义繁荣和发达的状况下，科学技术也好，经济发展也好都远未有止境。“黑大陆”说也是对物流本身的正确评价，这个领域未知的东西还有很多，理论和实践皆不成熟。

在某种意义上来看，“黑大陆”说是一种未来学的研究结论，战略分析的结论，带有很强的哲学抽象性，这一学说对于人们认识物流这一经济现象起到了启蒙作用。

三、物流冰山说

物流冰山说是日本早稻田大学西泽修教授提出来的，他研究物流成本时发现，现行的财务会计制度和会计核算方法都不可能掌握物流费用的实际情况，因而人们对物流费用的了解是一片空白，甚至有很大的虚假性，他把这种情况比做“物流冰山”。冰山的特点是大部分沉在水面之下，而露出水面的仅是冰山的一角。物流便是冰山，其中沉在水面以下的是我们看不到的黑色区域，而我们看到的不过是物流的一部分。

西泽修先生用物流成本的具体分析论证了德鲁克的“黑大陆”说，事实证明，物流领域的方方面面对我们而言还是不清楚的，在黑大陆中和冰山的水下部分正是物流尚待开发的领域，正是物流的潜力所在，物流冰山如图 2 - 2 所示。

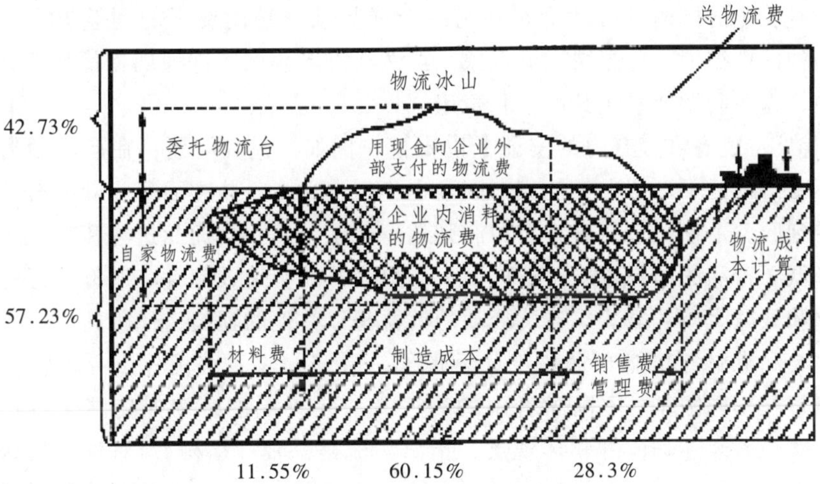

图 2 - 2　物流冰山示意图

四、第三利润源

第三利润源说出自日本，是人们对物流潜力及效益的描述。从历史发展来看，人类历史上曾经有过两个大量提供利润的领域。第一个是资源领域，第二个是人力领域。资源领域起初是着眼于廉价原材料、燃料的获得，其后则是依靠科技进步，节约消耗、节约代用、综合利用、回收利用乃至大量人工合成资源而获取高额利润，习惯称之为“第一个利润源”。人力领域最初是廉价劳动，其后则是依靠科技进步提高劳动生产率，降低人力消耗或采用机械化、自动化来降低劳动耗用从而降低成本，增加利润，这个领域习惯称作“第二个利润源”。

在前两个利润源潜力越来越小，利润开拓越来越困难的情况下，物流领域的潜力被人所重视，按时间序列排为“第三个利润源”。

这三个利润源侧重于生产力的不同要素；第一个利润源的挖掘对象是生产力中劳动对

象，第二个利润的挖掘对象是生产力中的劳动者，第三个利润源主要挖掘生产力要素中劳动工具的潜力，同时也挖掘劳动对象和劳动者的潜力。

第三个利润源的理论最初认识是基于几方面的认识：①物流是可以完全从流通中分化出来，自成一个独立运行的，有本身目标、本身的管理，因而能对其进行独立的总体的判断；②物流和其他独立的经营活动一样，它不是总体的成本构成因素，而是单独盈利因素，物流可以成为“利润中心”型的独立系统；③从物流服务角度来讲，通过有效的物流服务，可以给接受物流服务的生产企业创造更好的盈利机会，成为生产企业的“第三个利润源”；④通过有效的物流活动，可以优化社会经济系统和整个国民经济的运行，降低国民经济的总成本，提高国民经济的总效益，将此看成为整个经济的“第三个利润源”。

五、效益背反和物流系统观

“效益背反”指的是物流的若干功能要素之间存在着损益的矛盾，即某一个功能要素的优化和利益发生的同时，必然会存在另一个或另几个功能要素的利益损失，反之也如此。这是一种此涨彼消，此盈彼亏的现象，虽然在许多领域中这种现象都是存在着的，但物流领域中，这个问题似乎尤其严重和普遍。

“效益背反”说有许多有力的实证予以支持，例如，包装问题，在产品销售市场和销售价格皆不变的前提下，假定其他成本因素也不变，那么包装方面每少花一分钱，这一分钱就必然转到收益上来，包装越省，利润则越高。但是，一旦商品进入流通之后，如果节省的包装降低了产品的防护效果，造成了大量损失，就会造成储存、装卸、运输功能要素的工作劣化和效益大减，显然，包装活动的效益是以其他的损失为代价的。

寻求解决和克服各功能要素效益背反现象是寻求物流系统优化，寻求物流的总体最优。这种思想在不同国家、不同学者中的表述方法是不同的，例如美国学者用“物流森林”的结构概念来表述物流的整体观点，指出物流是一种“结构”，对物流的认识不能只见功能要素而不见结构，即不能只见树木不见森林。物流的总体效果是森林的效果，即使是和森林一边多的树木，如果各个孤立存在，那也不是物流的总体效果，这可以归纳成一句话：“物流是一片森林而非一棵棵树木。”

六、竞争战略说

对物流创造企业竞争优势最具权威的解释当数美国哈佛大学商学院教授迈克尔·波特。他在《竞争优势》一书中提出的价值链模型令人信服地解释了物流在企业降低成本和形成差异化战略方面的贡献，如图2－3。波特指出，价值链的功能之一就是企业通过价值活动的有效协作和优化，形成有利于成本领先或产品（服务）差异化的竞争优势。

美国学者马丁·克里斯托弗在《物流竞争》一书中，进一步深化了波特的竞争优势理论，提出了“有效的物流管理是在竞争中取得优势的主要原因”，即可以通过物流管理获得在顾客偏好方面长久领先于竞争对手的地位。马丁·克里斯托弗认为，企业竞争优势来源首先是，组织能够使自己在顾客眼里形成与竞争者差异化的能力，其次以低成本经营而获得高利润的能力，简言之，成功的企业或者具有生产率优势，或者具有价值优势，或者是两者的结合，而物流管理有潜力帮助组织获得生产率优势和价值优势。取得这种优势的

企业价值链模型

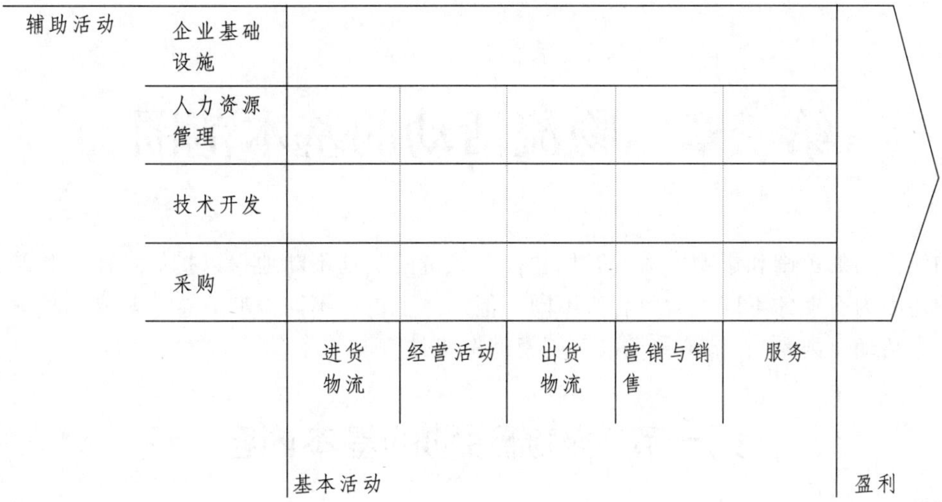

图 2－3　企业价值链模型

物流基本原理是：计划和协调从资源来源到最终用户的物流，把它作为一个整合系统，而不是像以往那样把产品流分作一系列独立的活动来进行管理。这样，在物流管理体制下，目标是连接市场、分销网络、制造流程和采购活动，使顾客得到高水平和低成本的服务。换句话说，通过降低成本和增强服务获得竞争优势。实际上学术界和产业越来越多的人已逐渐认识到，物流更具有战略性，是企业发展的战略而不是一项具体操作性任务。

第三章 物流活动的基本范围

物流活动的范围和影响力随着时代和社会经济的变迁不断地得以扩展，而且物流活动的范围还因为企业的不同类型而有所不同。但总体上讲，不同类型的企业都有一些共同的物流基本活动（要素），都是一个以上要素的有机结合。

第一节 物流活动的基本内容

物流活动的基本内容主要包括物流流程中那些相互联系、相互影响和相互作用的活动，主要包括如下基本活动：

1. 客户服务

* 确定客户对物流服务的需求
* 确定客户对物流服务的反应
* 设定客户服务水平

2. 运输

* 运输方式和运输服务的选择
* 集运
* 运输路线
* 车辆调度
* 设备选择
* 理赔程序
* 运价审核
* 运输风险

3. 库存管理

* 原材料和产成品的存储政策
* 短期销售预测
* 存储点的产品组合
* 存储点的个数、规模和选址
* 适时管理，拉动式管理或推动式管理战略

4. 信息流动和订单处理

* 销售订单与库存之间的联系
* 订单信息的传输方法

＊订购规则

5. 仓储

＊仓容决策

＊仓库布局和站台设计

＊仓库结构

＊存货摆放

6. 物料搬运

＊设备选择

＊设备更新

＊拣货

＊货物存取

7. 采购

＊供应商选择

＊采购时间安排

＊采购数量

8. 保护性包装

＊搬运包装

＊储存包装

＊防止灭失或损坏的包装

9. 与生产/运作部门合作

＊明确总量

＊确定生产的顺序和时间

10. 信息维护

＊信息搜集、储存和处理

＊数据分析

＊控制过程

第二节　关键性物流活动

一、客户服务

1. 客户服务的概念

客户服务是指“一种以客户为导向的价值观，它整合及管理在预先设定的最优成本——服务组合中的客户界面的所有要素”。客户服务是物流活动的出发点，也是最终落脚点。现代物流是一种以客户满意为出发点的服务，强调一切以客户为中心。客户服务的定义是随企业而变化的，不同的企业对客户服务这一概念往往有不同的理解。例如供应商和它的客户对客户服务的理解就有很大的不同，一般说来，可以理解为衡量物流系统为某种商品或服务创造时间和空间效用的好坏尺度，这包括从接受客户订单开始到商品送到客户手中为止而发生的所有服务活动。

对大多数企业来说，客户服务可以用一种或几种方式来定义：

（1）一项管理活动或职能，如订货处理、客户投诉处理等；

（2）特定参数的实际业务绩效，如在 24 小时内实现 98%的订单送货率；

（3）企业整体经营理念或经营哲学的一部分，而非简单的活动或绩效评价尺度。

2．客户服务的构成因素

客户服务的构成因素被分为交易前、交易中和交易后三类。

交易前因素主要是为客户服务营造好的氛围。主要包括向客户提供关于客户服务的书面陈述，诸如订货后何时送到、退货和延期交货的处理程序、运输方法等，以使客户了解可期望得到什么样的服务；制定应急服务计划；创建实施客户服务政策的组织机构；系统灵活性；技术服务等。

交易中因素是直接导致产品送达客户手中的因素。主要包括：延期交货的能力；订货周期的各项因素；时间；转运；系统准确性；订货的方便程度；产品可替代性等。

交易后因素代表一整套服务，这些服务可用于产品使用时的服务支持；安装、品质保证、改装、维修、零部件供应；产品跟踪；客户索赔、投诉和退货；产品包装；维修期内产品的临时替代等。

客户服务是企业物流系统的产出，换句话说，从客户角度看到的是企业提供的客户服务而不是抽象的物流管理。良好的客户服务有助于发展和保持客户的忠诚与持久的满意，客户服务的诸要素在客户心目中的重要程度甚至高过产品价格、质量及其他有关的要素。

3．客户服务标准

要对服务绩效进行控制，必须事先确定可用以参照的标准。最终惟一的标准就是与客户的期望百分之百地吻合。这要求对客户需求有一个清晰和客观的理解，同时，供应商还有塑造这些服务期望的责任。也就是说，客户所期望的服务与我们所愿意并能够提供的服务这两者之间必须互相匹配。这可能需要就服务标准进行协商，因为不管是供应商还是客户，导致长期利润受损的服务水平对任何一方都是不利的。

设定标准要涉及哪些客户服务要素呢？

首先有内部服务标准。这些标准在很多方面反映了外部客户对我们设定的标准。至于这些外部标准，必须由客户本身来制定。这需要进行客户调研和竞争基准化研究，才能得出不同细分市场的客户服务的客观定义。

但此刻我们可以指出迫切需要制定标准的几个关键领域：

（1）*订货周期*。指从客户订货到运货之间经历的时间。订货周期的标准应该依据客户陈述的需求而定。

（2）*库存可用性*。库存满足的百分比。

（3）*订货规模*。越来越多的客户要求准时制的小批量运送。是否具有足够的灵活性以适应客户需求的多种变化。

（4）*订货便利性*。是否易于接触并易于开展业务？

（5）*运送频率*。向准时制转变的进一步表现是，客户要求在具体的时间内增加运送的频率。该绩效标准的基础依然是反应的灵活性。

(6) 文档质量。发货单、运送记录以及其他客户往来联系文书的错误率是多少？文档是否具有“用户友好界面”？

(7) 索赔程序。处理抱怨和索赔的速度有多快？是否有“服务挽救”的程序？

(8) 订单完成率。能圆满完成的订单的比例是多少？

(9) 技术支持。提供给客户什么样的售后支持？

(10) 订单状态信息。是否能够随时告知客户有关他们订单的状态的信息？是否设有告知客户库存可用性或运送中的潜在问题的程序？

二、运输

1. 运输的概念

运输是在一定范围内的人与物的空间位移，在物流活动研究的范围，运输主要是对“物”的空间位移。物流不但改变了物的时间状态，也改变了物的空间状态。而运输承担了物流活动中创造空间效用的主要任务，运输是改变空间状态的主要手段，运输再配以搬运、配送等活动，就能圆满完成改变空间状态的全部任务。

2. 运输方式的技术经济特征

目前运营成熟的现代化交通运输方式有铁路、水路、公路、航空、管道等，消费者面对多种多样可供选择的服务（单一运输方式或多式联运）都围绕上述五种基本运输方式展开。各种运输方式虽然都能提供客货位移，但由于它们的技术性能（如运送速度、运输能力、通用性、连续性、机动性）、对地理环境的适应程度以及经济指标（运输成本、运输能耗、资金占用量）等不同，因此各有一定的适用范围。各种运输方式的适用对象和具体的技术经济特征见表 3－1 和表 3－2。

表 3－1　　不同运输方式的货物产品对象

运输方式	运输对象
铁路	采掘行业、重工业制造、农产品等
公路	中间产品和轻工产品制造、批发商与零售商之间的配送等
水路	矿产品和基本散装商品、化工制品、服装、某些农产品等
民航	轻薄短小的高价值物品以及邮件及贵重的鲜活货物等
管道	石油、浆状煤炭、天然气等

表 3－2　　各种运输方式技术经济特征比较

运输方式	基建投资		运载量	运价	速度	连续性	灵活性
	线路	运具					
铁路	5	1	2	3	2	1	3
河运	3	3	3	2	5	5	4
海运	1	2	1	1	4	4	5
公路	4	4	4	4	3	2	1
航空	2	5	5	5	1	3	2

从各种运输方式的技术经济特征的某一方面看，一种运输方式较另一运输方式优越的情况是有的，但若全面加以考察，就会发现各种运输方式互有优劣。应该指出，各种运输方式的技术经济特征及其优缺点不是一成不变的。每种运输方式都将随着生产技术和社会经济的发展、科学技术的不断进步、运输条件、运输组织以及社会的其他一些重要因素（如制度、文化等）的影响而不断发展变化。

3．运输合理化

物流活动中重要的一项功能就是要尽量避免不合理运输，实现运输的合理化。

不合理运输主要表现为：

（1）空驶。空车无货载行驶，可以说是不合理运输的最严重形式。

（2）对流运输。亦称“相向运输”或“交错运输”，指同一种货物在同一线路上或平行线路上做相对方向的运送，而与对方运程的全部或一部分发生重迭交错的运输称对流运输。

（3）迂回运输。舍近取远的运输路线选择。

（4）重复运输。本来可以直接将货物运到目的地，但是未达目的地就将货卸下，再重复装运送达目的地，这是重复运输的一种形式；另一种形式是，同品种货物在同一地点一面运进，同时又运出。

（5）倒流运输。是指货物从销地或中转地向产地或起运地回流的一种运输现象。

（6）过远运输。是指调运物资舍近求远。

（7）运力选择不当。未选择各种运输工具优势，而不正确地利用运输工具。

（8）托运方式选择不当。对于货主而言，可以选择最好托运方式而未选择，造成运力浪费及费用支出加大的一种不合理运输。应选择整车而未选择，反而采取零担托运。应当直达而选择了中转运输，应当中转运输而选择了直达运输等都属于这一类型的不合理运输。

（9）超限运输。超过规定的长度、宽度、高度和重量，容易引起货损、车辆损坏和公路路面及公路设施的损坏，还会造成严重的安全事故。是当前表现突出的不合理运输。

为了避免不合理运输，需要考虑以下五方面因素：

（1）运输距离。运距是运输是否合理的一个最基本因素。缩短运输距离从宏观、微观来看都会带来好处。

（2）运输环节。减少运输环节，尤其是同类运输工具的环节，对合理运输有促进作用。

（3）运输工具。各种运输工具都有各自的优势领域，对工具进行优化选择，按运输工具特点进行装卸运输作业，最大发挥所用运输工具的作用。

（4）运输时间。运输时间的缩短整个流通时间的缩短有决定性的作用。此外，运输时间短，有利于运输工具的加速周转，充分发挥运力的作用，有利于货主资金的周转，有利于运输线路通过能力的提高，对运输合理化有很大贡献。

（5）运输费用。运输费用的降低，无论对货主企业来讲还是对物流经营企业来讲，都是运输合理化的一个重要目标。

运输合理化的有效措施包括：

(1) 提高运输工具实载率。提高实载率的意义在于：充分利用运输工具的额定能力，减少车船空驶和不满载行驶的时间，减少浪费，从而求得运输的合理化。

(2) 采取减少动力投入，增加运输能力的有效措施。运输的投入主要是能耗和基础设施的建设，在设施建设已定型和完成的情况下，尽量减少能源投入，是少投入的核心。做到了这一点就能大大节约运费，降低单位货物的运输成本，达到合理化的目的。

(3) 发展社会化的运输体系。

(4) 尽量发展直达运输。直达运输是追求运输合理化的重要形式，其对合理化的追求要点是通过减少中转过载换载，从而提高运输速度，省去装卸费用，降低中转货损。直达的优势，尤其是在一次运输批量和用户一次需求量达到了一整车时表现最为突出。

(5) 配载运输。是充分利用运输工具载重量和容积，合理安放装载的货物及载运方法以求得合理化的一种运输方式。配载运输往往是轻重商品的混合配载，在以重质货物运输为主的情况下，同时搭载一些轻泡货物，如海运矿石、黄沙等重质货物，在仓面捎运木材、毛竹等。铁路运矿石、钢材等重物上面搭运轻泡农、副产品等，在基本不增加运力投入情况下，在基本不减少重质货物运输情况下，解决了轻泡货的搭运，因而效果显著。

(6) 发展特殊运输技术和运输工具。依靠科技进步是运输合理化的重要途径。例如，专用散装及罐车，解决了粉状、液状物运输损耗大，安全性差等问题；袋鼠式车皮，大型半挂车解决了大型设备整体运输问题，“滚装船”解决了车载货的运输问题。集装箱船比船舶能容纳更多的箱体，集装箱高速直达车船加快了运输速度等，都是通过采用先进的科学技术实现合理化。

(7) 通过流通加工，使运输合理化。有不少产品，由于产品本身形态及特性问题，很难实现运输的合理化，如果进行适当加工，就能够有效解决合理运输问题。

三、储存

1. 储存的概念

储存是包含库存和储备在内的一种广泛的经济现象，是一切社会形态都存在的经济现象。在任何社会形态中，对于不论什么原因形成停滞的物资也不论是什么种类的物资在没有进入生产加工、消费、运输等活动之前或在这些活动结束之后，总是要存放起来，这就是储存。这种储存不一定在仓库中也不一定是有储备的要素，而是在任何位置，也有可能永远进入不了再生产和消费领域。储存是物流活动的重要内容之一，它是以改为“物”的时间状态为目的的活动，以克服产需之间的时间差异获得更好的效用。

从理论上讲，企业会在设施中储备每一种销售产品，以致力于为每一位客户服务。但是，因为这种储备会增加总成本，而且对企业来说，也有一定的风险，因而很少有哪种经营作业能承担得起如此耗资的存货义务。存货的目的是要以始终与最低的总成本相一致的最低限度的存货义务来实现所期望的客户服务。虽然过度的存货可以用来弥补物流网络的基本设计中的不足，但在某种程度上却降低了物流管理的质量，而且，把过度的存货用作向客户提供的服务，将最终导致更高的物流总成本。

物流战略要以尽可能最低的金融资产维持存货。存货管理的基本目的，是要在满足对客户所承担的义务的同时实现最大限度的流通量。良好的存货管理政策是基于一个选择性的部署之上的，即客户细分化、产品要求、运输一体化、时间上的要求以及竞争表现。

在特定的设施中产品进行储备，会直接影响到运输表现。绝大多数的运输费率是以具体的装运数量和规模为基础的。因此，在一个仓库里储备充足的产品，以便向某个客户或地理区域安排统一的装运，也许是良好的策略。这是因为，运输中相应节省的费用往往会抵消，甚至超过为维持存货而增加的费用。

2. 储存合理化的概念

储存合理化是指用最经济的办法实现储存的功能。储存的功能是对需要的满足，实现被储物的“时间效用”，这就“必须有一定储量”。这是合理化的前提或本质，如果不能保证储存功能的实现，其他问题便无从谈起了。但是，储存的不合理又往往表现在对储存功能实现的过分强调，因而是过分投入储存力量和其他储存劳动所造成的。所以，合理储存的实质是，在保证储存功能实现前提下的尽量少的投入，也是一个投入产出的关系问题。

3. 储存合理化的主要标志

(1) 质量标志

保证被储存物的质量，是完成储存功能的根本要求，只有这样，商品的使用价值才能通过物流之后得以最终实现。在储存中增加了多少时间价值或是得到了多少利润，都是以保证质量为前提的。所以，储存合理化的主要标志中，为首的应当是反映使用价值的质量。

现代物流系统已经拥有很有效的维护物资质量、保证物资价值的技术手段和管理手段，也正在探索物流系统的全面质量管理问题，即通过物流过程的控制，通过工作质量来保证储存物的质量。

(2) 数量标志

在保证功能实现前提下有一个合理的数量范围。目前管理科学的方法已能在各种约束条件的情况下，对合理数量范围做出决策，但是较为实用的还是在消耗稳定、资源及运输可控的约束条件下，所形成的储存数量控制方法，此点将在后面叙述。

(3) 时间标志

在保证功能实现前提下，寻求一个合理的储存时间，这是和数量有关的问题，储存量越大而消耗速率越慢，则储存的时间必然长，相反则必然短。在具体衡量时往往用周转速度指标来反映时间标志，如周转天数、周转次数等。

在总时间一定前提下，个别被储物的储存时间也能反映合理程度。如果少量被储物长期储存，成了呆滞物或储存期过长，虽反映不到宏观周转指标中去，也标志储存存在不合理。

(4) 结构标志

是从被储物不同品种、不同规格、不同花色的储存数量的比例关系对储存合理性的判断。尤其是相关性很强的各种物资之间的比例关系更能反映储存合理与否。由于这些物资之间相关性很强，只要有一种物资出现耗尽，即使其他种物资仍有一定数量，也会无法投入使用。所以，不合理的结构影响并不仅局限在某一种物资身上，而是有扩展性。

(5) 分布标志

指不同地区储存的数量比例关系，以此判断和当地需求比，对需求的保障程度，也可以此判断对整个物流的影响。

(6) 费用标志

仓租费、维护费、保管费、损失费、资金占用利息支出等，都能从实际费用上判断储存的合理与否。

四、物流信息

物流信息是现代物流区别于传统物流的关键所在。随着商品经济的发展，现代物流业要面对变化万千的市场信息世界，这其中包括：许许多多的供、需方客户，他们的供应或需求资料要进行配套对接，品种繁多的存货的识别与动态反映，对出发到各地的运输车辆的跟踪调拨等。这些都需要通过运用现代信息技术手段进行处理，也是前述各种功能要素能够发挥作用的必要前提，这就是现代物流的信息功能。现代物流通过信息功能，实现了对供应商、批发商、零售商各类企业信息的连接，从而使现代物流成为一种有机集成的协调管理。

1．物流信息的概念

物流信息，反映物流各种活动内容的知识、资料、图像、数据、文件的总称。物流与信息的关系非常密切，物流从一般活动成为系统活动有赖于信息的作用，如果没有信息，物流则是一个单向的活动，只有靠信息的反馈作用，物流才成为一个有反馈作用的，包括了输入、转换、输出和反馈四大要素的现代系统。无论是对物流活动进行管理，还是在制定相关决策，都需要详细、准确、直接的物流信息。通过对物流不同业务间的各种信息分析，有助于了解不同物流业务过程中相关的物流信息以及其不同的信息需求、功能需求和决策需求，以辅助做好相关的具体工作。

根据物流的活动范围，物流信息一般由物流系统内信息和物流系统外信息两部分组成。物流系统内信息包括物料流转信息、物流操作层信息，具体为运输信息、储存信息、物流加工信息、配送信息、定价信息等，物流系统外信息主要包括用户物品运输、配送信息，社会可用运输资源信息，交通和地理信息等。

物流信息的内容可以分为狭义物流信息与广义物流信息。从狭义范围来讲，物流信息是指与物流活动（如运输、保管、包装、装卸、流通加工等）有关的信息。在物流活动的管理与决策中，如运输工具的选择、运输路线的确定、每次运送批量的确定、在途货物的跟踪、仓库的有效利用、最佳库存量的确定、订单管理及如何提高对客户的服务水平等，都需要详细、准确的物流信息，因为这些物流信息对发挥前述的物流功能有支持与保证作用。

从广义范围来看，物流信息不仅指与物流活动有关的信息，而且包括与其他流通活动有关的信息。例如，商品交易信息和市场信息。

(1) 商品交易信息：指与买卖双方的交易过程有关的信息，有销售与购买信息、订货与接受订货信息、发出货款与收到货款信息，还有货物交接信息等。

(2) 市场信息：指与市场活动有关的信息，有消费者的需求信息、企业的销售促进活动信息、竞争性商品信息、交通与通信等基础设施方面的信息等。这些信息之间有着密切的关系。

广义的物流信息不仅能起到接连整合生产企业，经过批发商和零售商，最后到消费者的整个供应链的作用，而且在应用现代先进信息技术的基础上能实现整个供应链活动的效率化。具体地说就是利用物流信息可以使供应链上各个企业都提高效率，满足他们对控制计划生产、协调客户服务进行有效管理的要求。

2．物流信息的特征

与其他信息比较，物流信息的特殊性表现在：

(1) 物流信息量大、分布广

信息的产生、加工、传播和应用在时间、空间上不一致，方式也不同。

(2) 物流信息动态性强，实时性高

信息价值衰减速度快，时效性强。因而对信息管理的及时性和灵活性提出了很高的要求。

(3) 物流信息种类多

不仅本系统内部各个环节有不同种类的信息，而且由于物流系统与其他系统（如生产系统、供应系统）密切相关，因而还必须搜集这些物流系统外的有关信息。使得物流信息的搜集、分类、筛选、统计、研究等工作的难度增加。

(4) 物流信息趋于标准化

现在，企业间的物流信息一般采用 EDI 标准，企业内部物流信息也拥有各自的数据标准。随着信息技术的成熟，企业物流信息系统内外部信息标准可以统一起来，企业物流信息系统的开发简化了，功能也更强大。

3．物流信息的作用

过去，人们认为信息流是伴随物流的产生而产生，随着信息技术的发展和应用，一类信息流先于物流的产生，它控制着物流产生的时间、流动的大小和方向（即速度），引发、控制、调整物流，例如主要是各种决策计划、各种通知、用户的配送加工和分拣及配货要求等；另一类信息流与物流同步产生，它们反映物流的状态，例如运输信息、库存信息、加工信息、货源信息、设备信息等。前者是计划信息流或协调信息，后者为作业信息流。各种计划（如战略计划、物流计划、制造计划、采购计划）、存货配置以及预测产生的信息是计划信息流，运输信息、库存信息、加工信息、货源信息、设备信息等是作业信息流。

因此物流信息除了反映物品流动的各种状态外，更重要的则是控制物流的时间、方向、大小和发展进程。无论是协调流，还是作业流，物流信息的总体目标都是要把物流涉及企业的各种具体活动综合起来，加强整体的综合能力。

过去的物流信息主要存储在纸介质上，这导致了缓慢而不可靠的甚至有误导趋向的信息传输。存储在纸介质上信息的流动不仅增加了作业成本，还降低了用户满意度。现代信息技术的发展，使信息可以存储在电子介质、光介质上，电子信息的传输和管理能够更有效、更迅速地交流和管理各种信息，信息使用更加容易、快捷与经济，同时企业通过电子手段可以增强和用户各方面的协调与沟通，更好地为用户提供便捷全面的信息服务，强化企业的核心竞争力。

4. 物流信息技术

信息技术在不断地快速更新，但是用于物流活动的基本有以下几种：

(1) 识别记录技术

识别记录对物流活动非常重要。物流中心面对众多客户、繁多的存货及在不同时间的不同要求，必须加以准确识别，同时要及时、精确的记录，这是很不容易做到的。

以前，这些识别记录只能靠人工编目、记账。如在哈尔滨一家大型国有企业的仓库里，曾有一位仓管员齐莉莉，以她出色的记忆天赋和高度的责任心，能记住所管理的两万多种物资，可以根据需要快速把它们从琳琅满目的货架上找出来。

(2) 通信传输技术

最早的通信传输手段是邮递，现在大量使用电话、电传等技术。但是这些技术对物流活动的使用都不是那么有利，因为物流活动的特点，一般表现为非常分散的运动状态。我们知道，运输的特点是：点多、面广、流动、分散，因此信息的发射点与接受点往往随着物流实际活动出现不同地点的变动。

无线电频率技术，也就是移动电话的出现，使运输车辆的驾驶员能够接收物流中心调度员的指示。但是往往车辆驾驶员都无法确定自己所在的地理位置，这对于物流调度中心来说，仍然是处于失控状态。最新的信息技术是卫星通信，卫星通信信息技术将大量地被物流活动所利用。

环绕地球上空的卫星不断地接收来自发射点的信号，并反射给指定的接受点，还可以根据需要报告发射点所在位置周围所有信息。如运输车辆安装了信号接受设备，物流中心的调度员可以与车辆驾驶员进行联络，调度员可以下达最新的调拨指示，调度员还可以了解车辆所在位置的周围情况，如果发生交通堵塞，指示车辆改变行走路线等。

(3) 电脑网络技术

在今天的物流环境中，电脑几乎无所不在。由它们构成的网络世界也无所不至，这给物流管理带来极大的便利。

5. 物流信息管理合理化

(1) 及时性

及时性是指一种活动发生后在有关系统中传递的快捷程度。例如，生产企业的产成品实际是连续生产出来的，成为等待销售的存货。而存货的记录状态也许是按每小时、按每班次，甚至按每天进行更新。显然，适时更新或立即更新，更要有及时性，但是这样做会增加记账工作量，增加物流成本。而现代物流的信息体系采用先进的科技手段，如编制条形码、扫描和电子数据交换（EDI），完全可以及时而有效的作出记录。

信息系统的及时性带来管理控制的有效性。及时是在还有时间采取正确措施之前，或使损失减少到最低限度之时提供信息，使决策准确性的概率大大提高，从而让企业实现有效的管理控制。这在整个物流系统与供应链中都十分重要。

(2) 精确性

精确性可以解释为物流信息系统的报告与实际状况相符合的程度。信息的精确性越高，管理决策的风险与不确定性就越少。精确性要求的难度在于日常处理数据量太大。据统计，一般中小企业，每天进出库的料单就有 50 ~ 100 张，每年合同达数千份，物料动态记录达上万条，每天发生的数据有8000～15000项，而且还要不断积累历史数据，这些数据处理的精确性是不容易保证的。物流信息系统一般采用计算机自动化管理，能够实现数据传送高度的精确性。

(3) 灵活性

灵活性要求适应性广，切换快捷。商务数据的处理往往需要这种灵活性。例如，有些客户也许想将订货单、发货票等跨越一般的划分界限进行汇总，比如一般零售商按每个门市部店面的发货票进行汇总，而某零售商则要求按其若干连锁店的同类商品的发货票进行汇总，这就跨越了一般的划分界限。物流信息系统应具有这个能力，提供迎合特定客户需要的数据。通过对先进的信息科技手段，如数据库的娴熟运用等，应能满足客户提出的对各种数据处理的要求。

(4) 广泛性

现代的商务活动存在着多元性。也就是说，一个供应方可以面对多个需求方；同样，一个需求方可以面对多个供应方，不存在固定的接口。消费者甚至可以通过“电子商务”方式，向千里之外的制造商求购商品，这些在信息技术发达的今天完全可以做到。

广泛性还包含物流形式的广泛和所涉及的领域广泛，广泛性指适应对象范围之广、数量之多。

现代物流的信息功能在运用电脑网络参与供需双方沟通的基础上，还能为客户“量身定做”供应方案。

综上所述，物流信息系统将是高新信息科技之集大成者。由于它能广泛、及时地收集信息，精确、灵活地处理信息，以众多的零售信息终端，如灵敏的触角探测到市场瞬时万变的消费需求，为客户架起一道道供需桥梁，从而实现物资流通畅达的商品经济新局面，也为物流企业带来无限的发展空间。

五、包装

1．包装的概念

包装是在物流过程中为了保护产品、方便储运、促进销售，按一定技术方法采用材料或容器对物品进行包封，并加以适当的装潢和标识工作的总称。

2．包装的作用

(1) 保护物品

保护物品不受损伤，这是包装的主要目的。一要防止物品在运输、装卸过程中受到各种冲击、震动、压缩、摩擦等外力的损害。二要防止物品在运输，特别是保管过程中发生受潮、发霉、生锈、变质等化学变化；三要防止有害生物对物品的破坏。

(2) 方便流通和消费

物品经过适当的包装能为搬运、装卸作业提供方便，加快了装卸速度。从储运容器考虑包装形状、尺寸的设置，能大大提高运输效率。包装物的各种标志，便于仓库管理的识别、存取、盘点，合理的单元包装也方便了消费者的使用。

(3) 营销功能

产品包装的装潢设计是促销手段之一。精美的包装能唤起人们的消费欲望，同时包装可用来对商品做介绍、宣传，便于人们了解这种商品，从而购买这种商品。

3．包装的合理化

（1）合理设置包装方式

第一因素是考虑装卸。不同的装卸方式决定了不同的包装方式。需要手工装卸的，包装及内容的重量必须限制在手工装卸的允许能力之内，一般设定为工人体重的40%左右；包装的外形尺寸也应适合手工操作。发展国际性物流还要考虑不同地区物流载体的装卸交接，各种商品都按统一的规格尺寸进行包装，这些规格尺寸的单元基础叫“包装模数”。现在国际上已基本确定为600mm×400mm，其他规格尺寸按此倍数推导，如还可以采用1200mm×1000mm（其中1200mm是600mm的两倍，而1000mm是600mm+400mm）。

第二因素是考虑保管。采用高层堆放的应要求包装有比较高的强度，以免压坏等。

第三因素是考虑运输。对于进行长距离及多次中转运输的，就要用严密厚实的包装；而短距离汽车运输，可采用轻便、防震的包装等。

（2）合理选用包装材料与技术

包装材料与技术涉及包装成本与包装效应，这就是一个效益背反的问题。包装要避免包装不足和包装过剩。包装不足，指包装材料强度低、技术简易，如层次少、包扎与装订力度较小，这样成本虽低，但包装效果较差；反之包装过剩，效果虽强，但成本较高。

（3）方便物流的回收利用，实现物流资源再循环

在这方面可以有许多措施：

①采用通用包装外形，如按一定标准模数尺寸制造通用包装箱，无论在什么地方卸货后，都可以转用于其他包装；

②梯级利用，经过这样考虑设计的包装物，在一次使用后进行简单处理可转做他用，如大纸板箱可改制小纸板箱等；

③多用途、多功能的外形设计，如盛装饮料的包装物，腾空后可转做杯子等。

六、装卸搬运

1．装卸的概念

装卸指把物品以人力或运用机械装入运输设备或从运输设备卸下。装卸是物流系统的一个重要构成要素。

2．装卸的类别

（1）装货卸货作业：指往运输工具上装上和卸下货物的活动。

（2）搬运移送作业：对物品进行短距离的移动活动，包括水平、垂直、斜行等移动。

（3）放置取出作业：把物品在运输工具或仓库内的指定地方按要求的位置与形状放置，或将放置堆叠好的物品取出的活动。

（4）配货作业：把物品从原来放置的位置取出后，进行分类整理，再按规定的要求集中，以便按一定的批量准备移动或使用的活动。

3．装卸的合理化

物流系统中装卸作业所占的比重较大，装卸作业的好坏不仅影响物流成本，还与物流工作质量是否满足客户的服务要求密切相关联。因此装卸作业的合理化是物流管理的重要

内容之一。装卸合理化的主要目标是节省时间、节约劳动力、降低装卸成本。

(1) 提高装卸搬运活性

装卸搬运活性的含义是指把物品从静止状态转变为装卸搬运状态的难易程度。如果很容易转变为下一步的装卸搬运而不需要做过多装卸搬运前的准备工作，则活性就高；反之就是活性不高。为了区别活性的不同程度，用“活性指数”来表示。“活性指数”分 0 ~ 4 共五个等级，分别表示活性程度从低到高。

由于装卸搬运是在物流过程中反复进行的活动，因而其速度可能决定整个物流速度。每次装卸搬运时间的缩短，多次装卸搬运的累计效果则十分可观。因此，提高装卸搬运活性对合理化是很重要的因素。但是也要考虑装卸搬运成本，一般来说，装卸搬运活性越高，则其成本也越高。这样我们应该根据装卸搬运的对象（价值）来设计它的装卸搬运活性，对于价格低廉的物品、无须多次转移的物品，就不必采用高等级的活性状态。

(2) 防止无效装卸

无效装卸造成装卸成本浪费，装卸质量受损可能性增大，使物流速度降低等，因此应尽量防止。无效装卸具体反映在以下几方面：

①过多的装卸次数。

②过大的包装装卸。包装过大过重，在装卸时实际上是反复在包装上消耗不必要的劳动。

③无效物资的装卸。进入物流过程的货物，有时混杂着没有使用价值或对用户来说使用价值不对路的各种参杂物，如煤炭中的肝石，矿石中的水分，石灰中的未烧熟石灰及过烧石灰等。在多次装卸中，实际是在对这些无效物资反复消耗劳动。

由此可见，装卸搬运如能防止上述无效装卸，则可大大节约装卸劳动，使装卸合理化。

(3) 充分利用重力或消除重力影响，减少装卸的消耗

在装卸时考虑重力因素，可以利用货物本身的重量，进行有一定落差的装卸，以减少或根本不消耗装卸的动力，这是合理化装卸的重要方式。例如，从卡车或火车卸货时，使其与地面转运的运输工具有一定的高度差，利用溜槽、溜板之类的简单工具，可以依靠货物本身重量从高处自动下滑到低处，比采用吊车、叉车进行同样的装卸显然可以节省动力的消耗在装卸时尽量消除或减弱重力的影响，也能减少装卸劳动的消耗。例如，进行两种运输工具的换装时，采用不落地搬运就比落地搬运要好。后者使物品落地后再抬升一定高度进入第二种运输工具，就会因为克服物品的重力而发生动力消耗，如能减少这个消耗，是合理化装卸的体现。

在人力装卸时，一装一卸是爆发力的运用。如果还要搬运行走一段距离，体力消耗很大；如果能配合以简单机具，做到“持物不步行”，则可以大大减少装卸劳动量，实现装卸合理化。

七、采购

1. 采购的概念

采购是一个组织从外部资源获取所需要的全部商品和服务的过程。其目的是用最小可

能的总采购成本获得所需的商品和服务。这并不单纯地指最小可能的采购价格，虽然它是采购的初衷。实际上，总采购成本牵涉到许多复杂的因素，比如：贸易上可用的最佳采购价、库存占用和内部管理的潜在成本、劣质品和迟交付的成本、早付款的利息损失、操作和维护成本、由供应商的失误或疏忽而引发的费用、处置和/或再循环利用的成本等。

2．采购的作用

采购在公司里占据着非常重要的地位，因为购进的零部件和辅助材料一般要占到最终产品销售价值的40%～60%。这意味着，在获得物料方面所做的点滴成本节约对利润产生的影响，要大于公司其他成本－销售领域内相同数量的节约给利润带来的影响。除了提高利润外，采购价格降低还会降低企业资产的基数，同样会降低企业资产的基数，同样会使得资产回报率增长的幅度大于价格下降的幅度。

采购的数量和时间安排也影响着价格、运输成本和库存持有成本。一种采购策略是仅在需求产生时购买，采购量就是需求量。这就是适时管理战略，又称为按需购买。企业也可以采用其他方法，如某种形式的先期采购或预测采购。如果人们预期未来价格会上涨，这样做就有利可图。同样，如果采购者想要回避未来价格上涨的风险，也可采用投机性采购策略，一般是购买铜、银、金之类的原材料，可能在未来重新售出以赚取利润。投机性采购与先期采购的不同之处在于采购量是否超过未来需求量决定的合理购买量。

卖方不断提供的价格折扣也会影响到采购量。买方可能希望在一个较为优惠的价格水平上突击采购，“囤积物料”。而另一方面，买方也可能希望通过谈判得到优惠的价格，而只有在需求出现时才实际送货，以此避免存货的积聚。

3．采购合理化

(1) 适量采购

采购量多，价格就便宜，但不是采购越多越好，资金的周转率、仓库储存成本都直接影响采购成本，应根据资金的周转率、储存成本、物料需求计划等综合计算出最经济的采购量。

(2) 选择正确的供应商

采购部门必须向不同的供应商（通常是两家以上）索取供应物品的价格、质量指标、折扣和付款条件以及交货时间等资料。然后，根据这些资料选择最有利于企业生产和成本最低的供应商；这里所指的成本并非是由供应商的价格唯一决定，而是考虑其他各种得失、机会以后来确定。同时，采购中还有一个原则就是“适地”原则，即供应商离自己越近，运输费用就越低，机动性就越高，协调沟通就越方便，成本自然就越低了。

(3) 适时采购

采购计划的制定要非常准确，该进的物料不依时间进来，造成停工待料，增加管理费用，影响销售和信誉；太早采购囤积物料，又会造成资金的积压、场地的浪费、物料的变质，所以依据生产、销售顺畅，又可以节约成本，提高市场竞争力。

(4) 正确方式采购

采购方式需要依据不同需求情况分为直接采购、委托采购和调拨采购、共同采购等，直接采购就是直接向物料生产厂商进行采购，委托采购就是委托某代理商或贸易公司向物料厂商进行采购，调拨采购就是在几个分厂、合作厂商或客户之间，将过剩物料相互调换。如果预测到某种商品的价格的季节性变化，就适宜用混合采购。

(5) 适价采购

主要包括招标采购、询价现购、比价采购、议价采购、订价收购、公共市场采购等。

八、配送

1. 配送的概念

配送是在经济合理区域范围内，根据客户要求，对物品进行拣选、加工、包装、分割、组配等作业，并按时送达指定地点的物流活动。配送是物流中一种特殊的、综合的活动形式，是商流与物流紧密结合，包含了物流中若干功能要素的一种物流活动。从物流角度来说，配送几乎包括了所有的物流功能要素，是物流在小范围内物流全部活动的体现。一般来说，配送集装卸、包装、保管、运输于一身，通过这一系列活动完成将物品送达客户的目的。特殊的配送则还要以加工活动为支撑，包含的面更广。

从商流来说，物流和配送有明显的不同。物流是商物分离的产物，而配送则是商物合一的产物。配送是“配”和“送”的有机结合体。配送与一般送货的重要区别在于，配送往往在物流据点有效地利用分拣、配货等理货工作，使送货达到一定的规模，以利用规模优势取得较低的送货成本。同时，配送以客户为出发点。强调“按客户的订货要求”为宗旨。

2. 配送的特点

配送必须依靠信息网络技术来实现，它包括以下特点：

(1) 配送不仅仅是送货

配送业务中，除了送货，在活动内容中还有“拣选”、“分货”、“包装”、“分割”、“组配”、“配货”等项工作，这些工作难度很大，必须具有发达的商品经济和现代的经营水平才能做好。在商品经济不发达的国家及历史阶段，很难按用户要求实现配货，要实现广泛的高效率的配货就更加困难。因此，一般意义的送货和配货存在着时代的差别。

(2) 配送是送货、分货、配货等活动的有机结合体

配送是许多业务活动有机结合的整体，同时还与订货系统紧密联系。要实现这一点，就必须依赖现代信息，建立和完善整个大系统，使其成为一种现代化的作业系统。这也是以往的送货形式无法比拟的。

(3) 配送的全过程有现代化技术和装备的保证

由于现代化技术和装备的采用，使配送在规模、水平、效率、速度、质量等方面远远超过以往的送货形式。在活动中，由于大量采用各种传输设备及识码、拣选等机电装备，使得整个配送作业像工业生产中广泛应用的流水线，实现了流通工作的一部分工厂化。

(4) 配送是一种专业化的分工方式

以往的送货形式只是作为推销的一种手段，目的仅仅在于多销售一些商品。而配送则是一种专业化的分工方式，是大生产、专业化分工在流通领域的体现。

3. 配送的类型

为了满足不同产品、不同企业、不同流通环境的要求，经过较长一段时期的发展，国内外创造出多种形式的配送。这些配送形式都有各自的优势，但同时也存在其一定的局限

性。

按组织方式、对象特性不同，配送按组织者不同来分：

(1) 配送中心配送

这种配送的组织者是专职配送中心，规模比较大；其中有的配送中心由于需要储存各种商品，储存量也比较大；也有的配送中心专职组织配送，因此储存量较小，主要靠附近的仓库来补充货源。

由于配送中心专业性比较强，与用户之间存在固定的配送关系。因此，一般情况下都实行计划配送，需要配送的商品有一定的库存量，但是一般情况很少超越自己的经营范围。

配送中心中的设施及工艺流程一般是根据配送的需要而专门设计的，所以配送能力强，配送距离较远，配送的品种多，配送的数量大。可以承担工业生产用主要物资的配送以及向配送商店实行补充性配送等。

配送中心配送是配送的重要形式。从实施配送较为普遍的国家来看，作为配送主体形式的配送中心配送不但在数量上占主要部分，而且也作为某些小配送单位的总据点，因而发展较快。作为大规模配送形式的配送中心配送，其覆盖面较宽。因此，必须有一套配套的大规模实施配送的设施，比如配送中心建筑、车辆、路线、其他配送活动中需要的设备等，因此，其一旦建成便很难改变，灵活机动性较差，投资较高。这就导致了在实施配送初期很难大量建立配送中心。因此，这种配送形式有一定局限性。

(2) 商店配送

这种配送形式的组织者是商业或物资的门市网点，这些网点主要承担商品的零售，一般来讲规模不大，但经营品种却比较齐全。除日常经营的零售业务外，这种配送方式还可根据用户的要求，将商店经营的品种配齐，或代用户外订外购一部分本商店平时不经营的商品，与商店经营的品种一起配齐运送给用户。

这种配送组织者实力有限，往往只是零星商品的小量配送，所配送的商品种类繁多，但是用户需用量不大，甚至于有些商品只是偶尔需要，很难与大配送中心建立计划配送关系，所以常常利用小零售网点从事此项工作。

由于商业及物资零售网点数量较多、配送半径较小，所以比较灵活机动，可承担生产企业非主要生产物资的配送以及对消费者个人的配送。可以说，这种配送是配送中心配送的辅助及补充形式。商店配送有两种具体形式：

①兼营配送形式。进行一般销售的同时，商店也兼行配送的职能。商店的备货可用于日常销售及配送，因此，有较强的机动性，可以使日常销售与配送相结合，作为互相补充的方式。这种配送形式，在铺面条件一定的情况下，往往可以取得更多的销售额。

②专营配送形式。商店不进行零售销售，而是专门进行配送。一般情况下，如果商店位置条件不好，不适于门市销售，而又具有某些方面的经营优势以及渠道优势，可采取这种方式。

(3) 仓库配送

这种配送形式是以一般仓库为据点来进行配送。它可以是把仓库完全改造成配送中心，也可以是在保持仓库原功能前提下，以仓库原功能为主，再增加一部分配送职能。由于其并不是按配送中心要求专门设计和建立的，所以，一般来讲，仓库配送的规模较小，配送的专业化比较差。但是由于可以利用原仓库的储存设施及能力、收发货场地、交通运输线路等，所以既是开展中等规模的配送可以选择的形式；同时也是较为容易利用现有条件而不需大量投资、上马较快的形式。

(4) 生产企业配送

这种配送形式的组织者是生产企业，尤其是进行多品种生产的生产企业。这些企业可以直接从本企业开始进行配送，而不需要再将产品发运到配送中心进行中心配送。由于避免了一次物流的中转，所以生产企业配送具有一定优势。但是由于生产企业，尤其是现代生产企业，往往实行大批量低成本生产，品种较为单一，因此无法像配送中心那样依靠产品凑整运输取得优势。实际上，生产企业配送不是配送的主体，它只是在地方性较强的产品生产企业中应用较多，比如就地生产、就地消费的食品、饮料、百货等。此外，在生产资料方面，某些不适于中转的化工产品及地方建材也常常采取这种方式。

4. 配送合理化

(1) 推行一定综合程度的专业化配送

通过采用专业设备、设施及操作程序，取得较好的配送效果并降低配送过分综合化的复杂程度及难度，从而追求配送合理化。

(2) 推行加工配送

通过加工和配送结合，充分利用本来应有的这次中转，而不增加新的中转求得配送合理化。同时，加工借助于配送，加工目的更明确，和用户联系更紧密，更避免了盲目性。这两者有机结合，投入不增加太多却可追求两个优势、两个效益，是配送合理化的重要经验。

(3) 推行共同配送

通过共同配送，可以以最近的路程、最低的配送成本完成配送，从而追求合理化。

(4) 实行送取结合

配送企业与用户建立稳定、密切的协作关系。配送企业不仅成了用户的供应代理人，而且承担用户储存据点，甚至成为产品代销人，在配送时，将用户所需的物资送到，再将该用户生产的产品用同一车运回，这种产品也成了配送中心的配送产品之一，或者作为代存代储，免去了生产企业库存包袱。这种送取结合，使运力充分利用，也使配送企业功能有更大的发挥，从而追求合理化。

(5) 推行准时配送系统

准时配送是配送合理化重要内容。配送做到了准时，用户才有资源把握，可以放心地实施低库存或零库存，可以有效地安排接货的人力、物力，以追求最高效率的工作。另外，保证供应能力，也取决于准时供应。从国外的经验看，准时供应配送系统是现在许多配送企业追求配送合理化的重要手段。

(6) 推行即时配送

即时配送是最终解决用户企业担心断供之忧，大幅度提高供应保证能力的重要手段。即时配送是配送企业快速反应能力的具体化，是配送企业能力的体现。即时配送成本较高，但它是整个配送合理化的重要保证手段。此外，用户实行零库存，即时配送也是重要保证手段。

九、流通加工

1．流通加工的概念

流通加工又称流通过程的辅助加工活动。这种加工活动不仅存在于社会流通过程，也存在于企业内部的流通过程中。所以，实际上是在物流过程中进行的辅助加工活动。企业、物资部门、商业部门为了弥补生产过程中加工过程的不足，更有效地满足用户或本企业的需求，更好地衔接各环节的生产与消费，往往需要进行这种加工活动。

流通加工是指物品在从生产地到使用地的过程中，根据需要进行包装、分割、计量、组装、商品检验等一系列简单作业的总称。

2．流通加工的意义

目前，在世界许多国家和地区的物流中心或仓库经营中都大量存在流通加工业务，有的规模也很大。一些原本在工业企业进行的加工业务，现在由流通环节（包括新兴的现代物流企业）承担并且拓展，而改变以往流通企业那种经营业务单一的情况，发展多种经营业务是现代经济发展趋势的要求。在流通过程进行有关加工的重要意义有：

(1) 弥补生产加工的不足

生产环节的各种加工活动往往不能完全满足消费者的需要。例如，某个生产企业需要钢铁企业的钢材，除了规格型号的要求外，往往希望能够在长度、宽度等方面满足需要。但是钢铁企业面对成千上万个客户，是很难满足每个客户的细节要求的。那么要弥补以上生产环节加工活动的不足，由流通企业再进行加工是理想的方式。因为作为流通企业，它们对生产供应与消费需求双方衔接的各种要求比较了解，可以根据供方或需方的委托代为完成加工。

(2) 提高劳动生产率和物料利用率

流通加工是把多个制造企业对多个客户供应的商品集中进行专业加工，其加工效率比分散加工要高得多。对于用量少和满足临时需要的使用单位，如果没有专业流通加工而只能依靠自行加工，则不论加工水平或加工的成本都无法与专业流通加工相比。即使是有相当规模的企业进行的加工活动，与专业的流通加工相比，其劳动生产率也相对较低。比如，某建筑企业要完成安装玻璃的开片加工，往往在施工场地针对某一工程进行。而由专业流通加工开片，可满足若干建筑工地的需求，其加工效率更高，加工质量更好。另外还有以下的好处：

①提高原材料利用率。通过流通加工进行集中开料，能够合理套裁、因材施用，裁出大件的边角料再裁小件，明显地提高原材料的利用率。

②提高加工设备利用率。在分散加工的情况下，加工设备由于生产周期和生产节奏的限制，设备利用时松时紧，表现为加工过程的不均衡，从而导致设备加工能力不能充分发挥。而流通加工面向全社会，加工数量大幅度增加，加工范围明显扩大，加工任务饱满，加工设备利用率显著提高。

③方便配送。配送是包括整理、挑选、分类、备货、末端运输等一系列活动的集合。那么流通加工就是配送的前提，物流企业自行安排流通加工与配送，则流通加工时必然顾

及配送的条件与要求。或者说根据流通加工形成的特点布置配送，使必要的辅助加工与配送能很好地衔接，使物流全过程顺利完成。

近年来，人们认识到，现代生产引起的产需分离是不可忽视的。尽管许多生产者都把“用户第一”当做自己的主导思想，但是生产毕竟有生产的规律，大生产的特点之一便是“少品种、大批量、专业化”，产品的规格、品种、性能往往不能与消费需要密切衔接。弥补这一分离的方法，就是在流通环节进行辅助加工，也就是“流通加工”。所以，流通加工的产生实际是现代生产发展的一种必然趋势。

3. 流通加工的形式

我国常用的流通加工主要形式有：

(1) 剪板加工

在固定地点设置剪板机或各种剪切、切削设备将大规格的金属板料裁切为小尺寸的板料或毛胚。

(2) 集中开木下料

将原木锯裁成各种木板、木方，同时把木头碎屑集中加工成各种规格的夹板板材，甚至还进行打眼、凿孔等初级加工。

(3) 燃料掺配加工

将各种煤或其他一些发热物资，按不同的配方进行掺配，形成能产生不同热量的各种燃料。

(4) 冷冻加工

为解决鲜活商品、药品等在流通中保鲜、装卸搬运问题，采取低温冷冻的加工。

(5) 分选加工

对农副产品进行分等分级的挑选分类工作。

(6) 精制加工

对农牧副渔产品去除无用部分，甚至进行切分、洗净、分装的工作。

(7) 分装加工

对商品按零售要求进行新的包装，大包装改小、散装改小包装、适合运输的包装改适合销售的包装等。

(8) 组装加工对出厂配件、半成品进行组合安装，随即销售

(9) 定造加工

特别为使用者加工制造适合个性的非标准用品，这些东西往往不能由大企业生产出来，只好由流通加工企业为其“量身定做”。

4. 流通加工合理化

流通加工合理化的含义是尽量实现流通加工的最优配置。就是对是否设置流通加工环节、在什么地方设置、选择什么类型的加工、采用什么样的技术设备等问题做出正确抉择。目前，国内在进行合理化的考虑中已积累了一些经验，取得了一些成果。实现流通加工合理化主要考虑以下几方面：

(1) 加工和配送结合

就是将流通加工设置在配送点中。一方面按配送的需要进行加工；另一方面加工又是

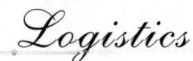

配送业务流程中分货、拣货、配货的环节之一。加工后的产品直接投入配货作业，这就无需单独设置一个加工的中间环节，而使流通加工与中转流通巧妙结合在一起。同时，由于配送之前有必要的加工，可使配送服务水平大大提高。这是当前对流通加工做合理选择的重要形式，在煤炭、水泥等产品的流通中已表现出较大的优势。

这里所提到“流通加工地点设置”的问题是流通加工合理化的重要因素。既然考虑与配送的结合，那么流通加工地点应设置在需求地区，还应选择在运输线路的交接点、交通枢纽等地区。如果地址选择不当，会大大增加物流费用。

(2) 加工与配套相结合

“配套”是指对使用上有联系的用品集合成套地供应给用户使用。例如，方便食品的配套，包括食品生产企业的产品——各种即食或速熟食品，还有餐具生产企业的产品——各种一次性餐具。当然，配套的主体来自各个生产企业，如上所说方便食品中的“方便面”，就由其生产企业配套生产。但是，有的配套不能由某个生产企业全部完成，如上例所说方便食品中的“盘菜”、“汤料”等。在物流企业经过流通加工，可以有效地促成配套，大大提高流通作为供需桥梁与纽带的能力。

(3) 避免盲目设置流通加工

流通加工不是对生产加工的代替，而是一种补充和完善。所以，一般而言，如果工艺复杂，技术装备要求高，可以由生产过程延续或轻易解决的，都不宜再设置流通加工。流通加工业务是现代物流企业提供的增值服务，既会提高流通商品的附加价值，从而实现物流企业的经济效益，也给供需双方带来方便与效率。所以它有强劲的发展前途。

第三节 物流活动涉及的交叉领域

企业的很多经营活动都处于物流和其他职能部门职能交叉的地带，因此形成共有责任，如物流——营销部门之间的客户服务、订单录入和处理、包装和零售点选址；物流——生产部门之间的厂房选址、采购和生产计划。这些边缘性经营活动需要各职能部门间进行某种形式的联合管理，防止出现次优决策。以包装为例，由于外观会影响销售，所以营销部门会考虑包装问题。如果市场回报与包装设计无关，营销部门就不会考虑包装保护商品、便于储存及搬运的特点。企业的物流活动就会受到劣质包装的影响，造成搬运和储存的低效率。另一方面，企业也很少用包装的促销能力作为物流部门业绩的衡量标准。但是，包装是一项整体性的活动，其保护功能并不能游离于促销功能之外。因此，在包装设计时就需要上述两个部门某种程度的合作，在市场收益和物流成本之间求得平衡。其中任何一个部门单独提出的设计都不可能像两个部门合作提出的设计那样有经济效益。另一个例子就是生产部门与物流部门在生产计划中的合作。库存是这两个部门之间责任共担的部分。生产部门通过平衡库存成本与生产成本制定生产计划。而物流部门根据库存成本与运输成本之间的平衡决定生产计划。如果两个部门不进行合作，就不能保证在运输成本、库存成本和生产成本三者之间找到最佳平衡。在其他职能部门之间也有类似的职责交叉的边缘性经营活动。

一个公司内的物流职能和活动与公司内部其他的一些职能和活动会产生许多重叠部

分。高度重叠的功能涉及财务、市场营销、信息技术以及生产。图 3－1 显示了物流与企业其他职能活动的关系。每一项方框内包含的职能活动与物流活动相互影响，例如市场营销中的客户服务水平阐释着库存水平和运输方式，或者说，库存水平和运输选择影响着企业能够提供的客户服务水平。

了解和熟悉物流活动涉及的交叉领域对于物流管理者来说十分必要，物流经理除必须平衡和协调关键物流活动外，还必须平衡和协调好相关部门的关系，彼此之间相互配合，协调工作，共同保证企业总目标的实现。

一、财务

物流部门与财务部门有些经常性的相互业务联系。一方面，物流部门只有在掌握真实反映物流成本资料的基础上，才能做出合理的决策并进行有效的控制；另一方面，财务部门需要经常测算未来现金流量，这有赖于物流部门提供原材料采购和产品配送的动态资料作为依据。财务部门与物流部门的主要联系是通过成本数据。成本数据为所有的物流决策提供了依据。对替代性物流系统和企业运营战略的评估要求拥有固定成本和可变成本的信息。运输定价和存储服务要求有关于燃油、维修、处理、劳动力、原材料、企业一般管理费用的详细数据。设备采购和替换事实上在没有折旧方法以及税收结构信息之前是不能做出决策的。没有精确的成本数据，与供应商或第三方物流供应商之间有关费率或价格的谈判很难有效进行。

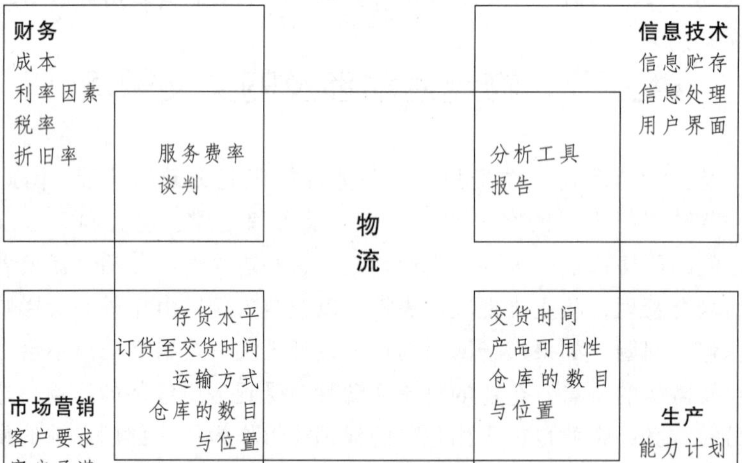

图 3－1　与物流活动相关的领域

资料来源：Raja G. Kasilingam: Logistics and Transportation. Lluwer Acdemic Publishers. 1998, P9

二、市场营销

市场营销作为物流系统设计的起点提供了必要的信息支持。它包括按照产品种类、反应时间及遵照时间、质量、数量和其他市场开拓的客户要求。为了满足客户承诺和要求，差不多需要做出所有的物流决策——存货点的数量、地理位置、存货的种类和数量、运输方式选择和包装类型。物流链条必须按照时间、地点、数量和产品种类，对市场营销部门发起的开拓做出反应。

三、信息技术

信息技术的重要性主要是通过使用软件和硬件来处理大量的数据，大多数的物流功能要求存储、加工和大量的数据处理、实时交流能力、良好的用户界面、支持复杂的分析工具。最近的一些信息技术发展能够很好地满足所有这些物流功能。

四、生产

企业生产过程就是将输入企业的原材料、零部件转化为产成品的过程。生产过程既是工艺过程也是物流过程。尽管市场营销提供了客户要求，但正是产品的质量、特性、数量和适时性保证了客户要求。产品设计小组通过选择合适的原材料、色彩和产品大小尺寸把客户的希望转变成现实。加工计划则通过识别机器、工具和设备的过程把产品设计转变成具体的制造步骤，能力计划决定了用于制造零部件所需机器的数目和类型，生产计划通过平衡可用资源（机器和劳动力）和满足交货时间和数量要求的现有库存进行时间上的安排。

第四章　物流网络

物流活动可以抽象为结点与链连成的网络，即物流网络，如图 4－1 所示。网络中的链代表不同库存储存点之间货物的移动。这些储存点——零售点、仓库、工厂或者供货商——就是结点。任意一对结点之间可能有许多条链相连，代表不同的运输形式、不同的路线、不同的产品。结点也代表那些库存流动过程中的临时经停点，如货物运达零售点或最终消费者之前短暂停留的仓库。

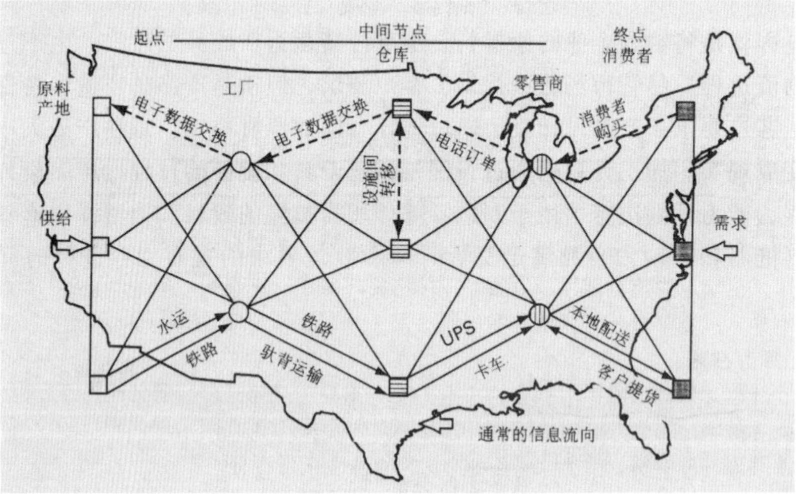

图 4－1　物流网络示意图

库存流动中的这些储—运活动只是整个物流系统的一部分。此外，还有信息流动网络，其中有关于销售收入、产品成本、库存水平、仓库利用率、预测、运输费率及其他方面的信息。信息网络中的链由从一地到另一地信息传输的邮件或电子方法构成。信息网络中的节点则是不同的数据采集点和处理点，如进行订单处理、准备提单的职员或更新库存记录的计算机。从抽象概念看，信息网络和产品流动的网络非常相似，都可以视为结点与链的集合。然而，两者最主要的区别在于产品大多是沿分销渠道顺流而“下”（流向最终消费者），而信息流则多是（但不完全是）沿分销渠道逆流而“上”（流向原料产地）。

实体产品物流网络和非实体物流网络（主要指物流信息网络）结合在一起，就形成了完整的物流网络。在现代物流业发展中，物流网络起着十分重要的作用，它起着沟通和联系国家之间、地区之间以及企业之间的“物”（包括有形的实体和无形的服务）的流动。毫无疑问，任何一个国家、地区或物流企业都需要相应地物流网络作为其未来发展的支撑。

实体网络与信息网络是相互影响、有机联系的。例如信息网络的设计将会影响物流系统的订货周期，进而影响产品网络各节点间保有的库存水平。库存的可得率会影响客户服务水平，进而影响订货周期和信息网络的设计。同样，其他各因素之间的相互依赖也要求从整体的角度看待物流系统，而不是将其分开考虑。

第一节 物流网络概念

一、物流网络的概念与内涵

物流网络可分为广义物流网络和狭义物流网络两种。

广义物流网络是从宏观角度探讨，主要包括物流基础设施网络和物流信息网络。物流基础设施网络如全球运输网络（包括全球航空网、全球海运网等），全国性运输网络（如全国性铁路网、全国性公路网、全国性航空网等），地区性物流网络；物流信息网络是指伴随物流基础设施网络而相应传递各类信息的通信网络如全球性物流信息网络、全国性物流信息网络、地区性信息网络等。

狭义物流网络，主要是指物流企业经营活动中所涉及的物流运输网络、物流信息网络、物流客户网络。物流运输网络是指一个物流企业的物流结点、运输线路和运输工具等组成的运输网络。物流信息网络是指一个物流企业建立的有关用户需求信息、市场动态、企业内部业务处理情况等信息共享的网络，是依靠现代信息网络技术建立起来的物流结点间的信息网络。物流客户网络是指由物流企业所服务的对象组成的一个虚拟网络。用户越多，物流用户网络越大。

一次完整的物流过程是由许多运动过程和许多相对停顿过程组成的。一般情况下，两种不同形式运动过程或相同形式的两次运动过程中都要有暂时的停顿，而一次暂时停顿也往往联结两次不同的运动。物流过程便是这种多次的运动停顿——运动——停顿所组成。

与这种运动形式相呼应，物流网络结构也是由执行运动使命的线路和执行停顿使命的结点两种基本元素所组成。线路与结点相互关系、相对配置以及其结构、组成、联系方式不同，形成了不同的物流网络，物流网络的水平高低、功能强弱则取决于网络中两个基本元素的配置和两个基本元素本身，全部物流活动是在线路和结点进行的。其中，在线路上进行的活动主要是运输，包括：集货运输、干线运输、配送运输等。物流功能要素中的其他所有功能要素，如包装、装卸、保管、分货、配货、流通加工等，都是在结点上完成的。所以，从这个意义来讲，物流结点是物流系统中非常重要的部分。实际上，物流线路上的活动也是靠结点组织和联系的，如果离开了结点，物流线路上的运动必然陷入瘫痪。

二、物流网络的若干特性

1. 网络经济特性

网络经济学认为，任何网络都具有一个基本的经济特征：连接到一个网络的价值取决于已经连接到该网络其他人的数量。这个基本的价值定理有许多不同的名字：像网络效应、网络外部性和需求方规模经济。但它们指的是同一含义：其他条件不变，连接到一个较大的网络优于连接到一个较小的网络。如果一个物流企业的用户数量足够多，物流网络规模足够大，它显然是潜在用户的首选。供应方规模经济与需求方规模经济作用在一起，导致了物流产业内强大的正反馈现象，强者越强，弱者越弱。事实上，并不是所有的物流企业都能在激烈的市场竞争中取胜或存活。物流网络强的企业将吸引越来越多的用户加入，而变得更加强大，在竞争中取得明显的优势地位。

物流运输网络越大，可以为客户提供的仓储、运输及其他增值服务就越多。一方面，巨大的生产规模将降低企业的平均运营成本；另一方面，该网络也将吸引更多的潜在客户，占据足够大的市场份额。

2．规模效果特性

物流运输网络必须要具有一定的规模，这样才能发挥出物流网络的规模效果。物流运输网络具有一些规模效应。

（1）运输是地理空间上的活动，运输网络在空间幅员上的规模越大，线路越长，网点越多，其服务覆盖的区域范围就越大，因此从运输网络的幅员大小看，可以考察物流企业是否具有经营线路越长或网络覆盖区域越大，单位运输成本越低的效果。

（2）从运输线路的通过密度上看，可以考察具体运输线路上是否具有物流运输量越大就导致该线路的单位物流运输成本越低的效果。例如一条铁路从开始修建时的单线到复线以至多线，牵引动力也从蒸汽机车到内燃机车再到电力机车，加上行车指挥技术的不断进步，其通过能力也从起初的上百万吨到几百万吨、几千万吨甚至上亿吨，运输能力越来越大，效率越来越高，平均成本则不断降低。公路、管道和水运航线等也具有类似的现象。

（3）从单个运输设备的载运能力（如列车牵引重量、车厢容积、飞机客座数或轮船载重吨位等）上看，则可以考察是否具有载运能力越大，其单位运输成本就越低的效果。目前的趋势是载运工具越造越大，400 座以上的大型客机、万吨货物列车和驳船队、30 万吨矿石船、50 万吨油轮、6000TEU ~ 8000TEU 的集装箱轮都已经是平常物了。

（4）从运输企业拥有车（船、机）队中车辆数的多少，可以考察是否车队的规模越大，经营效率越高或单位运输成本越低。例如机队的规模既与在航线上所能提供的服务频率有关，又与保持合理的维修队伍及合理的零部件数量有关，有数据说在只有一架客机单独使用时所需储备的零部件数量相当于飞机价值的 50%，而当拥有 10 架相同客机时所需要储备的零部件数量仅相当于飞机总价值的 10%。我全国目前拥有 500 余架民用客机，分别属于数十家航空公司，飞机总数还不如国外一家大公司拥有的数量，因此每一家公司的机队都很难达到应有的合理规模。

（5）由于客货发送量越来越大，而且存在大量同种运输方式内部或不同运输方式之间的中转、换装、联运、编解和配载等问题，交通网络内港站或枢纽（包括车站、港口、机场、配载中心以及它们的结合体等）与相关线路或相关运输方式的能力协调变得十分重要；而且在网络内线路运输费用已经比较低的情况下，有关枢纽上的高昂中转费用就会变得十分突出。港站的处理能力表现为，港站处理的客货发到与中转数量或处理的载运工具发到、中转、编解和配载数量越大单位成本越低。目前在世界上不难找到每年发送数千万人次的机场、接卸十几万吨或几十万吨位货轮的码头、吞吐 1000 万 TEU 以上集装箱的港口、每天处理上万辆车的铁路编组站或几千吨货物的公路零担转运中心。枢纽的能力必须与整个网络相协调，在能力不足的情况下，枢纽决定或限制了网络系统的整体能力；反过来说，枢纽的规模和能力也是其所在运输网络发达水平的标志。

（6）还可以从运输距离角度考察是否具有单位运输成本会随着运距的不断延长而下降的效果。由于运输成本都可分成随运距延长成比例变化的途中成本和与运距无关的终点成本，因此运输经济中一直有所谓“递远递减”的规律，特别是终点成本所占比例较高的铁路、水运和航空运输这一特点更为明显。因此，与运输活动有关的规模经济可以划分成多种不同的类型，即：运输网络幅员经济、线路通过密度经济、港站（或枢纽）处理能力经济、车（船、机）队规模经济、载运工具能力经济和运输距离经济等。运输业由多种运输方式组成，各种运输方式都既可分成基础设施与客货运营两部分，而且根据客货流或服务对象的特点（如远途或近途，整车或零担，定点定线服务与否等）又可进一步划分为若干运输类别，这使得讨论运输业的规模经济问题平添了很大的难度，不可以简单地一概而论。可以在运输业中找到很多存在规模经济的例子（例如公路零担运输需要组织较大的车队和在较大的网络内通过沿途接卸和轴辐式中转的结合提供服务），同时也可以找到大量不具有规模经济的例证（如个体运货卡车和船户、个体出租车等）。

第二节　物流实体网络

一个完整的物流实体网络至少要包括两大组成部分：物流线路和物流结点。

一、物流线路

物流线路广义指所有可以行驶的和航行的陆上、水上、空中路线，狭义仅指已经开辟的，可以按规定进行物流运营的路线和航线。在物流管理领域，线路一般指后者。

物流线路有以下几种类型：

1. 铁路线路

铁路线路对于物流的运作来讲，是有区别的。主要有以下几种类型：双轨线路、单轨线路；宽轨线路、标准轨线路、窄轨线路；普通线路、快运线路等等。不同线路有不同的运营要求，所能够承担的物流服务要求和服务水平也不相同。

2. 公路线路

公路线路的种类是线路里面最多、最复杂的。可以区分成以下多类：国道、省道、城市道路；高速公路、快速公路、一般公路；货运线路、非货运线路；干线公路、支线公路、连接线公路等等。不同公路能够提供的汽车运行条件不同，对车辆的通过能力和管理方式也不同。

3. 水运线路

水运线路可分成内河航运线路、远洋海运线路、近海海运线路和沿海海运线路四种，四种线路航运条件不同，航运设备也不同，虽然都是水上运输线路，但是它们的功能和作用是有区别的。

4. 空运线路

已经开辟的能够进行管制、导航、通信等管理的空中航线。

二、物流结点

物流结点是物流网络中连接物流线路的结节之处。物流结点的种类很多，在不同线路上结点的名称也各异。铁路运输领域的结点称谓有铁路货运站、铁路专用线货站、铁路货场、铁路转运站、铁路编组站等。在公路运输领域，结点的称谓有公路货场、车站、转运站、公路枢纽等。在航空运输领域，结点的称谓有货运机场、航空港等。在商贸领域，结点的称谓有流通仓库、储备仓库、转运仓库、配送中心、分货中心等。

现代物流网络中的物流结点对优化整个物流网络起着重要作用，它不仅执行一般的物流职能，而且越来越多地执行指挥调度、信息等神经中枢的职能，是整个物流网络的灵魂所在，因而更加得到人们的重视。人们对于执行中枢功能的物流结点称为物流中枢或物流枢纽。

综观物流结点在物流系统中的作用，物流结点具有如下功能：

1. 衔接功能

结点将各个物流线路联结成系统，使各个线路通过结点相通而不是互不相干。在物流未能系统化之前，不同线路的衔接有很大困难；例如轮船的大量输送线和短途汽车的小量输送线，两者输送形态、输送装备都不相同，再加上运量的巨大差异，所以往往只能在两者之间有长时间的中断后再逐渐实现转换，这就使两者不能贯通。物流结点利用各种技术的、管理的方法可以有效地起到衔接作用，将中断转化为通畅。

物流结点的衔接作用可以通过多种方法实现，主要有：

（1）通过转换运输方式衔接不同运输手段；

（2）通过加工，衔接干线物流及配送物流；

（3）通过储存衔接不同时间的供应物流和需求物流；

（4）通过集装箱、托盘等集装处理衔接整个“门到门”运输，使之成为一体。

2. 信息功能

结点是整个物流系统或与结点相接物流的信息传递、收集、发送的集中地，这时信息功能在现代物流系统中起着重要的作用，也是将复杂的物流诸单元能连接成有机整体的重要保证。在现代物流系统中，每一个结点都是物流信息的结点，若干个这种类型的信息点和物流系统的信息中心结合起来，形成了指挥、管理、调度整个物流系统的信息网络，这是一个物流系统建立的前提条件。

3. 管理功能

物流管理设施和指挥机构往往集中设置于物流结点之中，实际上，物流结点大都是集管理、指挥、调度、信息、衔接及货石处理为一体的物流综合设施。整个物流系统的运转的有序化和正常化，整个物流系统的效率和水平取决于物流结点的管理职能实现的情况。

4. 结算功能

物流中心的结算功能是物流中心对物流功能的一种延伸，物流中心的结算不仅仅只是物流费用的结算，在从事代理、配送的情况下，物流中心还要替货主向收货人结算货款等。

5. 需求预测功能

自用型物流中心经常负责根据物流中心商品进货、出货信息来预测未来一段时间内的商品进出库量，进而预测市场对商品的需求。

6. 物流系统设计咨询功能

公共型物流中心要充当货主的物流专家，因而必须为货主设计物流系统，代替货主选择和评价运输商、仓储商及其他物流服务供应商。国内有些专业物流公司正在进行这项尝试，这是一项增加服务价值、增加公共物流中心的竞争力的服务。

7. 物流教育与培训功能

物流中心的运作需要货主的支持与理解，通过向货主提供物流培训服务，可以培养货主与物流中心经营管理者的认同感，可以提高货主的物流管理水平，可以将物流中心经营管理者的要求传达给货主，也便于确立物流作业标准。

三、物流结点的种类

现代物流发展了若干类型的结点，在不同领域起着不同的作用，按结点的主要功能可以分类如下：

1. 转运型结点

以接连不同运输方式为主要职能的结点，是处于运输线上的结点。铁道运输线上的货站、编组站、车站，不同运输方式之间的转运站、终点站，水运线上的港口、码头，空运中的空港等都属于此类结点。一般而言，由于这种结点处于运输线上，又以转运为主，所以货物在这种结点上停滞的时间较短。

2. 储存型结点

以存放货物为主要职能的结点，货物在这种结点上停滞时间较长。在物流系统中，储备仓库、营业仓库、中转仓库、货栈等都是属于此种类型的结点。尽管不少发达国家仓库职能在近代发生了大幅度的变化，一大部分仓库转化成不以储备为主要职能的流通仓库甚至流通中心，但是在现代世界上任何一个有一定经济规模的国家，为了保证国民经济的正常运行，保证企业经营的正常开展，保证市场的流转，以仓库为储备的形式仍是不可缺乏的，总还是有一大批仓库仍会以储备为主要职能。在我国，这种类型的仓库还占主要成分。

3. 流通型结点

组织物流为主要职能的结点。现代物流中常提到的物流基地、物流中心、流通仓库、流通中心、配送中心就属于这类结点。

4. 综合性结点

物流结点中全面实现两种以上物流的主要功能，结点中并非独立完成各自功能，而是将若干功能有机结合于有完善设施、有效衔接和协调工艺的集约型结点。这种结点是物流大量化和复杂化，是现代物流系结点发展的方向之一。

第三节　物流信息网络

物流系统是一个多环节的复杂系统，物流系统中各环节的相互衔接是通过信息予以沟通的，基本资源的调度也是通过信息共享来实现的，因此，组织物流活动必须以信息为基础。为了使物流活动正常而有规律地进行，必须保证物流信息畅通。物流信息网络就是要将物流信息通过现代信息技术手段使其在企业内、企业间乃至全社会达到共享。

一、信息网络是实体网络的重要支撑

物流信息网络是物流实体网络的重要支撑。信息网络是实现物流在配送体系——实体网络中有效流动的基础和支撑，是物流系统中传递物流信息的通道。库存管理信息系统、配送分销系统、用户信息系统、EDI/Internet 数据交换与传输系统、电子资金交易系统（EFT）、GPS 系统以及决策支持系统等对提高物流系统的运行效率起着关键作用。在传统的运作手段下，难以想象物流业可以准确无误快捷有效地处理大规模配送中多个地域多个客户千变万化的配送要求，并及时地对客户要求做出响应。因为，商品在配送体系的实体网络中准确快速的流动必须依赖于及时有效的信息流的引导。同时，大规模多任务物流过程的优化，例如合理的库存与送货方式的确定，理想的配送路线的选择，都无法再依靠传统的经验和表单来管理，必须依赖计算机软件系统以及决策系统的辅助。信息网络所能实现的多点信息的获取，提高了信息的跟踪能力，使供应链物流过程更加透明化，为实时控制物流过程提供了条件。正是由于信息网络的重要性，诸如 UPS 这样优秀的物流企业，正积极寻求建立良好的物流信息网络。UPS 连续两年被《财富》杂志评选为邮政、包裹运送及货运领域内全球最受“推崇”的公司，缘于其先进的信息网络和电子商务领域的杰出表现。早在 20 世纪 80 年代，UPS 就决定创立一个强有力的信息网络系统。信息网络的构建不仅使 UPS 实现了与 99%的美国公司和众多美国居民之间的电子联系，也实现了对每件货物运输即时状况的掌握，UPS 能够对每日运送的 1300 万个邮包进行电子跟踪。

物流信息的网络化可以缩短物流的传输长度，增加透明度。传统上物流某些方面的信息是不清楚的，最多只是了解部分属于企业范围的信息。而通过信息的网络化，可以使传统的二维市场，突破空间的概念成为空间市场，使物流信息变得异常的流畅。随着全球信息网络的建成，物流信息网络化将得到进一步发展。物流信息已经从“点”发展到“面”：以网络的形式将物流企业各部门、各物流企业、物流企业与生产企业和商业企业等连在一起，实现了社会性的各部门、各企业之间低成本的数据高速共享；从平面应用发展到立体应用：企业物流更好地与信息流和资金流综合，消除了部门间的冗余，实现了信息的可追溯性。

二、物流信息平台

基于 Internet 网络的物流信息系统是支撑全过程物流管理的最重要的基础之一，物流信息系统可以为实施物流管理和提供物流服务的企业带来许多实际的功效：①有效的管理物流服务的各业务环节，提供各环节的信息与数据，以保证运输、仓储等各职能之间的协调一致，提高物流的经济效益；②及时掌握物流服务的运营状况，提高物流服务企业对非正常业务的处理能力；③明确各环节的经营人的责任及义务，提供结算功能；④建立业务财务系统，完善财务管理，加快资金回笼；⑤提供实时的客户查询功能，实现物流信息的“客户共享”，增强物流企业和客户间的合作伙伴关系；⑥向物流管理的企业客户提供货物流动库存乃至产品销售和统计报表，以帮助客户制定生产计划，使其生产的产品真正“适销对路”；⑦提供各种接口模块，实现物流系统和 GPS 系统、POS 系统以及其他生产、销售系统的对接，建立完整的商品供应链信息循环。基于 Internet 网络的物流信息系统的目标是：第一，提高为顾客服务的水平。即把接受订单的商品，迅速、准确地送到顾客指定的地方；第二，降低物流的总成本费用，就是排除与物流各种有关的浪费，运用完满高效的物流系统来降低物流成本的总费用。但是，在这两个目标之中，包含着相互抵消的因素，即提高为顾客服务的水平和降低成本费用是一个权衡的关系，如果大幅度地提高为顾客服务的水平和内容，必然引起物流费用的上升。因此，物流信息系统既要控制物流的各种功能，又要承担着使两个目标适当调和的作用。

信息平台和物流平台有机地结合起来是构造现代物流系统不可缺少的组成部分。随着 IT 产业的发展，对物流的信息采集、信息处理和利用带来了前所未有的便利，物流网络构造从一开始就充分考虑到信息平台的重要性。物流中心实行计算机管理并与城市互联网连网，使货物运输、分拣包装、储存保管、集疏中转、市场信息、货物配载、业务受理等功能有机地结合在一起，形成一个社会化的高效物流服务系统。

三、国家层次的信息网络平台

不同国家着眼于各国自身物流业发展，构建不同的物流信息网络。总的看来，国家层次的物流信息网络是为国内制造业者、运输公司、仓库业者等物流相关业者提供的传递必要信息的信息网，帮助相关业者处理陆运、海运、空运、铁路业务、通关、贸易业务等业务。

图 4－2 为韩国的国家层次的物流信息网络系统。

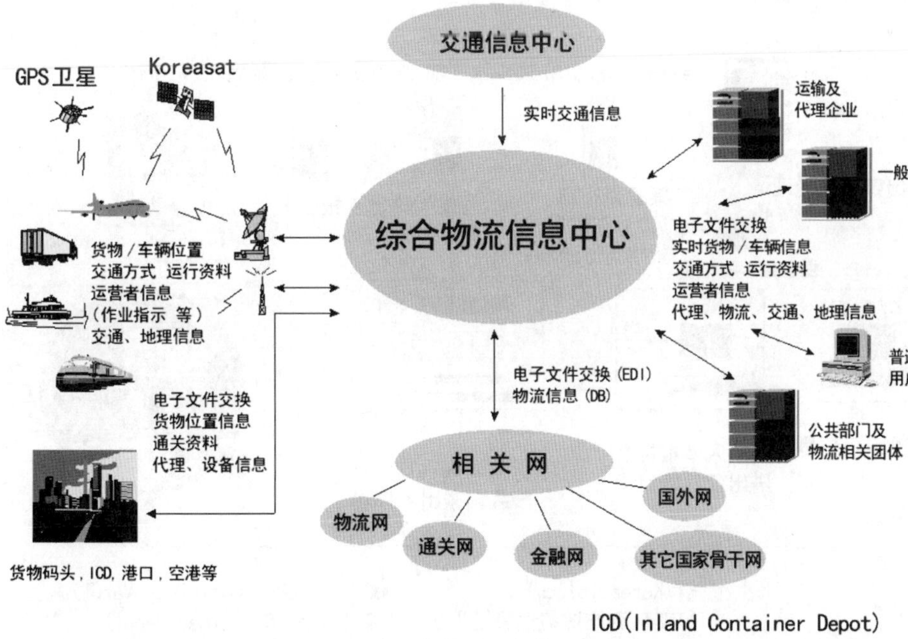

图 4－2　综合物流信息系统

韩国综合物流信息系统主要提供以下三种服务。

1. 电子文件交换系统（EDI：Electronic Data Interchange）

电子文件交换服务如图 4 - 3。

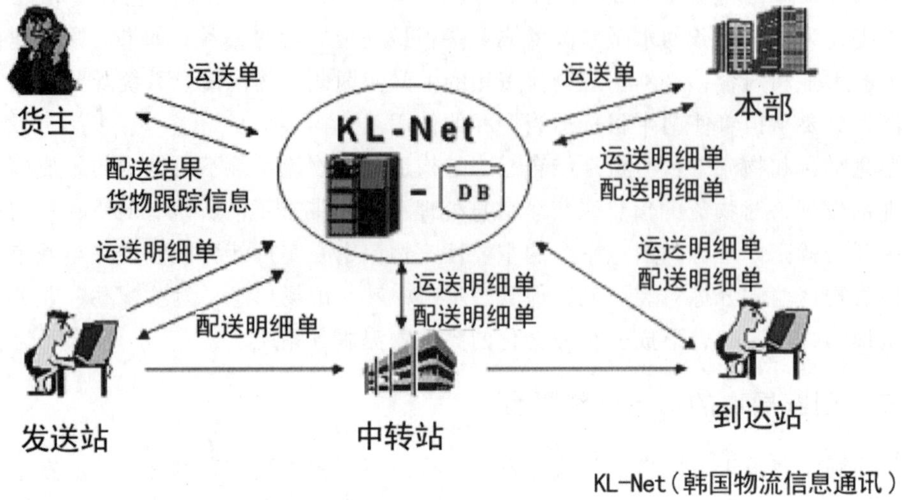

图 4 - 3　电子文件交换服务

2. 进出口货物信息数据库系统（DB：Data Base）

进出口物流信息服务如图 4 - 4。

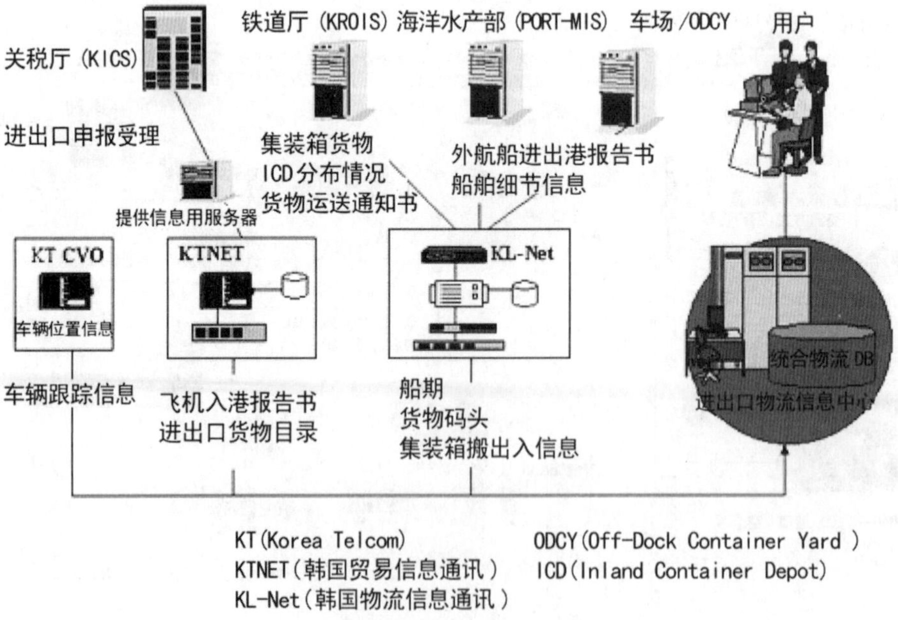

图 4 - 4　进出口物流信息服务

3. **先进的货物运输信息系统**

* 利用智能交通系统（ITS）、卫星定位系统（GPS）技术，实时追踪货物车辆位置。
* 通过掌握车辆实时动态，提高作业指示等车辆管理效率。

先进的货物运输信息服务如图 4－5。

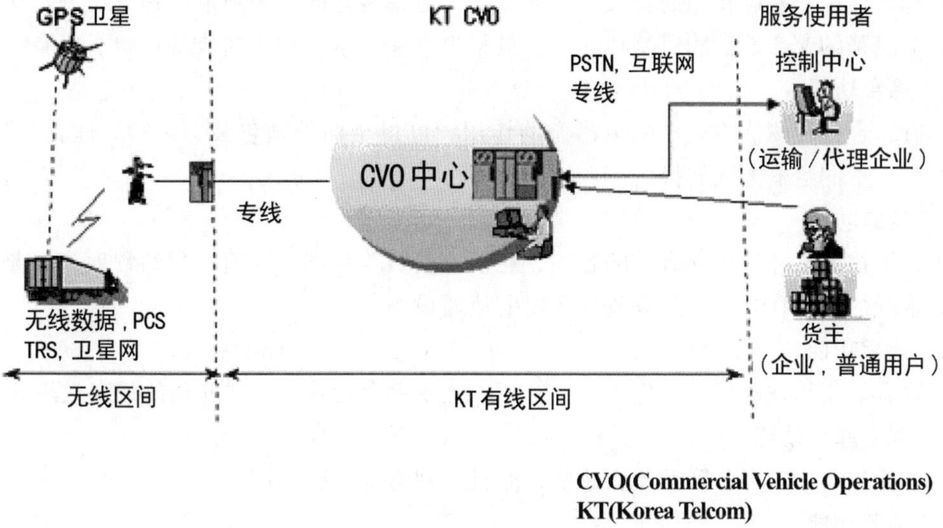

图 4－5 先进的货物运输信息服务

第四节 各种类型的物流结点

物流结点的产生和发展，是社会分工深化和协作加强的结果，其目的在于通过物流结点对物流活动的有效组织实现一定范围内物流运作的高效率和高效益，满足国民经济、地区经济、企业和最终用户的需求。根据物流结点辐射范围和影响力的大小，物流结点可分为物流枢纽、物流基地（物流园区）、物流中心和配送中心等。

一、物流枢纽

枢纽，辞海上的定义为“比喻冲要之处或事物的关键所在，如交通枢纽”。目前关于物流枢纽尚无确切的定义，但在实际中许多地区和城市都把建立物流枢纽性型城市作为其城市发展的定位之一。如香港定位为国际物流枢纽性城市。

物流枢纽，可以定义为：“能够对某一区域范围提供优良物流服务的空间”，即某一地区要成为物流枢纽需要具备以下一些基本条件：

* 优良的物流基础设施（交通运输、仓储等）条件，形成运输通道或运输干线；
* 高效的物流通信系统；

* 一大批高效率的物流企业集聚；
* 大量的物资集散。

二、物流基地

物流基地，也被人们称做物流园区。一般认为，物流基地集约了多种物流设施、起到综合功能和指挥、基础作用的特大型物流结点，是集约化的、大规模的物流设施集中地和多种物流线路的交会地。物流基地的概念最早出现在日本。物流基地具有如下功能：

1. 综合功能

具有综合各种物流方式和物流形态的作用，可以全面处理包装、装卸、储存、搬运、流通加工、不同运输方式转换、信息、调度等。

2. 集约功能

集约了物流主体设施和有关的管理、通信、商贸等设施，规模，集约程度高，是流通领域大生产的一种代表，是具有规模效益的流通设施。

3. 转运功能

可以有效集约铁路、公路、水运、空运，实现综合运输、多式联运的最有效转化。

4. 集中库存功能

可以通过集中库存，降低库存总量，并且实现有效库存调度。

5. 调节功能

使系统优化。

6. 指挥功能

物流基地是整个物流系统的集中信息汇集地和指挥地。

对物流基地予以归纳，可以用三个特点来反映，即：集约、基础、规模大。

三、物流中心

物流中心是介于物流基地和配送中心之间的一种物流结点，其规模、功能和影响范围介于两者之间。物流中心与配送中心的功能相似，但物流中心的辐射范围大，处理的对象为大批量、小批次、少品种的商品，配送中心则相反。物流中心的上游是工厂，下游是配送中心或批发商，而配送中心的上游是物流中心或工厂，下游是零售店或最终消费者。

物流中心有公共型物流中心和企业自用型物流中心两种。与企业自用型物流中心相比，公共型物流中心面对的客户更加广泛，供应链中的任何成员均可成为客户。

公共型物流中心需要的物流设施一般应有一定规模，从功能设计上可以只提供一种或少数几种具有明显竞争优势的主要物流服务，也可以提供综合性的配套物流服务，大型物流中心的功能必须具有综合性和配套性的特点。

物流中心的功能设计要与商品的特性相吻合，物流中心能处理的商品种类总是有一定限制的。比如，国外有专门的服装物流中心、电器物流中心。食品物流中心、干货物流中心、生鲜商品物流中心、图书物流中心等，有的甚至是专门处理某一更小类别商品的物流中心。试图建立一个能满足所有商品物流需要的物流中心是不实际的，因为物流中心处理不同的商品时需要有一些专用的设施，一个物流中心没有必要也不可能配备能处理所有商品的物流设施和设备，哪怕是公共型的物流中心。现在也有分工越来越细的趋势，设施设备的配置除了要考虑需求外，还要考虑物流作业规模及作业批量等因素。

四、配送中心

配送中心是指商品集中出货、保管、包装、加工、分类、标付价格标签、装货、配送的场所或经营主体。配送中心有自用型、社会化和半社会化配送中心的三种主要类型，其中自用型配送中心有由制造商经营的、有由零售商经营的，主要是服务于自己的产品销售或自有商店的供货。社会化的配送中心，是由独立于生产者和零售商之外的其他经营者经营的。在现代信息技术手段的支撑下，适应现代物流业专业化、标准化、多功能化发展的要求，一些发达国家的社会化的配送中心近年来发展较快。半社会化配送中心由企业成立一个独立的物流子公司，要求该子公司为母公司的主业提供物流配送服务，而富余部分则自行对外开放服务。

实际运转中的配送中心类别如下：

1．专业配送中心

配送中心大体上的配送对象、配送技术是属于某一专业范畴，在某一专业范畴有一定的综合性，综合这一专业的多种物资进行配送，例如多数制造业的销售配送中心，或者配送中心以配送为专业化职能，基本不从事经营活动。

2．柔性配送中心

配送中心不向固定化、专业化配送方向发展，而向能随时变化，对用户要求有很强适应性，不固定供需关系，不断向发展配送用户和改变配送用户的方向发展。

3．供应配送中心

配送中心专门为某个或某些用户（例如联营商店、联合公司）组织供应。例如，为大型连锁超级市场组织供应的配送中心；代替零件加工厂送货的零件配送中心，使零件加工厂对装配厂的供应合理化。

4．销售配送中心

配送中心以销售经营为目的，以配送为手段。销售配送中心大体有三种类型：

一种是生产企业为本身产品直接销售给消费者的配送中心，在国外，这种类型的配送中心很多；另一种是流通企业作为本身经营的一种方式，建立配送中心以扩大销售；第三种，是流通企业和生产企业联合的协作性配送中心。

比较起来看，国外和我国的发展趋向，都向以销售配送中心为主的方向发展。

5．城市配送中心

配送中心以城市为配送范围，由于城市范围一般处于汽车运输的经济里程，这种配送中心可直接配送到最终用户，且采用汽车进行配送。所以，这种配送中心往往和零售经营相结合，由于运距短，反应能力强。因而从事多品种、少批量、多用户的配送较有优势。

6．区域配送中心

配送中心以较强的辐射能力和库存准备，向省（州）际、全国乃至国际范围的用户配送。这种配送中心配送规模较大，一般而言，用户也较大，配送批量也较大，而且，往往是配送给下一级的城市配送中心，也配送给营业所、商店、批发商和企业用户，虽然也从事零星的配送，但不是主体形式。这种类型的配送中心在国外十分普遍。

7．储存型配送中心

配送中心有很强储存功能，一般来讲，在买方市场下，企业成品销售需要有较大库存支持，其配送中心可能有较强储存功能；在卖方市场下，企业原材料，零部件供应需要有较大库存支持，这种供应配送中心也有较强的储存功能。大范围配送的配送中心，需要有较大库存，也可能是储存型配送中心。

8．流通型配送中心

配送中心基本上没有长期储存功能，仅以暂存或随进随出方式进行配货、送货的配送中心。这种配送中心的典型方式是，大量货物整进并按一定批量售出，采用大型分货机，进货时直接进入分货机传送带，分送到各用户货位或直接分送到配送汽车上，货物在配送中心里仅做少许停滞。

9．加工配送中心

配送中心具有较强的加工职能，但是加工配送中心的实例，目前见到不多。

配送中心布局有辐射型、扇型和双向辐射型等形式。

1．辐射型

这种配送中心适应以下条件：（1）配送中心附近连锁店相对集中；（2）配送中心靠近主要交通运输干线，如图 4－6。

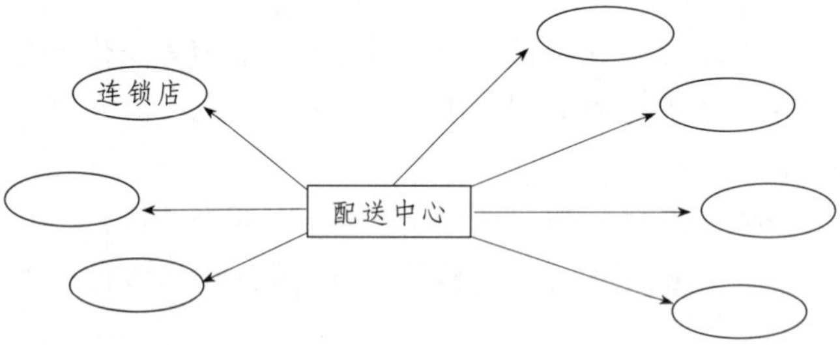

图 4－6　辐射型配送中心布局

2．扇型

商品有一定的流向，配送中心位于主要运输干线的中途式未端，配送中心的商品配送方向与干线运输方向一致或在运输干线侧面，如图 4－7。

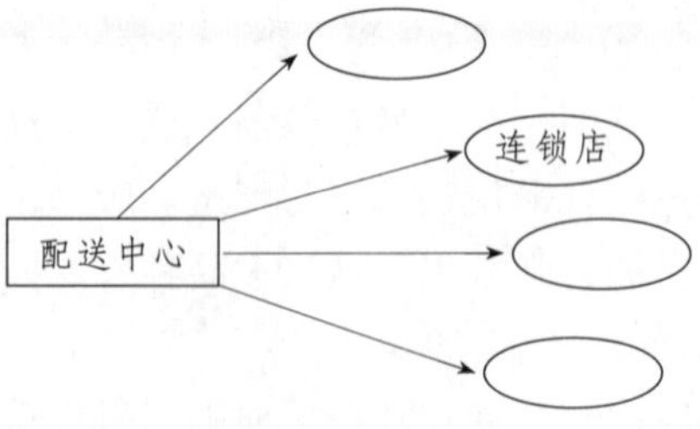

图 4－7　扇型配送中心布局

3．**双向辐射型**

连锁店集中在配送中心的两侧，商品从配送中心向两个相反的方向配送，配送中心靠近主要运输干线，形成双向辐射型，如图 4－8。

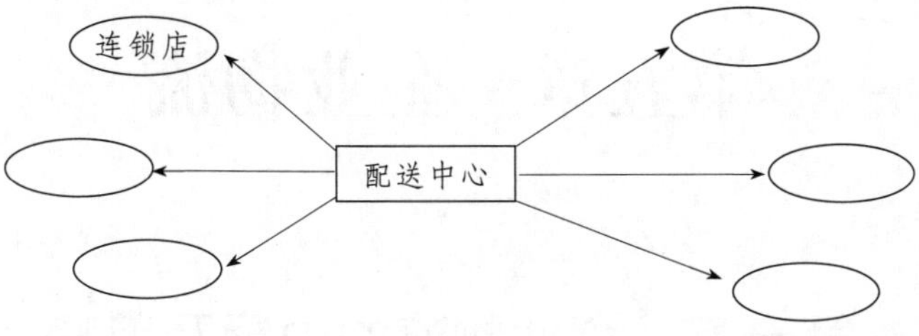

图 4－8　双向辐射型配送中心布局

第五章　企业物流

第一节　企业物流的内涵及范畴

企业物流是一种围绕企业经营的物流活动，是具体的、微观物流活动的典型领域。企业活动的基本结构是投入→转换→产出，对于生产类型的企业来讲，是原材料、燃料、人力、资本等的投入，经过制造或加工使之转换为产品或服务；对于服务型企业来讲则是设备、人力、管理和运营，转换为对用户的服务。物流活动便是伴随着企业的投人→转换→产出而发生的。相对于投入这一环节的是供应物流或输入物流，相对于转换环节的是生产物流或转换物流，相对于产出的是销售物流或输出物流。企业的投入、转换、产出关系以及与之对应的物流如图 5 - 1 所示。

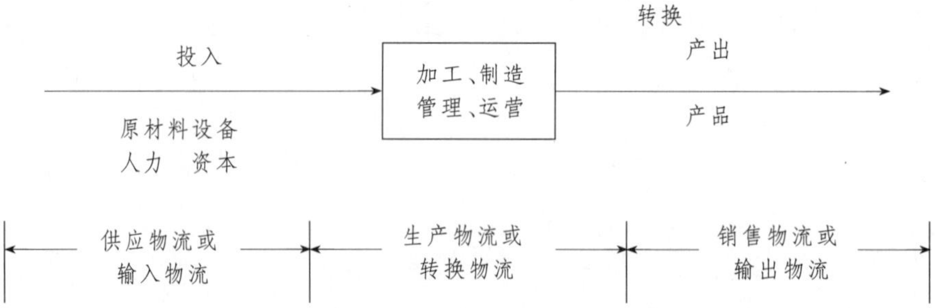

图 5 - 1　物流渗透到各项经营活动中

如果把企业物流看做是一个微观物流系统，这个系统还可以进一步划分为若干物流子系统。按照企业经营活动的环节，企业物流可以分成供应物流、生产物流、销售物流、废弃物流及回收物流等不同的类别。虽然这些都是由物流各种活动构成的，但是，这些物流活动所需要的物流平台条件、物流管理方法及物流组织等方面都是有区别的。尤其是在物流管理方面，区别更为明显。主要原因是这些物流子系统的具体系统目标是不相同的，为实现不同的系统目标，需要不同的组织方法和管理手段。

第二节　供应物流

企业为保证本身生产的节奏，不断组织原材料、零部件、燃料、辅助材料供应的物流活动。这种物流活动对企业生产的正常、高效进行起着重大作用。企业供应物流不仅是一个保证供应的目标，而且还需要满足最低成本、最少消耗和最大保证来组织供应的限定条件。

现代企业处于一种买方市场的环境，在这种市场环境下，供应数量的保障是容易做到的，但如何降低供应这一物流过程的成本，同时有一个使用户（在企业中是下一道工序或下一个生产部门）满意的服务水平，这是企业供应物流的困难所在。

供应物流包括原材料等一切生产物资的采购、进货运输、仓储、库存管理、用料管理和供应管理，故也称为原材料采购物流，它是生产物流系统中相对独立性较强的子系统，并且和生产系统、财务系统等企业各部门以及企业外部的资源市场、运输部门有密切的联系。供应物流是企业为保证生产节奏，不断组织原材料、零部件、燃料、辅助材料供应的物流活动，这种活动对企业生产的正常、高效率进行发挥着保障作用。企业供应物流不仅要实现保证供应的目标，而且要在低成本、少消耗、高可靠性的限制条件下来组织供应物流活动，因此难度很大。

一、供应物流过程

供应物流过程因不同企业、不同供应环节和不同的供应链而有所区别，这个区别就使企业的供应物流出现了许多不同种类的模式。但是，尽管不同的模式在某些环节具有非常复杂的特点，但是供应物流的基本流程是相同的，其过程有以下几个环节：

1. 获取资源

获取资源是企业生产活动的前提条件。

2. 到厂物流

所获取的资源必须经过反复运用装卸、搬运、储存、运输等物流活动才能使取得的资源到达企业的门口。

3. 厂内物流

如果企业外物流到达企业的“门”，便以“门”作为企业内外的划分界限，例如以企业的仓库为外部物流终点，便以仓库作为划分企业内、外物流的界限。这种从“门”和仓库开始继续到达车间或生产线的物流过程，称作供应物流的企业内物流。

传统的企业供应物流，都是以企业仓库为调节企业内外物流的结点。

二、供应物流模式

企业的供应物流有三种组织方式：第一种是委托社会销售企业代理供应物流方式；第二种是委托第三方物流企业代理供应物流方式；第三种是企业自己进行物流方式。

这三种方式都有低层次的、高层次的不同管理模式，其中最近兴起的供应链方式、零库存供应方式、准时供应方式、虚拟仓库供应方式值得我们关注。

1. 委托销售企业代理

企业作为用户，在买方市场条件下，利用买方的主导权力，向销售方提出对本企业进行供应服务的要求，作为向销售方面进行采购订货的前提条件。实际上，销售方在实现了自己生产和经营的产品销售的同时，也实现了对用户的供应服务，以此占领市场。这种供应服务是销售方企业发展的一个战略手段。

这种方式的主要优点，是企业可以充分利用市场经济造就的买方市场优势，对销售方即物流的执行方进行选择和提出要求，有利于实现企业理想的供应物流设计。存在的主要问题，是销售方的物流水平可能有所欠缺，因为销售方毕竟不是专业的物流企业，有时候很难满足企业供应物流高水平化、现代化的要求。

2．第三方物流企业

在企业完成了采购程序之后，由销售方和本企业之外的第三方去从事物流活动。当然，这第三方从事的物流活动，应当是专业性的，而且有非常好的服务水平。这个第三方所从事的供应物流，主要向买方提供了服务，同时也向销售方提供服务，在客观上协助销售方扩大了市场。

由第三方去从事企业供应物流的最大好处是，能够承接这一项业务的物流企业，一般是专业物流企业，具有高水平、低成本的从事专业物流服务的条件、组织和传统。不同的专业物流企业，瞄准物流对象的不同，有自己特有的形成核心竞争能力的机器装备、设施和人才，这就使企业有广泛选择的余地，进行供应物流的优化。

在网络经济时代，很多企业要构筑广域的或者全球的供应链，这就要物流企业有更强的能力和更高的水平，这是一般生产企业不可能做到的，从这个意义来讲，必须要依靠专业化第三方物流企业来做这一项工作。

3．购买方自行组织

企业在组织供应的某些种类物品方面，可能有一些例如设备、装备、设施和人才方面的优势，这样，由本企业组织自己的供应物流也未尝不可，关键还在于技术经济效果的综合评价和是否会影响自身的核心竞争力。

三、供应物流系统的组成

1．采购

采购工作是供应物流与社会物流的衔接点，是依据生产企业生产——供应——采购计划来进行原材料外购的作业层，负责市场资源、供货厂家、市场变化等信息的采集和反馈。

2．生产资料供应

供应工作是供应物流与生产物流的衔接点，是依据供应计划——消耗定额进行生产资料供给的作业层，负责原材料消耗的控制。

3．仓储、库存管理

仓储管理工作是供应物流的转换点，负责生产资料的接货和发货，以及物料保管工作；库存管理工作是供应物流的重要部分，依据企业生产计划制定供应和采购计划，并负责制定库存控制策略及计划的执行与反馈修改。

4．装卸、搬运

装卸、搬运工作是原材料接货、发货、堆码时进行的操作。虽然装卸、搬运是随着运输和保管而产生的作业，但却是衔接供应物流中其他活动的重要组成部分。

四、供应物流服务新形式

供应物流领域新的服务方式主要有下列几种：

1. 准时供应方式

在买方市场环境下，供应物流活动的主导者是买方。购买者（用户）有极强的主动性，用户企业可以按照最理想方式选择供应物流；而供应物流的承担者，作为提供服务的一方，必须以最优的服务才能够被用户所接受。从用户企业一方来看，准时供应方式是一种比较理想的方式。

准时供应方式是按照用户的要求，在计划的时间内或者在用户随时提出的时间内，实现用户所要求的供应。

准时供应方式大多是双方事先约定供应的时间，互相确认时间计划，因而有利于双方作供应物流和接货的组织准备工作。

采用准时供应方式，可以派生出零库存方式、即时供应方式、到线供应方式等多种新的服务方式。

2. 即时供应方式

即时供应方式是准时供应方式的一个特例，是完全不依靠计划时间而按照用户偶尔提出的时间要求，进行准时供应方式。这种方式一般作为应急的方式采用。在网络经济时代，由于电子商务的广泛开展，在电子商务运行中，最基本消费者所提出的服务要求，大多缺乏计划性，而又有严格的时间要求，所以，在新经济环境下，这种供应方式有被广泛采用的趋势。

需要说明的是，这种供应方式，由于很难实现计划和共同配送，所以，一般成本较高。

3. JIT 方式

供方根据需方的要求，按照需方需求的品种、规格、质量、数量、时间、地点等要求，将物品配送到指定的地点。不多送，也不少送，不早送，也不晚送，所送品种要个个保证质量，不能有任何废品。

4. 看板方式

是准时方式中的一种简单有效的方式，也称为“传票卡制度”或“卡片”制度，是日本丰田公司首先采用的。在企业的各工序之间，或在企业之间，或在生产企业与供应者之间，采用固定格式的卡片为凭证，由下一环节根据自己的节奏，逆生产流程方向，向上一环指定供应，从而协调关系，做到准时同步。采用看板方式，有可能使供应库存实现零库存。

第三节 销售物流

一、销售物流概念

销售物流是伴随销售活动，将产品实体转给用户的物流活动。在现代社会中，市场环境是一个完全的买方市场，因此，销售物流活动便带有极强的被动性与服务性，以满足买方要求为前提，卖方才能最终实现销售。在这种市场前提下，销售往往以送达用户并经过销售后服务才算终止。因此，销售物流的空间范围很大，这也使得销售物流呈现一定的复杂性。在这种前提下，企业销售物流的特点，是通过包装、送货、配送等一系列物流实现销售，这就需要研究送货方式、包装方式、包装水平、运输路线等并采取各种方法，例如少批量、多批次，定时、定量配送等特殊的物流方式达到目的。

二、销售物流过程和模式

销售物流的起点，一般情况下是生产企业的产成品仓库，经过分销物流，完成长距离、干线的物流活动，再经过配送完成市内和区域范围的物流活动，到达企业、商业用户或最终消费者。销售物流是一个逐渐发散的物流过程，这和供应物流形成了一定程度的镜像对称，通过这种发散的物流，使资源得以广泛地配置。

销售物流有三种主要的模式：由生产者企业自己组织销售物流；委托第三方组织销售物流；由购买方上门取货。

1. 自行组织销售物流

生产企业自己组织销售物流，实际上把销售物流作为企业生产的一个延伸或者是看成生产的继续。生产企业销售物流成了生产者企业经营的一个环节。而且，这个经营环节是和用户直接联系、直接面向用户提供服务的一个环节。在企业从“以生产为中心”转向以“市场为中心”的情况下，这个环节逐渐变成了企业的核心竞争环节，已经逐渐不再是生产过程的继续，而是企业经营的中心，生产过程变成了这个环节的支撑力量。

生产企业自己组织销售物流的好处在于，可以将自己的生产经营和用户直接联系起来，信息反馈速度快、准确程度高，信息对于生产经营的指导作用和目的性强。企业往往把销售物流环节看成是开拓市场、进行市场竞争中的一个环节，尤其在买方市场前提下，格外看重这个环节。

生产企业自己组织销售物流，可以对销售物流的成本进行大幅度的调节，充分发挥它的“成本中心”的作用，同时能够从整个生产者企业的经营系统角度，合理安排和分配销售物流环节的力量。

在生产企业规模可以达到销售物流的规模效益前提下，采取生产者企业自己组织销售物流的办法是可行的，但不一定是最好的选择。

主要原因，一是生产者企业的核心竞争力的培育和发展问题，如果生产者企业的核心竞争能力在于产品的开发，销售物流可能占用过多的资源和管理力量，对核心竞争能力造成影响；二是生产企业销售物流专业化程度有限，自己组织销售物流缺乏优势；三是一个生产企业的规模终归有限，即便是分销物流的规模达到经济规模，延伸到配送物流之后，就很难再达到规模经济。

2. 由第三方物流企业组织销售物流

由专门的物流服务企业组织企业的销售物流，实际上是生产者企业将销售物流外包，将销售物流社会化。由第三方物流企业承担生产企业的销售物流，其最大优点在于：第三方物流企业是社会化的物流企业，它向很多生产企业提供物流服务，因此可以将企业的销售物流和企业的供应物流一体化，可以满足企业一体化的物流需求，采取统一解决的方案。这样可以做到：第一是专业化；第二是规模化。这两者可以从技术方面和组织方面强化成本的降低和服务水平的提高。在网络经济时代，这种模式是一个发展趋势。

3．由用户自己提货的形式

这种形式实际上是将生产企业的销售物流转嫁给用户，变成了用户自己组织供应物流的形式。对销售方来讲，已经没有了销售物流的职能。这是在计划经济时期广泛采用的模式，将来除非十分特殊的情况下，这种模式不再具有生命力。

三、销售物流管理

销售物流是指生产企业至用户或消费者之间的分销物流。它是企业物流系统的最后一个环节。销售物流的顺畅将使企业迅速及时地将产品传送到用户或消费者手中，达到扩大商品销售、加速资金周转、降低流通费用的目的。销售物流管理包括对产品进行包装，对产成品进行储存，为客户提供订单并进行信息处理，对用户所订货物进行运输以及货物的装卸搬运。

1．产品包装

包装是企业生产物流系统的终点，也是销售物流系统的起点，包装分为销售包装和运输包装。销售包装又称小包装或内包装，目的是向消费者展示，以吸引顾客，方便零售。运输包装又称大包装或外包装，目的是保护商品，便于运输和储存。运输包装在销售物流过程中对产成品起到保护、仓储、运输、装卸的作用。实体分配中包装形式的确定，包装材料和方法的选择，都要与实体分配的其他要素相适应。如不同的装卸方式、仓库堆码的高度、商品特性、运输工具及运送距离等都对包装提出了不同的要求。

2．产品储存

保持合理库存水平，及时满足客户需求是产成品储存最重要的内容，具体包括仓储作业、物品养护和库存控制。在仓储作业中，应努力提高作业质量，提高作业生产率。在物品养护时要用科学的方法来养护物品。库存控制应以市场需求为导向，合理控制成品存储量，并以此指导生产。

3．订单处理

订单处理包括接收、查核、记录、整理、汇集订单和准备发运商品等工作，制造商收到订单后，首先检查订单是否正确，然后按订单需求的商品品种、数量、式样、规格、型号把商品发送给顾客，订单处理每一环节所用的时间及工作质量都直接影响着货物分配的效率和对顾客的服务水平。

4．销售渠道

销售渠道的结构有三种形式：

（1）生产者→消费者，销售渠道最短。

（2）生产者→批发商→零售商→消费者，销售渠道最长。

（3）生产者→零售商或批发商→消费者，销售渠道长度居中。影响销售渠道选择的因素有政策性因素、产品因素、市场因素和生产企业本身因素。生产企业对影响销售渠道选择的因素进行研究分析以后，结合本身的特点和要求，对各种销售渠道的销售量、费用开支、服务质量经过反复比较，找出最佳销售渠道。销售物流的组织与产品类型有关，如钢材、木材等商品，其销售渠道一般选用第一种结构渠道和第三种结构渠道；而诸如日用百货、小五金等商品的销售渠道，则较多地选用第二、三种结构渠道。

5．货物运输

企业的产成品都要通过运输才能到达客户或消费者指定的地点，而运输方式的确定需要参考产成品的批量、运输距离、地理条件等。对于由生产者或供应者送货的情况，应考虑发货批量的大小问题，它将影响到物流成本费用。在各种方式中，配送是一种较先进的形式，在保证客户需要的前提下，不仅可以提高运输设备的利用率，降低运输成本，还可以缓解交通堵塞，减少车辆废气对环境的污染。

6．装卸搬运

运输和仓储都离不开装卸、搬运，其基本内容包括商品的装上、卸下、移动、分类、堆码等。装卸次数的多少、装卸质量的好坏对销售的成本影响很大。

第四节　生产物流

一、生产物流的概念及内涵

生产物流，是指在企业生产过程中发生的物流活动。生产过程是一种物流过程，生产系统也就是一个物流系统。生产物流和生产流程同步，是从原材料购进开始直到产成品发送为止的全过程的物流活动。原材料、半成品等按照工艺流程在各个加工点之间不停地移动、转移，形成了生产物流。如生产物流中断，生产过程也将随之停顿。

生产物流最基本的职能，就是创造物资的形质效用。虽然生产物流也创造空间效用、时间效用，但那是为生产服务的，是为保障生产顺利进行服务的。因此，生产物流系统最突出、最本质的功能是创造物资的形质效用，创造为需求者所需要的物资的形状和性质，以满足需求者的需要。企业内部的生产物流系统还导致了企业外部的供应物流系统和分销物流系统。生产物流系统是分销物流系统的“源泉”，分销物流系统则是生产物流系统的延续。企业生产物流系统又是企业供应物流系统的“汇归”，也是企业供应物流系统在企业内的延续。而供应物流和分销物流都属于社会物流，因此可以说，企业生产物流系统是社会物流系统在企业内部的延续和表现形式。

企业生产物流活动与整个生产工艺过程相伴而生，构成了生产工艺过程的一部分。企业生产物流的过程大体为：原材料、零部件、燃料等辅助材料从企业仓库和企业的“门口”开始，进入到生产线开始端，再进一步随生产加工过程各个环节运动，在运动过程中，本身被加工，同时产生一些废料、余料，直到生产加工终结，再运动至成品仓库便终结了企业生产物流过程。

二、生产物流特点

1．主要功能要素的特点

企业生产物流的主要功能要素也不同于社会物流。一般物流的功能的主要要素是运输和储存，其他是作为辅助性或次要功能或强化性功能要素出现的。企业物流主要功能要素则是搬运活动。

许多生产企业的生产过程，实际上是物料不停的搬运过程，在不停搬运过程中，物料得到了加工，改变了形态。

即使是配送企业和批发企业的企业内部物流，实际也是不断搬运过程，通过搬运，商品完成了分货、拣、选、配货工作，完成了大改小、小集大的换装工作，从而使商品形成了可配送或可批发的形态。

2. 物流过程的特点

企业生产物流是一种工艺过程性物流，一旦企业生产工艺、生产装备及生产流程确定，企业物流也因而成了一种稳定性的物流，物流便成了工艺流程的重要组成部分。由于这种稳定性，企业物流的可控性、计划性便很强，一旦进入这一物流过程，选择性及可变性便很小。对物流改进只能通过对工艺流程的优化，这方面和随机性很强的社会物流也有很大的不同。

3. 物流运行的特点

企业生产物流的运行具有极强的伴生性，往往是生产过程中的一个组成部分或一个伴生部分，这决定了企业物流很难与生产过程分开而形成独立的系统。在总体的伴生性同时，企业生产物流中也确有与生产工艺过程可分的局部物流活动，这些局部物流活动有本身的界限和运动规律，当前企业物流的研究大多针对这些局部物流活动而言。这些局部物流活动主要是：仓库的储存活动、接货物流活动、车间或分厂之间的运输活动等。

三、MRP 和 MRPII

在企业生产物流系统中，有很多的物流作业技术和物流管理技术，如 MRP（Material Requirement Planning，物料需求计划）和 MRPII（Manufacturing Resourcings Planning，制造资源计划）。

在 MRP 问世之前，库存计划通常采用订货点法。但是订货点法只能保证稳定均衡消耗情况下不出现短缺，不能保证消耗多变情况下不出现短缺，也无法起到降低库存的作用。1965 年美国的 J.A. 奥列基博士（IKJoseph A.Or1icky）提出独立需求和相关需求的概念，并指出订货点法只适用于独立需求物资。由于市场需求是经常变化的，对各种物料的需求也是时刻在变化，这其中既有独立性的需求，也有相关性的需求。不出现短缺和降低库存是生产中遇到的两个互相矛盾的目标，而且增加库存并不一定就能保证所有物料不出现短缺。正是为了解决这个矛盾，美国生产管理和计算机应用专家首先提出了物料需求计划，IBM 公司首先在计算机上实现了 MRP 处理。随后，MRP 经历了一个由基本 MRP 到闭环 MRP 再到 MRPII、然后再到 MRPE 的发展过程。

基本 MRP 的原理是，由主生产进度计划（MPS）和主产品的层次结构逐层逐个地求出产品所有零部件的出产时间、出产数量。如果是自己加工，就形成了加工任务单，如果是向外采购，就形成了采购任务单。因此，MRP 的基本任务是：

①从最终产品的生产计划（独立需求）导出相关物料（原材料、零部件等）的需求量和需求时间（相关需求）；

②根据物料需求时间和生产（订货）周期确定其开始生产（订货）的时间。

MRP的基本任务是编制产品 的生产计划和采购计划。然而，要正确编制产品计划，首先必须落实产品的出产进度计划，即主生产计划（Master Production Schedule，MPS），这是MRP展开的依据。MRP还需要知道产品的零件结构，即物料清单，才能把主生产计划展开成零件计划。同时，还必须知道所需物料的库存数量才能准确计算出零件的采购数量。

由此可见，基本MRP的依据是：主生产计划，物料清单和库存信息。它们之间的逻辑流程关系如图5-2所示。

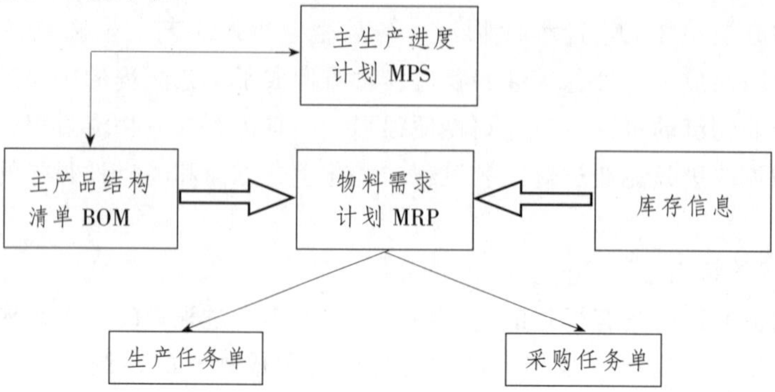

图5-2　基本MRP逻辑图

1. 主生产计划

主生产计划是确定每一具体的最终产品在每一具体时间段内生产数量的计划。这里的最终产品是指对于企业来说最终完成、要出厂的完成品，它要具体到产品的品种、型号。这里的具体时间段，通常是以周为单位，在有些情况下，也可以是日、旬、月。主生产计划详细规定生产什么、什么时段应该产出，它是独立需求计划。主生产计划根据客户合同和市场预测，把经营计划或生产大纲中的产品系列具体化，使之成为展开物料需求计划的主要依据，起到了从综合计划向具体计划过渡的承上启下的作用。

2. 产品结构与物料清单

MRP系统要正确计算出物料需求的数量和时间，特别是相关需求物料的数量和时间，首先要让系统能够知道企业所制造产品的结构和所有要使用的物料。产品结构列出了构成成品或装配件的所有部件、组件、零件等的组成、装配关系和数量要求。它是MRP产品拆零的基础。

3. 库存信息

库存信息是保存企业所有产品、零部件、在制品、原材料等库存状态的数据。在MRP系统中，将产品、零部件、在制品、原材料等统称为“物料”或“项目”。为便于计算机识别，必须对物料进行编码。物料编码是MRP系统识别物料的惟一标识。

库存信息包括：

(1) 现有库存量：它是指在企业仓库中实际存放的物料的可用库存数量。

(2) 计划收到量（在途量）：它是指根据正在执行中的采购订单或生产订单，在未来某个时段物料将要入库或将要完成的数量。

(3) 已分配量：它是指尚保存在仓库中但已被分配掉的物料数量。

(4) 提前期：它是指执行某项任务由开始到完成所消耗的时间。

(5) 订购（生产）批量：在某个时段内向供应商订购或要求生产部门生产某种物料的数量。

(6) 安全库存量：为了预防需求或供应方面的不可预测的波动，在仓库中经常应保持的最低库存数量。

根据以上的各个数值，可以计算出某项物料的净需求量：

净需求量＝（毛需求量）＋（已分配量）－（计划收到量）－（现有库存量）

MRP 的不足：

MRP 仅仅实现了物料信息的集成，仅仅说明对物料的需求及其计划（加工计划和采购计划），还没有说明这个需求计划有没有可能实现，也就是说，仅仅提出了需求，没有论证实现需求的可能性，也没有把执行需求计划中出现的问题以及执行的结果反映出来。它的主要不足之处就是还没有平衡需求与供应，也没有验证供应是否满足了需求。

20 世纪 70 年代末和 80 年代初，物料需求计划 MRP 经过发展和扩充逐步形成了制造资源计划的生产管理方式，即 MRPⅡ，它是以 MRP 为基础，将 MRP 的信息共享程度扩大，使生产、销售、财务、采购、工程紧密结合在一起，共享有关数据，组成了一个全面生产管理的集成优化模式。MRPⅡ的基本思想是：基于企业经营目标制定生产计划，围绕物料转化组织制造资源，实现按需要按时进行生产。MRPⅡ的主要技术环节涉及：经营规划、销售与运作计划、主生产计划、物料清单与物料需求计划、能力需求计划、车间作业管理、物料管理（库存管理与采购管理）、产品成本管理、财务管理等。从一定意义上讲，MRPⅡ系统实现了物流、信息流和资金流在企业管理方面的集成。由于 MRPⅡ系统能为企业生产经营提供一个完整而详细的计划，可使企业内各部门的活动协调一致，形成一个整体，它能提高企业的整体效率和效益。MRPⅡ是制造业所公认的管理标准系统。

20 世纪 90 年代以来，MRPⅡ经过进一步发展完善，形成了目前的企业资源计划 ERP 系统。ERP 是由美国著名的 IT 咨询公司 Gartner Group Inc 提出的，由于它反映了 MRPⅡ的发展特点和要求，所以立即得到广泛的认同。与 MPRⅡ相比，ERP 除了包括和加强了 MRPⅡ各种功能之外，更加面向全球市场，功能更为强大，所管理的企业资源更多，支持混合生产是制造企业的综合集成经营系统。ERP 所采用的计算机技术也更加先进，形成了集成化的企业管理软件系统。

第五节　回收物流

一、废旧物料处理原则

摆在物料管理人员面前的各种问题中，有三项特别难办的，即废料、呆滞物料和陈旧物料的处理问题。解决问题的基本原则在于“事前防范重于事后处理”。

废料是在现时条件下不能使用的物料。部分废料可通过收集、分类、加工、供应等环节转化成新的产品，重新投入到生产或消费中，这一过程称为“回收物流”。另一部分是那些无明显使用价值的废料，一般通过销毁、填埋等方式予以处理，这一过程称为“废弃物流”。呆滞物料是指一段时间内（如一年或一季度）未使用或现存量超出一段时期的需用量的物料。对于未表现出需求的呆滞物料应查出，并做出相应处理。确定呆滞物料的最好时机在物料盘点之后。所有多余的物料都应按最适当的价格卖掉或报废。多余的存货由于无休止的储存成本而可能造成成本过高，其任何损失都要由收入来补偿。

对废旧物料进行事后处理，如焚毁、掩埋、低价转让等，会有很大的经济损失。为尽量避免这类损失，在事前要预先采取有效措施，动员和综合协调设计、生产、采购、销售等部门，统一规划，防止废旧物料的产生。主要措施有：

①在企业内实行全面物料控制，对企业内各单位的存料综合调剂管理；

②采取适用于物料性质的储存和保养条件；

③与设计、生产部门协商配合，在一定的范围许可内，等原存物料全部用完后再改用新材料；

④与销售部门配合，及时了解产品需求状况，合理预测并提前准备，以避免重大损失；

⑤实行物料标准化，同一物料有多种用途，可用于多种产品中，这样物料陈旧或呆滞的可能性就大大降低了。

二、废旧物料的回收利用

随着社会生产力和科学技术的发展，物料回收利用的经济效益更加显著，如何变废为宝，将废旧物料进行回收，已成为全世界范围内人们广泛重视的课题。

1. 废旧物料的产生

工业企业产生的废旧物料有：

(1) 生产过程产生的废旧物料

包括报废成品、半成品、加工产生的边角废料、钢渣、炉底、生产中损坏报废的机械设备、由于设计变动或产品更新换代而不再使用的呆滞物料等；

(2) 流通过程中产生的废弃物料

包括各种原材料和设备的包装物，流通中因长期使用而损坏的设备工具，产品更新中因标识改变而废弃的物料，保管中因储存时间太长而丧失部分或全部使用价值的物料；

(3) 由于精神损耗而产生的废旧物料

是指由于生产率的提高，科学技术的进步而造成某些物料继续使用导致不经济的现象。尤其是机电产品，更新换代很快，老的产品只能作为废旧物料被淘汰。

2. 废旧物料的处理——回收物流

(1) 合理组织回收物流的意义

——使社会资源量相对增加。物料资源总是有限的，回收利用废旧物料，相当于利用了社会资源的潜在资源，从而可以在一定程度上缓和资源的紧张状况。

——回收利用废旧物料比原始性开发具有更好的经济效益。

——可以节约能源。

——减少废旧物料对环境的破坏污染。

——可以节约时间，加快工业发展速度。

综上所述，废旧物料的回收利用是利国利民的大事，不仅可以弥补自然资源的不足，而且可以降低生产成本，提高经济效益。

(2) 物料回收物流的组织方法

同物料产品物流相比，废旧物料的回收物流具有分散性、缓慢性、混杂性等特点，如何组织好废旧物料的回收物流是摆在物料管理工作者面前的一项重要任务，相应的组织方法如下：

——编制废旧物料回收计划。编制计划时要突出重点，抓住一般，先考虑对国民经济有重要影响作用的紧缺物料的回收项目，同时考虑生产、技术、经济方面的可能性。

——建立健全物料回收管理机构。物料回收管理机构是完成废旧物料回收任务的组织形式，应本着精简统一的原则，建立健全从中央到地方、从地方到企业的物料回收网。

——制定废旧物料回收的技术经济政策。如制定废旧物料的价格政策、鼓励废旧物料回收的政策，开发废旧物料资源的政策，确定废旧物料的合理流向政策等，这些政策是开展物料回收利用的重要依据。

(3) 废旧物料实际处置方法

——将钢铁、铝、铅等废旧物料适当分类，再分成若干等级，以便于企业内部设法利用。

——对拆卸下的大件废料，如钢或其他金属，可以用乙炔剪断，作为废料；或予以拼接，以备日后代用作新料。

对某些拆下后可以转用到其他地方的废料，如马达、泵、管道等，应小心拆解，再送到维修保养部门整修后，重新入库待用。

——对某些存量很多，且有利用价值的废旧物料，可以在组织内部调用；设法利用，如代作其他物料使用或大材小用；退还给供应商；或集中定期向外出售，如直接销售给其他公司；销售给商人或经纪公司等。

——对某些已无明显利用价值的物料，采取焚毁、破毁、掩埋等处理方法。

不同材质的废旧物料的回收利用有不同的特点，如废钢铁、废包装、废玻璃、粉煤灰等。

第六章 供应链管理

在全球市场竞争日益激烈的环境下，产品寿命周期越来越短，产品品种数量飞速膨胀，客户对交货期的要求越来越高，对产品和服务的期望越来越高。如何满足客户的要求，提高市场占有率、降低成本以获得良好的经营利润是摆在企业面前的重要难题。在这种背景下，供应链管理应运而生。供应链管理在过去的十年里已经显示出其十分突出的地位。例如，在1995年美国物流管理协会的年度会议上，当时有13.5%的研讨议题包括供应链一词，仅仅两年后，在1997年的会议上，研讨主题包括供应链一词的上升到22.4%。供应链管理已经成为目前国际上最引人注目的企业管理模式之一，它融合了当今现代管理的新思想、新技术，是一种系统化、集成化、敏捷化的先进管理模式。

第一节 供应链的概念

一、供应链流行的背景

20世纪90年代以来，由于生产力的发展，客户水平的提高，导致需求日益多样化和个性化。随着科学技术的飞速进步，企业之间的竞争加剧，加上政治、经济和社会环境的巨大变化，使得需求的不确定性大大加强。企业面对的是在全球市场激烈竞争中一个变化迅速且无法预测的买方市场，致使传统的生产模式对市场剧变的响应越来越迟缓和被动。企业为了应对这种情形，需要在其外部寻求更有效率的方式来协调物料进出企业。这种协调的关键是以市场为导向与供应商建立起更密切的关系。更深层的原因，企业与供应链在当今的竞争中在一般意义上更以时间与质量为基础。客户以更快和更可靠方式在市场中获得无差错产品不再被认为是具有竞争优势的条件，而仅仅是一种市场要求。客户将不断提出对产品的交付要求更快，更准时和无损害。这些必须做到的事情要求企业与供应商和配送商更好地协调。这种全球导向和基于不断增加绩效的竞争，结合迅速变化的技术和经济条件，使得市场不确定性不断增加。最终这种不确定性要求企业和供应链更加灵活，这反过来需求更加灵活的供应链关系。

二、供应链的定义

所谓供应链，是将供应商、制造商、分销商、零售商直到最终用户联成一个整体的功能网链。

供应链根据其复杂程度可分为三类：直接的供应链、扩展的供应链和最终的供应链。

1. **直接供应链**

直接供应链由于涉及上下游产品流、服务流、资金流和信息流的一个企业、一个供应商和一个客户组成。如图 6 – 1 所示。

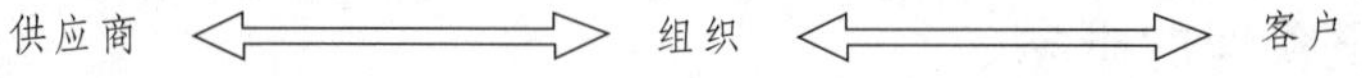

图 6 – 1 直接供应链

2. **扩展供应链**

扩展供应链包括所有涉及上下游产品流、服务流、资金流和信息流中的即时供应商的供应商和即时客户的客户。如图 6 – 2 所示。

图 6 – 2 扩展的供应链

3. **最终的供应链**

最终的供应链包括所有涉及上下游从最终供应商到最终客户的产品、服务、资金和信息的所有组织。见图 6 – 3 所示。

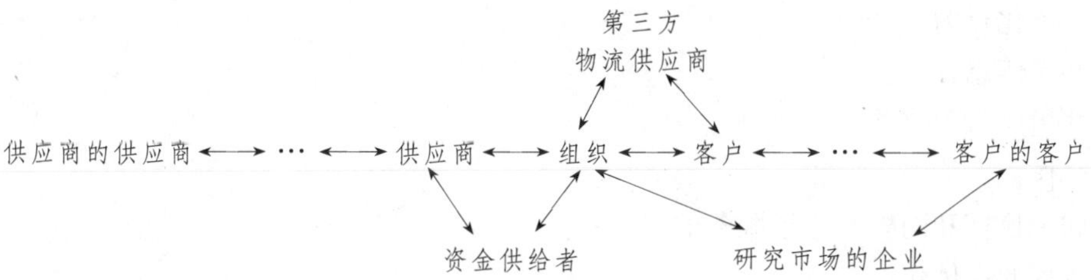

图 6 – 3 最终的供应链

图 6 – 3 表明，一个第三方资金供应商也许会提供融资服务，承担部分风险，同时提供财务建议；一个第三方物流供应商将在两个企业执行物流活动；市场研究企业将把最终客户的信息提供给企业和很好地反馈给供应链。这个示意图简要地描述了复杂供应链能够做的一些功能。

供应链是客观存在的，任何一个组织都是许多供应链中的一部分。像沃尔玛，可能是对于糖果、衣服、硬件的供应链的一部分，这种多重供应链现象能够解释许多供应链拥有的网络的性质。

还需要注意的是，供应链中的最终客户被认为是供应链中的成员，这一点是很重要的。

第二节 供应链管理

一、供应链管理的概念

供应链管理 Supply Chain Management（SCM）是利用计算机网络技术全面规划供应链中的商流、物流、信息流、资金流等并进行计划、组织、协调与控制。

1. 供应链管理作为一种管理理念

作为一种理念，供应链管理以系统方法把供应链看做一个单一实体，而不是一系列分离的部件；每一个部件执行它们各自的功能。换言之，供应链管理的理念扩展了伙伴关系的概念进入一个努力管理从供应商到最终客户的产品整个流程的跨企业管理协调模式。这样，供应链中每个企业都会直接或间接地影响所有供应链中的其他成员的绩效，如同影响最终供应链或整个供应链绩效那样。

供应链管理是在现代科技条件下，产品极其丰富的情况下发展起来的管理理念，它涉及各种企业及企业管理的方方面面，是一种跨行业的管理，企业之间作为贸易伙伴，为追求共同经济利益的最大化而共同努力。

2. 供应链管理作为一系列实施管理理念的活动

在供应链管理理念的指导下，供应链管理的实践活动主要包括：

* 一体化行为；
* 共享信息；
* 共担风险和收益；
* 合作；
* 同一目标和同样专注于服务的客户；
* 流程的一体化；
* 建立和维护长期伙伴关系。

3. 供应链管理作为一系列管理流程

为了成功实施供应链管理，供应链内的所有企业必须克服它们各自的功能障碍，采取一种流程的方法。这样，供应链内的所有功能被看作为关键流程。介于传统功能和流程方法两者之间的重要区别是每一个流程关注的满足客户需求和围绕着这些流程组织企业。关键流程包括客户关系管理、客户服务管理、需求管理、订单完成、制造流程管理、采购和产品开发和商业化。

4. 供应链管理是一种运作管理技术

供应链管理是一种运作管理技术，它能够使企业的活动范围从仅仅最佳的物流活动扩展为大到所有的企业职能。这些职能包括市场营销、加工制造和财务，所有这些职能都以最佳的方式紧密地结合在一起，成为一个整体。在这个层面上的企业集成将使企业管理者能够将他们日常的、在竞争中起决定性作用的主要价值活动的运作连接在一起，并保持高度的协同。这种运作活动包括四个方面，第一个方面是输入物流，包括销售预测、库存计划、寻找资源和采购以及内向运输；第二个方面是处理活动，包括生产、增值处理、处理过程中的库存管理以及产成品仓储；第三个方面是输出活动，包括产成品存货、客户订单管理、外部和企业内的运输活动；第四方面包括物流系统计划、物流设计和物流控制。对供应链管理的运作进行高效管理，可以确保围绕着企业的战术目标，将所有的工作职能优化，并为客户创造价值。

供应链管理是使供应链上的每个供应商以最低的成本和费用持续可靠地满足其客户的需求；供应链管理从一个全新的高度对物流和信息流进行有效管理，其侧重点在于企业之间或企业内部之间的链接，每个贸易伙伴都是供应链系统的一个子系统；贸易伙伴之间的密切合作，共享信息，共担风险；应用现代科技如标识代码、条形码应用标识符及条形码等作为管理手段。

二、供应链管理的内容

供应链管理主要涉及四个领域：供应、生产计划、物流、需求。供应链管理是以同步化、集成化生产计划为指导，以各种技术为支持，尤其以 Internet/Intranet 为依托，围绕供应、生产作业、物流（主要是指过程），满足需要实施的。供应链管理主要包括计划、合作、控制从供应商到用户的物料（零部件和成品等）和信息。供应链管理的目标在于提高用户服务水平和降低总的交易成本，并且寻求两个目标之间的平衡。

我们可以将供应链管理细分为职能领域和辅助领域。职能领域主要包括产品工程、产品技术保证、采购、生产控制、库存控制、仓储管理、分销管理。而辅助领域主要包括客户服务、制造、设计工程、会计核算、人力资源、市场营销等。

由此可见，供应链管理关心的并不仅仅是物料实体在供应链中的流动，除了企业内部与企业之间的运输问题和实物分销以外，供应链管理还包括以下主要内容：

- 战略性供应商和用户合作伙伴关系管理；
- 供应链产品需求预测和计划；
- 供应链的设计（全球结点企业、资源、设备等的评价、选择和定位）；
- 企业内部与企业之间物料供应与需求管理；
- 基于供应链管理的产品设计与制造管理、生产集成化计划、跟踪和控制；
- 基于供应链的用户服务和物流（运输、库存、包装等）管理；
- 企业间资金流管理（汇率、成本等问题）；
- 基于 Internet/Intranet 的供应链交互信息管理等。

供应链管理注重总的物流成本（从原材料到最终产品的费用）与用户服务水平之间的关系，为此要把供应链各个职能部门有机地结合在一起，从而最大限度地发挥出供应链整体的力量，达到供应链企业群体获益的目的。

三、供应链管理系统划分

在供应链中贸易伙伴之间直接发生相互作用，原材料供应商和货运存储是贸易伙伴，供应商和产品制造商也是合作伙伴。渠道管理者也是贸易伙伴，但是它拥有所有贸易伙伴都必须拥护其程序的权力。一个供应商是渠道管理者的一个贸易伙伴，在供应链中贸易伙伴作为统一体一起工作，降低供应链中的损失，并且公正分配利益。但是，市场经济模式中的交易特性和供应商的不信任通常会破坏供应链的整体观点。

在整个供应链上的协作对于财产、厂房和设备（Property，Plant，Equipment，PPE）以及所有该企业的人员的有效利用是极为重要的，这就是指随着货物和服务在供应链中的流动，它们的信息必须共享，并且在需要的基础上随时可用。另外，企业内部的程序必须精确配置生产能力以避免引起设备和人员的闲置。典型的供应链从原材料的买进到成品传递给消费者呈现一种平滑的流动。供应链管理（SCM）包括贸易伙伴之间和整个供应链中调节产品和服务顺畅流动的程序和技术。供应链管理的目标是最大利用每一个贸易伙伴的资源（PPE，直接劳动力，营运资本等），SCM 包括三个领域，它们是供应链计划（SCP）、供应链执行（SCE）系统和供应链交易（SCT）系统。

供应链计划可以被认为是根据企业内和供应链中允许假设推测的决策支持工具，贸易伙伴参加计划、生产和分销结构来预测需求。供应链计划也涉及到在企业内以有效方式进行资源调度来生产或装配成品或中间产品以提高成本效益。传统的 SCP 功能包括需求计划，直接原材料获得和分配计划以及运输和生产安排，以获得最佳效率。供应链系统和 ERP 系统有大量的以此功能为目标的应用环境。

供应链执行系统重点在于降低非计划运输成本和库存支持成本。例如，JIT 系统通过仅在生产之前获得所需要的原材料和零部件来降低营运资本和库存支持成本，支持其他供应链执行程序的系统从事于如仓库管理应用和运输管理系统等领域。

供应链交易系统通过 SCM、SCE 系统或者交易系统，记录和综合所有贸易伙伴之间的信息流。一般来说，它是电子商务系统、供应链系统、ERP 系统的混合体，他们利用最成熟的应用软件集成系统。这些系统的活动范围使他们能够在全球贸易伙伴之间提供相互作用的服务。

四、供应链管理的效益

实践证明，供应链的实施可以给企业带来很多好处，比如降低成本、改善客户服务、加快资金周转、增加市场占有率等，都可以给企业带来很大改观。供应链上各结点企业，不论大小都能够成为受欢迎的业务伙伴，增加了自己的生存能力。

第三节 物流管理与供应链管理的联系与区别

供应链管理与物流管理之间存在不可割裂的联系，但两者之间也存在着本质的区别，供应链管理源于物流管理，却高于物流管理，它与传统的企业内部的一体化物流管理有着根本区别。

过去几年中，对供应链管理的改进工作主要集中在消除企业内部运作的无效性和不必要的成本支出。而降低成本的重点从企业外部购买商品转移到从非标准市场供应链的管理与服务过程中，如：典型的制造企业大约花费 57% 的收入在外部采购货物和服务上。这些采购分成四个类别，如：①资金支出；②低价值非循环采购；③高价值、大批量战略性原材料采购；④商品项目的低价值的大量维护、维修和操作（MRO）材料供应链。

由于 IT 技术的支持，松散连接的供应商、制造商和外部服务提供者的网络已经发展成了用户化的产品。在这一系统中，在企业内部消费者置身于产品说明、订购和其他程序中，改变了传统消费者的相互作用。消费者的介入引起了消费者满足程度的提高，降低了交易成本。随着网络经济模式的发展，更加复杂和普遍的信息技术将改变传统的供应链定义，使供应链由消费者、服务提供商和外购商组成。而高价值、大批量的战略原材料可以通过高度综合的供应链获得。通过 IT 的杠杆功能可以简化商业程序，从而在 MRO 和商品采购领域能够获得相当大的成本节约，也可以提高运行效率。

采用网络经济模式允许企业通过外包其非战略任务和集中核心能力降低固定资产成本。耐克（Nike）通常被引证为是专门从事品牌管理的例子。耐克不拥有任何一个它的商业合作伙伴可以用于生产和物流功能的生产设备和网络，这允许耐克能够一心一意地将注意力集中在它的市场活动上。更重要的是，耐克能够对消费者喜好的改变做出快速的反应，因为它不用重组任何生产设备。

一、供应链管理与传统物流模式的联系

供应链管理与传统物流管理模式有着明显的区别，主要体现在：一是供应链管理把供应链中所有结点企业看做一个整体，供应链管理涵盖整个物流过程，包括从供应商到最终用户的采购、制造、分销、零售等职能领域；二是供应链管理强调和依赖战略管理，它影响和决定了整个供应链的成本和市场占有份额；三是供应链管理关键的是需要采用集成的思想和方法，而不仅是结点企业资源的简单连接；最后是供应链管理具有更高的目标，通过协调合作关系达到高水平的服务。

克里斯托弗（Christopher）曾经说：“21 世纪的竞争将不是个别企业和产品的竞争，而是供应链的竞争。”人们最初提出“供应链管理”一词，是用来强调物流管理过程中，在减少企业内部库存的同时也应考虑减少企业之间的库存。随着供应链管理思想越来越受到欢迎和重视，其视角早已拓宽，不仅仅着眼于降低库存，其管理触角伸展到企业内外的各个环节、各个角落。从某些场合下人们对供应链管理的描述来看，它类似于穿越不同组织界限的、一体化的物流管理。

实质上，供应链管理战略的成功实施必然以成功的企业内物流管理为基础。能够真正认识并率先提出供应链管理概念的也是一些具有丰富物流管理经验和先进物流管理水平的世界级顶尖企业，这些企业在研究企业发展战略的过程中发现，面临日益激化的市场竞争，仅靠一个企业和一种产品的力量，已不足以占据优势，企业必须与它的原料供应商、产品分销商、第三方物流服务供应商等结成持久、紧密的联盟，共同建设高效率低成本的供应链，才可以从容应对市场竞争，取得较大的市场份额。

二、供应链管理与传统物流两者间的区别

物流是供应链管理（SCM）的一部分，两者并非同义词。CLM 的定义清楚地表明，物流在恰当的实施下，总是以点到点为目的的。

而供应链管理将许多物流以外的功能穿越企业间的界限整合起来，它的功能超越了企业物流的范围。越来越多的物流企业和组织已认识到并承认两者间的区别，这样往往使其能够更成功地实施供应链管理。

关于这一点，一个明显的例子就是企业的新产品开发。首先，众所周知，强大的产品开发能力可以成为企业有别于其对手的竞争优势，乃至于成为促使其长期发展的核心竞争能力。而在产品开发过程中，需要涉及到方方面面的业务关系，包括营销理念、研发组织形式、制造能力和物流能力、筹资能力等。这些业务关系不是一个企业内部的，往往还涉及到企业的多个供应商或经销商，以便缩短新产品进入市场的周期。而这些都是供应链管理要整合的内容。显然，单从一个企业的物流管理的角度来考虑，很难想象会将这么多的业务关系联系在一起。其次，供应链管理也不能简单地理解为一体化的物流管理。一体化物流管理、供应链管理都是相对较近期出现的新概念，许多文献对二者的描述又比较含糊。因此，区分这两者的某些特征不明确，进一步导致了物流这一名词与供应链管理概念的混淆。目前，仍有很多人认为供应链管理与对一体化物流管理没有显著的区别。然而，一体化物流管理又分为内部一体化和外部一体化两个阶段。目前，即使是在物流管理发展较早的国家，许多企业也仅仅处于内部一体化的阶段，或者刚刚认识到结合企业外部力量的重要性。也正是因为这样，一些学者才提出“供应链管理”这一概念，以使那些领导管理方法潮流的企业率先实施的外部一体化战略区别于传统企业内部的物流管理。第三，供应链管理的研究范围也比物流管理更为广泛。除了物流管理研究领域的研究者以外，还有许多制造与运作管理的研究者也使用和研究供应链管理。他们对供应链管理研究的推进和重视，决不亚于物流管理的研究者们。第四，供应链管理思想的形成与发展，是建立在多个学科体系（系统论、渠道管理等）基础上的，其理论根基远远超出了传统物流管理的范围，正因为如此，供应链管理还涉及许多制造管理的理论和内容，它的内涵比传统的物流管理更丰富，覆盖面更加广泛，而对企业内部，单个物流环节的注意就不如传统物流管理那么集中、考虑那么细致。

因此，我们有必要在接触“供应链管理”的第一天，就认识和理解其与传统物流管理之间的区别与联系，这样才更有利于我们真正从更广泛的角度来理解供应链管理的丰富内涵，并在实施其管理策略时能够获得真正的成功。

第四节　网络经济下物流与供应链管理的演变

在信息时代网络经济的今天，供应链管理问题正受到社会的普遍关注。对企业内和企业间的这些关系进行协调和集成是供应链有效管理的关键。网络经济下物流与供应链管理面临如下几个重要的转变。

一、从库存管理向信息管理转变

企业对待库存的心理一直都十分矛盾，在供应链成员之间，一会儿排斥库存、一会儿回积库存，造成巨大浪费。可以换一个角度去考虑问题：用信息代替库存。企业持有的是“虚拟库存”而不是实物库存，只有到供应链的最后一个环节（Postponement）才交付实物库存，从而可以大大降低企业持有库存的风险。因此，用及时、准确的信息代替实物库存就成为供应链理论的重要观点。

二、从利润管理向赢利性管理转变

传统的管理将利润作为企业管理的重点，但现代管理认为利润管理还是很粗放，因为利润只是一个绝对指标，并不具有可比性；应该用相对指标来衡量企业的经营业绩，而赢利性就是一个相对指标。所以，国外企业界现在强调要进行赢利性管理。这种赢利性是建立在“双赢”基础上的，只有供应链各方均具有较好的赢利性，企业自身赢利性才有可能得到保证。

三、从产品管理向客户管理转变

在买方市场上，是客户（而不是产品）主导企业的生产、销售活动，因此客户是核心；客户是主要的市场驱动力。而供应链上非常关键的一环就是客户。在买方市场上，供应链的重心是由生产者向消费者倾斜的，客户管理就成为供应链管理的重要内容。

四、从交易管理向关系管理转变

传统的供应链伙伴之间的关系是交易关系，所考虑的主要是眼前的既得利益，因此不可避免地出现供应链伙伴之间为了自身利益而牺牲他人利益的情况。现代管理理论认为，可以找到一种途径，能同时增加供应链各方的利益，这种途径就是，要协调供应链成员之间的关系，并以此为基础进行交易，以使供应链整体的交易成本最小化、收益最大化。

五、从功能管理向过程管理的转变

传统的管理将供应链中的采购、制造、市场营销、配送等功能活动分割开来、独立运作，而这些功能都具有各自独立的目标和计划，这些目标和计划经常冲突。供应链管理就是达成这种一致和协调的机制，不仅在企业内部要向过程管理过渡，在企业外部，管理供应链上游、下游的各个合作伙伴的业务活动，也需要从功能管理向过程管理过渡。

以上这些转变，发生在一个企业内部，作用于供应链上，收益与成本体现在整个供应链上，因此，发生这样的转变后，企业就将自己融于纵横交错的供应链中。

第七章　全球物流

全球物流，也称之为国际物流，是世界范围内一种超越国界的物流方式，是全球贸易的一个必然组成部分，也是全球供应链的必然组成部分，各国之间的相互贸易最终通过全球物流来实现。全球物流是现代物流系统中重要的物流领域，是现代物流发展的最新进展。全球物流，作为将货物在国际间进行物理性移动的国际商务活动，是一种集各种一般物流功能于一体的开放系统。它既包含一般物流系统的功能要素诸如包装、装卸、储存、运输、流通加工、国际配送、物流信息等子系统，还涉及与货物跨境移动相关的一些特殊的物流问题，诸如商检、海关手续和国际支付等，这些都使得国际物流系统的复杂性大大提高。要使全球物流系统正常和良好地运作，使其价值得到充分发掘和利用，就必须按照一般物流系统规程结合国际贸易和国际生产的特殊性，恰当而科学地构造物流系统，通过各种物流系统化安排，实现全球物流合理化，最大限度地发挥全球物流功能。

第一节　全球物流发展背景

一、经济全球化

现代经济要求不断克服空间距离给自己形成的障碍，要求在世界范围内不断开拓和优化适宜的物流环境。20 世纪 90 年代以来，经济全球化趋势已不可阻挡，经济全球化的实质是各国经济发展日益依赖对外贸易和国际间的商品和知识交流。经济全球化的这种趋势对全球物流的依赖越来越强，导致各国物流的活动范围急剧扩张，物流全球化的趋势已不可阻挡。

二、全球供应链一体化

供应链在立足国内的基础上，逐步延伸到世界各国，呈现无国界的特性。例如，沃尔玛为降低采购成本，推行全球供应链管理下的全球物流运作系统。高效的全球物流系统是全球供应链一体化战略的迫切需要。

三、区域经济一体化

进口关税、减少海关程序、统一货运单证，促进贸易区的各成员之间的贸易往来。欧盟的运作大大改善了欧洲内部的仓储、配送及物流基础结构和运作模式，使物流费用得到大幅度的降低。北美自由贸易区〈NARA〉则改善了北美的投资与贸易环境，贸易活动十分活跃，为物流服务开拓广泛的市场空间。亚太经合组织（APEC）要求各成员在相互尊重、彼此平等、互惠互利、协商一致的基础上，推行贸易自由化、投资自由化及经济技术合作。

四、信息技术的迅猛发展

从20世纪80年代起，电脑的普及，通讯技术的提高，条形码、电子数据交换、全球卫星定位系统、信息高速公路等的广泛应用，提高信息流的可靠性、可获得性及可获得速度，实现动态货物实时跟踪，节约物流成本，缩短物流时间。基于信息技术的准时化战略、连续补货战略、自动化补充战略有效地帮助企业解决了不少库存管理方面的问题。信息和技术的革命性突破，使全球物流也因此突破物流速度瓶颈。沃尔玛、马士基等许多知名公司非常注重物流与信息技术的结合，并取得良好的经济效益。

五、国际标准化的推广

为促进各国间进行的经济贸易技术交流与合作，人们制定和推行国际通用标准。金融、资讯服务的逐步开放，货币政策及金融法规国际标准化的推行，促进国际贸易业务的发展，间接形成全球物流发展的动力。最具有代表性的是国际货币市场（IMM）于1997年成立全球电子自动交易系统。产品国际标准化的逐步广泛应用，国际运输法规的放宽，双边贸易协定的弹性化以及物流的硬件如集装箱、托盘等的性能和尺寸采用国际标准，这些均有效推动全球物流的发展。

六、跨国公司的全球扩张

经济全球化的发展推动大型跨国公司不断在发展中国家建立生产和加工据点，跨国公司不断向发展中国家输入大量半成品原料，进行制造和装配，然后实行再出口，从而引起了批量小、价值高、运货期短、可靠性要求高的跨国物流需求量增加。目前跨国公司的内部贸易正日益成为世界贸易方式的重要特征，越来越多跨国公司的产品生产将在世界范围内进行最优配置，在销售时把整个世界作为其产品的潜在市场，这对各国物流业提出了特别的挑战。跨国公司要求其物流服务供应商能够适应不断变化的环境，有一个体系完整的物流网络，具备从起始点到最终点的跨国物流服务。

第二节 全球物流基本活动和特点

全球物流具有克服时间和空间的阻隔以及克服国界阻隔的功能，虽然国内物流也具有克服时间和空间的阻隔的功能，但是全球物流需要克服的时间和空间阻隔比国内物流大得多。全球物流是保证企业全球经营能否成功的关键因素之一，相对于国内经营来说，物流在全球经营中的作用和承担的责任要大得多。

全球物流活动的构成除了包含与国内物流一样的运输、保管、包装、装卸、流通加工和信息等克服时间和空间阻隔的活动之外，还有全球物流所特有的报关（包含检查、检疫等活动）和相关文书单据制成等克服国界阻隔的活动。下面简要地介绍全球物流的基本活动和典型特征。

一、基本活动

1．运输活动

全球物流中的运输活动与国内物流中的运输活动的最大差异在于前者的运输距离长且运输方式多样。

2．保管和流通加工

由于全球物流保管活动中存在办理进出口手续、海港码头装卸转运货物等作业，与国内物流的保管活动比较起来，全球物流的保管活动所花时间要多。另外，为了适合当地国的标准和满足销售商的要求，需要商品检验、分类、小包装作业、贴商品价格标签等流通加工活动。

3．包装

由于全球物流运输距离长、运量大、运输过程中货物堆积存放、多次装卸，因此在运输过程中货物损伤的可能性大。在全球物流活动中包装活动非常重要，集装箱的出现为全球物流活动提供了安全便利的包装方式。像德国等许多国家从环境保护的角度出发对包装废弃物制定了非常严格的规定限制。在向这些国家出口时，必须使用符合当地标准的包装材料和注意包装废弃物的回收利用。另外为了提高运输装卸和统计检验等作业效率，需要在包装物品上贴物流条形码标签。

4．装卸

装卸活动是随运输保管加工等活动而发生的物流活动，全球物流的装卸活动由于集装箱的广泛应用而变得有效率和便利。以标准化的集装箱装卸为前提，港口码头装卸设备的标准化和大型化、装卸作业的效率化成为可能。

5．信息

全球物流活动中信息量和信息来源相对于国内物流活动来说更大和更广。从企业内部角度来看，企业需要把分布在世界各地的生产、销售、物流等子公司连接起来，建立全球零部件采购信息系统、全球制造销售物流信息系统。同时需要与它的全球供应链中的合作伙伴建立物流信息系统、分享信息、从企业外部角度来看，许多国家为了促进海外投资、方便全球贸易，建立了综合的报关信息系统。这种综合报关信息系统把与报关活动有关的货主企业、运输企业、物流服务企业、银行保险企业、商品检验部门、关税仓库、海关等部门紧密地联系在一起，提高报关速度和全球物流活动的效率。

6．报关和相关文书单据制成

全球物流活动的展开必然涉及到报关活动。这是全球物流活动区别于国内物流活动的明显特征。海关是一个国家主权的象征，它主要从事征收关税和取缔违法物品和行为的活动。随着市场的全球化、竞争的全球化和企业的全球化，要求海关能提供高效迅速的报关作业，建立综合报关信息系统和改进海关作业程序是实现这一目标的有效方法。

另外，在全球物流活动中涉及大量的贸易合同和文书，这也是全球物流活动区别于国内物流活动的一个明显特征。这些贸易合同和文书涉及运输、报关、保险、结算等方面。

二、典型特征

美国著名物流学专家亨利格彻恰如其分地指出："全球物流就像一条章鱼，它涉及多方面，也受到多方面的影响和制约。"与国内物流相比，它费用昂贵，主要包括长距离的运费支出；较大的库存量较长的固定循环作业周期，运输方式多样化，穿越国际地界；物流公司趋于大型化。全球物流为跨国经营和对外贸易服务，使各国物流系统相互"接轨"，因而与国内物流相比，具有国际性、复杂性和风险性，也存在着进入的壁垒。

1. 国际性

国际性是指全球物流系统涉及多个国家，系统的地理范围大。这一特点又称为全球物流系统的地理特征。

2. 复杂性

在国际间的经济活动中，生产、流通、消费三个环节之间存在着密切的联系，由于各国社会制度、自然环境、经营管理方法、生产习惯不同，一些因素变动较大，因而在国际间组织好货物从生产到消费的流动，是一项复杂的工作。全球物流的复杂性主要包括全球物流通讯系统设置的复杂性、法规环境的差异性和商业现状的差异性等。

3. 风险性

全球物流的风险性主要包括政治风险、经济风险和自然风险。政治风险主要指由于所经过国家的政局动荡，如罢工、战争等原因造成货物可能受到的损害或丢失；经济风险又可分为汇率风险和利率风险，主要指从事全球物流必然要发生的资金流动，因而产生汇率风险和利率风险；自然风险则指物流过程中，可能因自然因素，如海风、暴雨等，而引起的风险。

尽管经济全球化极大地促进着全球物流发展，但仍存在着诸多影响全球物流发展的重大壁垒。一般说来，全球物流主要面对三大壁垒：市场和竞争的壁垒、金融壁垒和配送渠道壁垒。全球物流管理必须要对克服这些壁垒的实际成本与国际贸易的潜在利益之间的关系进行权衡，以期通过成功的国际运作获得实际利益。

4. 响应时间更长

有许多原因导致了全球物流的响应时间更长，更不稳定：

(1) 距离更长；

(2) 大量的国际货物运输通过海上进行，速度比较慢，不如陆运或空运一致性好；

(3) 通常需要更多的单证和手续，例如信用证和领事签货证，这可能会花费大量的时间。

5. 订单完整性要求高

与国内物流相比，由于高得多的缺货成本和加急运输费用，订单完整性在全球物流中重要得多。在提高订单完整性时，必须权衡订单处理和运输费用。每次都发运完整的订单会比较贵，但是这样的一个较高水准的服务水平可以通过非完整订单或部分订单的成本判断其合理性。

6. 运输条件严格

在全球物流中，运输错误成本相对较高，最大限度地提高运输路线和货品项目的准确性是很重要的。一旦安排了运输计划，运输条件就成为一个重要问题。为了减少运输和搬运中出现破损的概率，包装必须得到很好的保护。替换损坏货物的时间和成本是巨大的。

全球物流跨越不同地区和国家，跨越海洋和大陆，运输距离，运输方式多样，这就需要合理选择运输路线和运输方式，尽量缩短运输距离，缩短货物在途时间，加速货物的周转并降低物流成本。

第三节 国际集装箱多式联运

1980年5月通过的《联合国国际货物多式联运公约》对于多式联运的定义是："国际多式联运是按照多式联运合同，以至少两种不同的运输方式，由多式联运经营人将货物从一国境内接受货物地点，运至另一国境内指定交付货物的地点。"

国际多式联运的核心工具是集装箱，以集装箱为贯通全程的货体单位，采用各种先进的接转方式实现集装箱的铁—水、陆—水、陆—铁等不同运输方式的转换，这就将全程连接成一体化的过程，甚至做到不同国度之间的"门到门"运输。所谓集装箱运输是指将一定数量的货物装入特制的标准规格的箱体内作为运送单位进行运输的方式。集装箱运输有其突出的优点：①提高装卸效率，船舶在港装卸货物时间短，缩短运输时间；②适用于多种运输方式，包括水上与陆上的联运，只需将箱体进行装卸即可；③保证货物运输安全；④便于实现运输管理现代化。

国际多式联运必须具备以下几个条件：①具有一个多式联运合同；②使用一份全程的多式联运单据；③采用不少于两种运输方式；④运输全程用单一费率计费；⑤必须是不同国家之间的运输；⑥专门的经营人对多式联运负责。

国际多式联运的经营人是国际多式联运的组织者和主要承担者，以事主身分从事这一经营。经营人依托自己的经营网络和信息网络，依靠本身的资信从事这一业务，可以是货主或各运输方式之外的第三者，也可以由铁路、公路等运输公司充当经营人。

国际集装箱多式联运是集装箱运输发展的高级形式，它以集装箱为运输单元，将不同的运输方式有机地组合在一起，构成连续的、综合性的一体化货物运输。通过一次托运、一次计费、一份单证、一次保险、由各运输区段的承运人共同完成货物的跨国全程运输，即将货物的全程运输作为一个完整的和单一的运输过程来安排。集装箱多式联运有如下形式：

1．"大陆桥"运输

大陆桥运输是国际多式联运的一种形式。常规的大陆桥运输是指采用符合国际标准化组织规定的20英尺或40英尺集装箱，装载在直达专用列车上，利用横贯大陆的铁路作为中间桥梁，将其与大陆两边的海上运输连接起来，从而形成跨越大陆、连接海洋的国际集装箱多式联运方式。理论上，联结两段海运的陆运，统称"陆桥"。

目前世界上的大陆桥主要有三条：北美大陆桥、俄国的纳霍德卡经西伯利亚到西欧的亚欧大陆桥和以我国连云港为东桥头堡的新亚欧大陆桥。在我国境内作为大陆桥一部分的主要是西伯利亚大陆桥和新亚欧大陆桥。

西伯利亚大陆桥又称亚欧大陆桥，是从远东地区经过西伯利亚大铁路，一直到达欧洲的大陆桥，也是现在世界上最长的一条大陆桥。这条大陆桥由白俄罗斯方面担任总经营人，签发货物过境许可证、签发统一全程联运提单、承担全程联运责任。

这条大陆桥有三条运输路线：第一条是以西伯利亚铁路运输为主，转至伊朗、欧洲的铁—铁运输；第二条是经西伯利亚铁路到原苏联的西部港口到达西北欧的铁—海运输；第三条是由西伯利亚铁路转至欧洲公路到达瑞士、德国、法国、意大利的铁—汽运输。这个大陆桥在我国有两个接口：一个是满洲里，另一个是大连。

现在又正在探讨东北亚新大陆桥，是从图们江地区的港口群为起点，经过东北的吉林和内蒙古境内的铁路，穿过蒙古、俄罗斯直至欧洲港口。从图们江到达鹿特丹港，全程近似一条直线，长约 11000 公里，比西伯利亚大陆桥距离缩短 1300 公里。

新亚欧大陆桥，1990 年正式贯通。这条大陆桥东起我国连云港，西到荷兰鹿特丹港，横跨亚欧两大洲，连通太平洋和大西洋。在中国境内 4131 公里，全长 10800 公里，比西伯利亚大陆桥缩短 2000 公里，节约运费约 30%，与海运比较，可节约运输时间 60% 左右。途经我国中部的所有省份，处于横轴线位置。这条大陆桥不仅对贯通亚欧有非常重大的意义，而且对于我国西部地区大开发也是非常重要的一条通道。

大陆桥运输方式是以集装箱为核心的联合运输方式，有以下优点：①可采用“门到门”方式，货主一旦委托后，便由承运人负责全程运输，因而对货主来讲是大大简便了，这是货主乐于采用这种方式的重要原因。②物流速度快。“大陆桥”和迂回海运比，不仅运输里程大大缩短，且装卸集装箱时间也大大减少，再加上铁路运输速度本身又高于海运，因而物流速度大大加快，时间显著缩短。例如，北京到汉堡的货运，选择“大陆桥”运距 12000 公里，需 35 天，而选择海运为 2 万公里，需 50 天。③物流风险小，时间保证程度高。采用“大陆桥”运输，气候、季节的影响很小，而采用海运，常由于气候、自然因素出现风险、延误船期。④资金周转快、成本低。由于“大陆桥”运输系统健全，结汇速度快，比海运可提前 10～15 天结汇，有利于资金周转。另外，从成本看，可降低约 3～5%。⑤运输质量好。“大陆桥”运输货损少、集装箱的损坏也少。

2．国际铁路联运

是以散货方式完成的国际间联合运输。主要方法是在始发站以一份运送票据（国际联运运单）由铁路运输到目的站交货，由外运机构代办进出口的报关手续。

国际铁路联运主要对散杂货而言，由于可不受集装箱的限制，可以承运各种货物，如集装箱不适合的，不能进行“大陆桥”运输的建材、钢材、水泥、煤炭、大型机械等，可采用国际铁路联运方式，且由于可采用普通货车，运量比“大陆桥”集装箱运输大。

国际铁路联运主要缺点是，在不同轨距的国家国境站，需更换车轮，这不但易造成货损而且大大减慢了物流速度。

3．“浮动公路”运输

利用一段水运衔接两段陆运，衔接方式采用滚装船将车辆开上船舶，以整车货载完成这一段水运，到达另一港口后，车辆开下继续利用陆运的联合运输形式。

在全球物流中，海运常常是主要运输方式，海运向陆运及陆运向海运的转换就变得十分重要，浮动公路形式是“滚上滚下”装卸搬运方式与“车辆渡船”方式相结合从而完成全球物流的方式。

4. **国际货代**

国际货代是一种代办国际运输、仓储、通关等业务的形式。国际货代企业从委托人取得货物代理业务，并将一部分或者全部业务再外包给承运人。国际货代企业从中收取佣金的一种代理服务形式。这是直到目前还在广泛采用的一种物流服务方式。

企业由于以下原因使用货运代理商：降低运输和分销成本、解放或减少工作人员、处理物流运作使得它们能够关注核心业务、获得外部知识、改善客户服务和满意度、避免支出并提供物流信息系统。

几乎每一个全球化的企业都需要国际货代提供的服务，即使它们拥有自己的出口操作部门。在这种情况下，国际货代在装运港或最终目的地帮助协调货物的运输。

5. **无船承运商**

无船承运商（NVOCC)，有时被人们称为 NVO，“将不同货主的不同件货物整合为满载集装箱货物，并承担所有国际货物从出口港开始的所有责任，包括文书工作和运输”。

不同的货运代理商的 NVOCC 有几个方面的不同。一个远洋货运代理商通常是货主的代理商，而不是船公司。一些基本的操作包括：准备和填写出口和银行单据以及代表货主进行运费的谈判。另一方面，NVOCC 也会是一个普通的承运商，货运代理商通常是他们最大的客户。图 7-1 是 NVOCC 的工作机制。

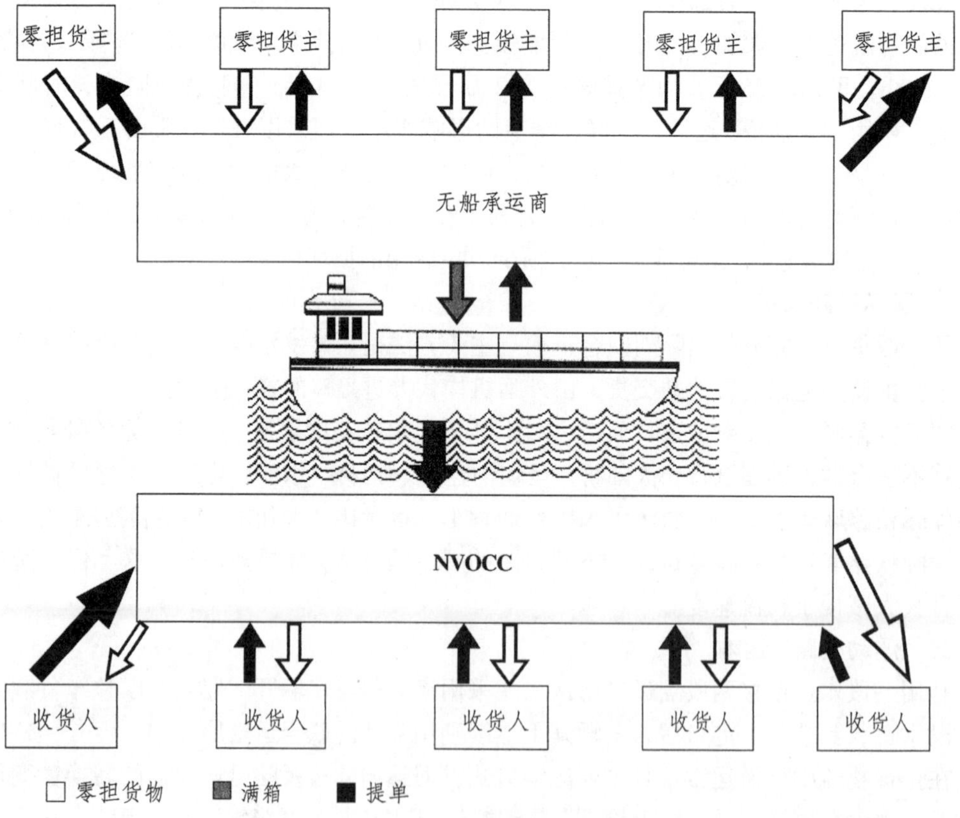

资料来源：Toby B.Estis.“NVOCC' s : A Low-Cost Altemative for LCL Shippers,” Traffic Management 27, no.6Uune 1980

图 7-1　NVOCC 的工作机制

第四节　其他几种重要方式

一、保税仓库

保税仓库是全球物流系统中保税区域的一种，这是外国入境或过境货物，在输入手续未完成之前，货物存放的仓库。

保税仓库是需要经过专门批准的仓库。一般规定是，外国货物的保税期最长为两年，在这个时期中可存放在保税仓库中，这个期间，经营者可以找到最适当的销售时机，一旦实现销售再办理关税等通关手续。如果两年之内未能销售完，则可再运往其他国家，保税库所在国不收取关税，保税仓库避免了过高的关税。建立保税仓库后，可以大大降低进口货风险，有利于鼓励进出口，鼓励外国企业在中国投资，是投资环境之一部分。

我国规定，保税仓库制度允许存放的货物范围如下：

1．缓办纳税手续的进口货物

主要包括进口国工程、生产等需要，由于种种原因而造成的预进口货物；也包括进口国国情变化、市场变化，而暂时无法决定去向的货物；或是进口货物无法做出最后处理，这就使进口商将纳税时间推迟到货物实际内销的时间。

2．需做进口技术处置的货物

有些货物到库后，由于不适于在进口国销售，需更换包装装潢，改包装尺寸或其他加工处理，则可在保税仓库进行这一技术处置，待到符合进口国的要求再内销完税，不符合的则免税退返。

3．来料加工后复出的货物

为鼓励“两头在外”的国际贸易，对有些来料加工，又是在保税区或保税仓库完成的，加工后，该货物复出口，则可存放于保税仓库。

4．不内销而过境转口的货物

有些货物或内销无望而转口，或在该区域存放有利于转口，或无法向第三国直接进口而需转口，货物则可存放于保税库中。保税仓库在全球物流中，不仅适于进口货物，也可用于出口货物。

二、海关监管仓库

监管仓库是海关监管制度之一种。监管的主要目的是防止走私、逃税。监管的主要对象是进出口货物。出口货物在完成报关、通关手续之后，尚未起运，进口货物已经到岸，尚未完成报关手续，都需要有一个暂存处进行监管。

三、国际通关

通关是从报关开始到结关为止的一系列海关手续。通关的主要手续有：提交报关单、完成有关动植物检疫、接受通关检验、取得通关许可、完成税务手续、结关等。通关是一个复杂的过程，往往是全球物流一个制约因素。由于通关手续复杂，验关时间长，整个供应链的速度和整个全球物流的速度在通关过程中大大减慢，从而影响整个供应链的服务水平。

在电子商务时代，很多通关的手续可以在网络平台上进行，通过电子报关方式，这对于提高通关速度起到非常重要的作用。

第八章 物流企业

人类进入21世纪，随着科技的进步和生产力的发展，顾客的消费水平不断提高，企业之间的竞争日趋激烈。企业要想在竞争中立于不败之地，必须根据自己的特点，培育企业的核心竞争力。在这一过程中，许多制造企业都会将非核心业务的物流功能外包，从而需要能够提供良好物流服务的专业化企业，即物流企业。

目前，国内对物流企业的定义比较统一，即提供物流（管理）服务作为其主要产品的企业，但尚未对物流企业分类做出权威界定。

物流企业，严格意义上讲是指第三方物流企业和第四方物流企业。即那些与客户企业在某种层面上建立起伙伴关系，战略联盟关系或合同外包关系的物流服务供应商。这类物流企业以专业优势为客户企业提供从规划到实施的全程物流服务，为客户提供集运输、仓储、配送、信息管理于一体的综合物流解决方案，不过，我国物流市场上此类企业数目较少，大量存在的是传统的仓储、运输、配送、货代、包装、装卸搬运、流通加工等企业转化而来的物流企业，它们还不是严格意义上的现代物流企业，但已经具备了向现代物流企业转型的基础。本章将对专门提供物流服务的第三方物流企业和第四方物流企业做简要概述。

第一节 业务外包

Arthur Anderson（1995）认为“外包（Outsourcing）”是指“一个业务实体将原来应在企业内部完成的业务，转移到企业外部由其他业务实体完成”。传统的组织观点是基于后工业革命模式，如20世纪20年代的通用企业、20世纪30年代的杜邦企业等，这种模式下的企业高度重视去拥有和直接管理大部分所需要的资源，企业成功与取得生产要素几乎是同义语。然而，随着时代的发展，组织已经变得越来越复杂，组织的资源同时也变得日益专用性和直接朝向经营、生产设计、工程、制造、人力资源、信息技术、物流和销售等要素，这些专业化打开了外包非核心业务的大门，使企业不得不重新评估传统纵向一体化的意义。据美国《财富》杂志报道，目前全世界年收入在5000万美元以上的企业，都普遍开展了业务外包。邓百氏企业的《1998年为业务外包研究报告》表明，全球年营业额在5000万美元以上的企业在1998年在业务外包的开支上升27%，比1997年业务外包的总开支增加近2350亿美元。亚太地区的外包支出从现在到2003年将以15.1%的年比率增长。同期，世界其他地区的资源外包费用将增长26.9%。

尽管业务外包速度正迅速加快，但没有迹象表明现在已经达到顶峰。迄今为止，全球所有业务外包中约有60%在北美。1998年，该地区的业务外包开支增加21%，即增加250亿美元，达到1410亿美元。与此同时，欧洲的业务外包活动也正在增加，而且其增长速度比美国还要快，增长率达34%。外包正成为国际商业发展的趋势，外包策略正在成为企业发展的一种重要策略工具，在目前竞争日趋激烈的市场环境中，业务外包现在已经变成最重要和最流行的战略。

在21世纪的全球经济情势下，几乎任何企业都可以获得资源。一个基于核心竞争力和相互受益的长期外部关系的更灵活组织的潜在好处正变得越来越清晰，现在企业之间的不同主要集中于智力资本、知识和技能，而不是它们拥有和管理的资源范围（Scope）和幅员（Size）。因此，许多企业把自己的智能和资源集中在自己的核心竞争优势的活动上，而把非核心领域外包给其他专业企业，这种情况既发生在大企业也发生在小企业。企业外包已成为增加竞争市场最重要和最有效的战略之一。在全球范围内取得成功要求企业必须对其核心竞争力进行不断地开发和再造。外包已经成为世界商业发展的趋势，它正在成为企业发展的一种重要战略性竞争工具。

第二节　第三方物流

第三方物流，亦称契约物流，是指一个企业以契约的方式对其他企业提供物流服务，例如运输、仓储、存货管理、订单管理的信息技术等。第三方物流作为一个外部供应商，它执行了一个组织全部或部分物流功能。

业务外包的流行领域包括通信和信息技术、不动产和有形工厂、物流、人力资源、消费者服务、金融、营销、销售和运输等，企业通过外包这些业务使自己专注于自身的核心业务上，这就使得企业的横向或纵向边界发生很大变化，同时外包出去的业务将很大程度上促进该类业务产业的发展。物流作为企业生产经营活动的重要组成部分，物流业务外包的增长给提供专业化物流服务的企业——第三方物流企业创造了重要的商业机会，促使第三方物流业务在全球范围内得以增长。在美国，完全的第三方（契约）物流活动估计大约从1992年的100亿元增长到1996年的250亿元。根据卡斯信息系统（Cass Information Systems）副主席罗伯特·V·德拉尼（Robert V. Delaney，2000）的研究，第三方物流发展正呈现出日益增长的势头。据他调查，1992年，美国大约有374家企业提供契约物流服务，占总体物流活动容量的2.7%；到1996年，第三方物流提供者达到了421家，占总体物流活动容量的6%；到了2000年，第三方物流供应商增加到474家，占总体物流活动容量的10%。根据罗伯特·C·列伯、罗伯特·A·米兰、鲁克·N·范·万森赫等人对外包企业利用第三方物流所做的国际调查，企业物流经理对第三方物流的兴趣十分明显，在他们发表于物流管理和配送国际期刊的一篇文章中指出①，大约有46%的美国经理和78%的西欧经理将在一个广泛或中等程度的范围承诺去利用第三方物流服务。

① Robert C. Lieb, Robert A. Millen, and Luk Van Wassenhove: third – Party Logistics services by Large American Manufactures, 1991, 1994, and 1995. Journal of Business Logistics, Vol.17, No.1 1996, p.314

据有关资料统计，2000 年财富 500 强企业从 1997 年到 2000 年，对第三方物流需求从 40%增长到 56%，51%企业使用以仓储和分销业为主业的第三方物流，而 1999 年只有 36%；24%的企业使用以运输为基础的第三方物流，而 1999 年为 40%。据世界公认的第三方物流产业咨询顾问公司美国 A&A 公司报告：2000 年，美国第三方物流企业营业额为 564 亿美元，比 1999 年增长 22.6%（1999 年增长 16.5%，1998 年增长 15%），其中专用合同运输 87.2 亿美元，增长 21%；增值仓储或分拨 200.4 亿美元，增长 23%；以美国为基地的国际物流运作 138.5 亿美元，增长 15%；物流软件 35 亿美元。该公司认为，未来 3－5 年，美国第三方物流的增长率在 15%－20%。

目前提供第三方物流服务既有大量的中小企业，也存在许多大型的企业，典型的如美国的 FedEx 商业物流服务公司、UPS 全球物流公司、Exel 物流公司、Caliber 物流公司、Menlo 物流公司、Schneider 物流公司、Emery 全球物流公司、Ryder 国际物流公司、GATX 物流公司和 Gaterpillar 物流服务公司等。

总体上讲，第三方物流供应商市场还相对比较年轻，但在外包趋势的推动下正不断演进并日益变得成熟。大部分第三方物流服务提供者最初主要来自于受雇运输部门，与既有的货主建立起伙伴关系，它们这些承运商逐渐扩展到广泛的物流支持活动。最近，技术推动的第三方物流企业已经出现，这些企业成为了完全供应链系统的集成者，并且进行专业化、决策支持建模、供应链优化软件去管理它们顾客遍及全球运营的供应链。第三方物流供应商正努力提供由顾客需求驱动和基于价值的顾客化服务。例如，Caliber 物流公司从 1989 年起，由于其提供广泛的诸如库存管理、仓储、生产装配和物流信息系统服务，因此赢得许多合同。

由于外包的日益精细化和专业化，目前国际上的第三方物流发展得越来越专业，并且具体锁定于某一行业。例如美国 Lehman 物流公司专门服务于化工产业，Johnson&Johnson 物流服务公司专门从事医疗产业；IBM 物流服务公司专门进行计算机零部件的业务；Caliber 物流服务公司专门从事高科技、工业、零售和汽车产业等，这些专业型的第三方物流公司满足了不同产业的顾客要求。

第三节 第三方物流的特征

一、长期契约

第三方物流是一种具有长期契约性质的综合物流服务。第三方物流供应商根据合同条款的规定，而不是根据临时需求或要求，提供多功能甚至全方位的物流服务，最终职能是保证客户物流体系的高效运作和不断优化供应链管理。第三方物流供应商与第三方物流服务购买者之间依靠现代信息技术充分共享彼此之间的信息，双方相互信任，共担风险和共享收益。

二、专业化

第三方物流是一种专业性物流服务的组织单元，它熟悉市场运作，具有专门的物流设施和信息手段，有长年的客户关系网络，又有专业人才。具有针对不同物流市场的专业知识，包括运输、仓储和其他增值服务。面对需求业务流程的不同，第三方物流供应商能够根据客户业务流程提供“量身定做”的物流服务。

三、拥有充分信息

第三方物流拥有充分的市场信息、较为广泛的信息网络和现代信息技术。在物流服务过程中，信息技术的发展实现了信息实时共享，促进了物流管理的科学化，极大地提高了物流效率和物流效益。常用于支撑第三方物流的关键技术有：实现信息快速交换的EDI技术、实现资金快速支付的EFT技术、实现信息快速输入的条形码技术和实现网上交易的电子商务技术等。

四、规模化经营

由于可以组织若干客户的共同物流，这对于不能形成规模优势的单独的客户而言，将业务外包给第三方物流，可以通过多个客户所形成的规模来降低成本。有了规模，就可以有效地实施供应链、共同配送等先进的运作方式，进一步保障物流服务水平的提高。

第四节　第三方物流服务的实施

一、物流外包决策和发展战略

对于一个企业的物流经理来说，考虑本企业的物流业务是自己做还是交给第三方物流企业来完成，其首先要判断物流对于企业成功的关键程度与企业管理物流的能力，并对公司内部成本和流程进行完全的了解以便对外包的潜在好处进行评估。按照罗纳德·H·巴罗（1999）的观点：如果公司对客户服务要求高，物流成本占总成本的比重大，且已经有高素质的人员对物流运作进行了有效的管理，那么该企业就不应将物流活动外包出去，而应当自营；如果物流是企业战略的核心，但企业物流管理能力很低，那么寻找物流伙伴将会给该公司带来很多收益。好的合作伙伴在公司现有的、甚至还未进入的市场上拥有物流设施，可以向企业提供自营物流无法获得的运输服务及专业化的管理。相反，如果公司的物流活动不那么重要，但是由专业人员管理，那么公司需要寻找物流服务伙伴。更细一点考虑，不同企业对于物流外包的决策其侧重点和出发点有很大不同的，汤浅和夫（2002）认为，在物流外包决策过程中，大企业倾向于将部分或全部的物流业务外包出去，而中小企业与大企业不同，它们一般都不太愿意将本公司的物流业务委托给别的公司。其原因主要是：中小企业的物流业务量一般都比较少，物流业务往往被看成是企业经营中附带的业务。另外，中小企业的仓库一般都设在办公大楼里，忙的时候，全体职工一起出动来帮忙。还有，在不少中小企业中，一些经理们往往认为，供货业务是推销员的一项本职工作，如果将这些工作交给了外面的公司来经营的话，推销员就无事可做了。

Sandor Boyson（1999）对物流外包理由做了深入的分析和归纳，Sandor Boyson认为有以下十条理由促成了企业对物流职能的外包：①为了改善企业关注的焦点；②取得一流的能力；③加速创造收益；④分担风险；⑤用于其他目标的自由资源；⑥获取可用的资本；⑦创造现金流入；⑧减少和控制运营成本；⑨使用企业不拥有的资源；⑩有效处理那些难以管理和控制的职能。他还认为企业根据自身情况可以选择以下四种渐进的物流开发战略：①偶然外包一些物流职能；②在某一时候外包某一物流职能；③外包两项或三项物流功能然后跨越到把整个供应链管理外包出去以获取系统收益；④基于评估外包的整体节约和收益，启动完全的供应链外包。

根据 Sandor Boyson（1999）的研究，企业在诸如仓储运营、包装、订单处理/完成、运费支付/审计等常规物流职能方面已有较长的外包经历，但最近被外包出去的物流功能/系统则包括那些计划更集中和要求动态建模的物流职能，如库存管理、物流信息系统、选择承运人和费率谈判等。造成这些新变化的原因主要是由于相对高水平的物流外包，货主变得越来越了解有效利用供应链信息的好处，而目前运输市场中的激烈竞争使运价大为降低也是造成企业外包物流职能的重要因素。另外，关于目前连续不断仓储运营的高水平外包反映出了仓储过程和自动化系统日益增加的复杂性。仓储对于许多企业来说也许不是一种核心能力，因此外包出去可以合理化资源并取得必要的规模经济，同时避免由于剧烈的需求波动导致的沉没成本。

二、第三方物流服务的实施

企业实施第三方物流服务的目的是要从它那里获取到最大化的收益，因此它的实施是一项严肃而重要的过程。企业在考虑实施第三方物流服务时，需要包括以下四个阶段：

关注所确定的物流外包范围，并准备一份请求计划书发送给有潜在可能的物流供应商。这是选择一个满意的第三方物流供应商的首要工作。企业按照地域范围、顾客和商品情况识别自己需要外包哪些物流职能。完成此项任务后，企业应该准备一份请求计划书，里面应该清晰地列出外包物流职能的要求和外包所要达到的预期效果。

集中精力识别候选的物流供应商，并基于某些标准对它们进行评估。这一阶段涉及两个方面：一是识别潜在第三方物流供应商，企业可以通过商贸期刊、出版物、网站等方式列出潜在物流供应商名单；二是选择一个或少数一些物流供应商进行实际的签约，这里面包括方案评估、现场参观、获取介绍，并把这些结合在一起进行分析得出最终的候选物流供应商，结合自己的经验知识及判断选出所需要的物流供应商。

根据预期达到目标、时间期限和价格进行合约的谈判与订立。该阶段十分重要，由于涉及了实际的契约订立。契约应当包括服务要求、价格、报酬支付时间表、期限和其他一些特定的事情。特定条款还包括相关契约的取消、提价或成本节约的分担等。

对外包过程的管理和监控。该步骤对于继续改善物流外包企业和物流供应商之间的关系十分关键。尽管把物流职能外包出去后企业不再需要执行物流职能，但它仍然需要有效地管理物流流程及处理与第三方物流供应商关系以便取得所期望的效果。物流外包企业应当组织团队和第三方物流供应商一起工作，该团队将处理和管理所有与契约或协议相关的问题，发现物流供应商的不良表现和自身企业在配合和支持方面的不足从而及时加以修正。如果不能做到这一点，物流外包企业与第三方物流供应商之间的关系将不会太和谐并最终导致双方契约的中止。

第五节　第三方物流增长的障碍

如同任何其他市场交易，企业物流业务外包与第三方物流之间是一种买卖关系，购买者是物流外包企业，卖者则是提供所需物流服务的第三方物流企业。因此第三方物流发展的障碍主要来自于买卖双方在期望值、理解和经验方面的差异（Maltz and Lieb，1995）：业务外包企业的局限和第三方物流企业的局限。

一、业务外包者的局限

第一项局限是基于测量的困难。企业外包一项或几项物流职能主要是基于减少物流成本。通常，如果把所有的物流职能外包出去，则对期望的量化是简单的。但是，大多数企业只是外包部分的物流职能，这就使得企业很难分离和跟踪相关外包的物流成本。特别是物流职能外包的复杂性、没有现存的绩效数据和缺乏一个合适数据采集和报告机制。

第二项局限是选择外包物流职能的困难。企业并不总是外包那些需要外部供应商或者是从成本削减角度或服务改进角度进行考虑的物流职能。一个相关的问题是企业往往对于不同的物流职能采用复合的供应商，这将导致供应商之间缺乏协调，物流方面的工作缺乏跨职能的协调，从而导致重复和浪费，信息常常被扭曲或延迟，权利界限和责任常常是模糊的，没有人能够对结果真正清晰地负起责任来。而且，也很难测量一个供应商与另外一个供应商之间的关系。这种安排使协同好处丧失，并导致物流外包企业不愿意再花时间和资金用于维护物流供应商之间的沟通。

第三项局限是专门技术的缺乏。并不是所有第三方物流都在所有物流职能方面是专家。因此在选择第三方物流供应商必须建立起一个整体过程。企业内的员工必须参与到过程中来，因为他们对企业的产品和所需要的物流要求的了解程度远远大于任何别的其他人。即使与第三方物流供应商签订了协议，企业也应当保持一群企业内的专家来监控第三方物流供应商的绩效同时给他们提供所需的业务信息。

二、第三方物流供应商的局限

第三方物流供应商们必须面对许多挑战以应付日益激烈的竞争和不断变化的购买者需求。其第一项局限来自于其他第三方物流供应商之间的竞争。激烈的竞争迫使供应商降低价格，这将意味着更低的边际利润。当供应商发动成本削减项目时，他们偶然会无法满足顾客服务，这将使得顾客不满意，导致取消或不再订新合同。更低的价格和更高质量的服务水平对于第三方物流供应商是一个两难选择，搞不好，第三方物流供应商将被淘汰出局。

第二项局限是第三方物流供应商并不一定是物流职能方面的专家，大部分第三方物流供应商是局部的运输网络或仓储经营者。也许他们是优秀的运输经营者或仓储经营者，例如他们能够让货车在运输网络里最优移动或让某一区位的仓库发挥出最大生产力，但是他们也许缺乏按照订货至交货时间、产品种类要求协调运输和仓储之间最小库存水平和最大化顾客服务的知识、经验和技能。也就是说，它们的核心竞争力并不是通过第三方物流服务提供一整套的供应链解决方案。

第三项局限是第三方物流服务市场的营销。不同于其他商业行为，对第三方物流业而言，购买者追求物流供应商，来自于前向的市场营销努力并不一定成功，主要原因是因为没有一个部门能够作为一个接触点来站在供应商角度启动物流过程。利用第三方物流供应商的请求也许来自于公司内一个或几个部门，因此大多数第三方物流协议的最终形成需要通过与首席执行官和财务总监直接谈判来加以最终确定。

第六节　第四方物流

一、基于供应链集成的第四方物流

所谓第四方物流，就是供应链的集成者、整合者和管理者。主要通过对物流资源、物流设施和物流技术的整合和管理，提出物流全程的方案设计、实施办法和解决途径。第四方物流是在第三方物流基础上的进化和发展，比第三方物流服务的内容更多，覆盖的地区更广、技巧更复杂。

第四方物流需要对客户的需求和社会的物流资源有深刻的理解，同时更重要的是具有调动社会物流资源实现所谓最佳供应链方案的能力，所提供的供应链解决方案具有很好的系统性和完整性。第四方物流与第三方物流的区别之一是对供应链全套系统设计，同时，在供应链的运作过程中发现问题，第四方物流能进行供应链的重新优化整合，这一点是第三方物流不能及的。第三方物流缺少对供应链运作的专长和整合技能，在功能范围上也不如第四方物流宽阔。

第四方物流最大的优越性，在于它能保证产品得以“更快、更好、更廉”地送到需求者手中。当今经济形式下，货主（托运人）越来越追求供应链的全球一体化，以适应跨国经营的需要；跨国公司也要集中精力，更多地将核心业务以外的物流外包。基于此理，它们不只是在操作层面上进行外协，而且在战略层面上也需要借助外界的力量，以期能得到更快、更好、价格更优的物流服务。

第四方物流的基本功能有三个方面：第一，供应链管理功能，即管理从货主（托运人）到用户（顾客）的供应全过程；第二，运输一体化功能，即负责管理运输公司、物流公司之间，在业务操作上的衔接与协调问题；第三，供应链再造功能，即根据货主（托运人）在供应链战略上的要求，及时改变或调整战略战术，使其经常高效率地运作。

第四方物流成功的关键，是以“行业最佳”的物流方案为客户提供服务与技术。而第三方物流要么独自提供服务，要么通过与自己有密切关系的转包商来为客户提供服务，它不大可能提供技术、仓储和运输服务的最佳整合。因此，第四方物流就成了第三方物流的“协助提高者”，也是货主的“物流方案集成商”。在整个物流供应链中，在社会分工上，第四方物流是第三方物流的管理和集成者，但是两者在服务上更多的应该是互补和合作关系，只有这样，才能使物流成本最小化。

二、第四方物流的特征

1．第四方物流提供了一整套完善的供应链解决方案

第四方物流集成了管理咨询和第三方物流的能力，不仅能够降低实时操作的成本和改变传统外包中的资产转换，还通过优秀的第三方物流、技术专家和管理顾问之间的联盟，为客户提供最佳的供应链解决方案，而这种方案仅仅通过上述联盟中的其中一方是难以解决的。

第四方物流的供应链解决方案共有四个层次：执行、实施、变革和再造。

（1）执行。主要是指由第四方物流负责具体供应链职能和流程的正常运转，这一范畴超过了传统的第三方物流的运输管理和仓储管理，具体包括制造、采购、库存管理、供应链信息技术、需求预测、网络管理、客户服务管理和行政管理等职能。

（2）实施。第四方物流的实施包括了流程的一体化、系统的集成和运作的衔接。

（3）变革。通过新技术实现各个供应链职能的加强，变革主要是改善供应链中的某一具体环节的职能，包括销售和运作计划、分销管理、采购策略和客户支持等。

（4）再造。再造是指供应链过程的协作和供应链过程的再设计。

2．第四方物流通过影响整个供应链来增加价值

第四方物流充分利用了一批服务提供商的能力，包括第三方物流、信息技术供应商、呼叫中心和电信增值服务商等，再加上客户和第四方物流的自身优势，第四方物流能够通过提供一个全方位的供应链解决方案来满足企业的复杂需求，它关注供应链管理的各个方面，既提供不断更新和优化的技术方案，同时又能满足客户的独特需求。

3．第四方物流企业拥有一整套的技能

可通过以下标准对第四方物流供应商进行评估：

* 大批量培训供应链专业人才的有效性；
* 跨国范围和获取资源的适用性；
* 是否具有对多服务供应商进行组织管理的能力
* 是否具有将自身雇员和其他资产顺利移交给其他第四方物流商组织的能力；
* 是否具有有效的协作技能和强大的业务关系；
* 是否能提供全球层次的供应链策略描述并对商务流程进行重新设计；
* 是否是集成供应链技术和外包实施的领导者；
* 是否能洞悉组织发展变化的趋势。

三、发展第四方物流的条件

国外有关研究表明，成为第四方物流需要以下一些前提条件：

* 在集成供应链技术和外包能力方面处于领先地位；
* 能够同时管理多个不同的供应商，具有良好的关系管理和组织能力；

* 在业务流程管理和外包的实施方面有一大批富有经验的供应链管理专业人员；
* 世界水平的供应链策略制定、业务流程再造、技术集成和人力资源管理能力；
* 对组织变革问题的深刻理解和管理能力；
* 全球化的地域覆盖能力和支持能力。

真正的第四方物流不仅能够管理特定的物流服务，而且还可以为整个物流过程提供完整的解决方案，并通过技术手段将这个过程集成起来，另外，第四方物流作为企业的战略伙伴，和第三方物流一样，能够与客户的制造、市场及分销等方面的数据进行全面、实时共享，在可预见的将来，必将得到广泛应用。

第九章 物流成本、质量和标准化

现代物流管理的目标就是在一定物流成本前提下，提供尽可能令顾客满意的物流服务。一方面，企业对物流成本没有进行过单独的核算，只有运输、仓储等对外支付的物流费用单列出来，而在整个生产过程中许多物流环节的费用大多划入生产成本核算，由于没有对物流成本进行认真的分析和研究，因此，很难从物流成本和物流成本管理中发现问题、解决问题。这样，不利于物流的合理化和企业经济效益的提高。另一方面，不同企业物流服务功能构成和重要性不同，其质量都会影响客户感觉的整体服务质量、客户的满意程度。所以要强化企业物流质量管理，不断创造物流价值，提高客户满意程度。此外，物流管理中很重要的内容是有关各环节的协调，这种协调不但体现在物流系统的功能要素之间，还体现国内外物流体系之间，但无论何种方式、何种程度的协调，很大程度上均取决于物流标准化的实施情况。

在本章，将就物流成本、质量和标准化问题进行简要地介绍和描述。

第一节 物流成本

一、物流成本的概念

物流成本指的是在物流活动过程中发生的成本。物流成本和其他成本比较，有许多不同之处，但是最突出的只有两点，这两点被归结为物流冰山现象和效益背反（交替损益）现象。物流冰山理论认为，在企业中，绝大多数物流发生的费用，被混杂在其他费用之中，而能够单独列出会计项目的，只是其中很小一部分，这一部分是可见的，常常被人们误解为它就是物流费用的全貌，其实只不过是浮在水面上的、能被人所见的冰山一角而已。交替损益现象，是物流成本的另一个特点，物流成本的发生源很多，其成本发生的领域往往在企业里面，是不同部门管理的领域，因此，这种部门的分割就使得相关物流活动无法进行协调和优化，呈现此涨彼消、此损彼益的现象。其实，在任何一个大系统中，系统要素之间经常会出现这种矛盾，系统工程的主要目的，也在于从系统高度寻求总体的最优。

具体说来，物流成本具有四个方面的特征：

①物流成本在企业财务会计制度中没有单独的项目，一般所有成本都列在费用一栏中，较难对企业发生的各种物流费用做出明确、全面的计算与分析。

②在通常的企业财务决算表中，物流费用核算的是企业对外部运输业者所支付的运输

费或向仓库支付的保管费等传统的物流费用，对于企业内与物流中心相关的人员费、设备折旧费、固定资产税等各种费用则与企业其他经营费用统一计算。因而，从现代物流管理的角度来看，企业难以正确把握实际的企业物流成本。

③对物流成本的计算和控制通常是分散进行的，也就是说，各企业根据自己不同的理解和认识来把握物流成本，这样就带来了一个管理上的问题，即企业间无法就物流成本进行比较分析。

④在一般的物流成本中，物流部门无法完全掌握的成本很多。

物流成本按其范围来分，有广义和狭义之别。狭义的物流成本是指由于物品实体的场所（或位置）位移而引起的有关运输、包装、装卸等成本。广义的物流成本是指包括生产、流通、消费全过程的物品实体与价值变换而发生的全部成本。它具体包括了从生产企业内部原材料协作件的采购、供应开始，经过生产制造过程中的半成品存放、搬运、装卸、成品包装及运送到流通领域，进入仓库验收、分类、储存、保管、配送、运输，最后到消费者手中的全过程，发生的所有成本。

二、不同产业类型的物流成本

物流成本一般是按实体的不同而区别对待，下面分别就流通企业物流成本和生产企业物流成本做出介绍。

1. 流通企业物流成本的类型

（1）流通企业物流成本的构成

流通企业物流成本是指在组织物品的购进、运输、保管、销售等一系列活动中所耗费的人力、物力和财力的货币表现，其基本构成如下：

①企业员工工资及福利费；

②支付给有关部门的服务费，如运杂费、邮电费等；

③经营过程中的合理消耗，如商品损耗、固定资产折旧等；

④支付的贷款利息；

⑤经营过程中的各种管理成本，如办公费、差旅费等。

（2）流通企业物流成本的分类

①按照成本的经济性质划分，可以分为生产性流通成本和纯粹性流通成本。

1）生产性流通成本，又称追加成本，是生产性成本在流通领域的继续，是为了使物品最终完成生产过程，便于消费而发生的成本。生产性流通成本要追加到产品的价值中去，是必要劳动的追加成本。

2）纯粹性流通成本，也称销售成本，是流通企业在经营管理过程中，因组织产品交换而发生的成本。纯粹性流通成本同商品的交换行为有关，虽然不创造新的价值，但也是一种必要劳动，是物品价值实现过程所必不可少的。

②按成本与商品流转额的不同划分，可分为可变成本和不可变成本。

1）可变成本，指物流成本中随商品流转额变动而变动的那一部分成本。这种成本开支的多少与商品流转额变化直接相关，即流转额增加，成本支出也随之增加，反之则减少，如搬运费、仓储管理费等。

2）不可变成本，指物流成本中不随商品流转额的变动而变动的那一部分成本。这种成本与商品的流转额没有直接关系，在一般情况下，商品流转额变动，它不一定发生变动，或即使发生变动，也不与商品的流转额成比例变动。它受商品流转额增减变动的影响较小，开支的绝对金额是相对固定的，如员工工资、福利费、折旧费等。

③按成本发生的流转环节划分，可分为进货成本、商品储存成本和销售成本。

1）进货成本，指商品由供货单位到流通企业仓库所发生的运输费、装卸费以及损耗费、包装费、入库验收费和中转单位收取的成本。

2）商品储存成本，指物流企业在商品保管过程中所开支的转库搬运、检验、挑选整理、维护保养、管理包装等方面的成本及商品的损耗费。

3）销售成本，指流通企业从商品出库到销售过程中所发生的包装费、手续费、管理费等。

2．生产企业物流成本的类型

（1）生产企业物流成本的构成

生产企业的主要目的是：生产满足市场某种需要的产品。为了进行生产活动，生产企业必须同时进行有关生产要素的购进和产品的销售；另外为保证产品质量，为消费者服务，生产企业还要进行产品的返修和废物的回收。因此，生产性企业物流成本是指企业在进行供应、生产、销售、回收等过程中所发生的运输、包装、保管、配送、回收方面的成本。与流通相比，生产企业的物流成本大都体现在所生产的产品成本之中，具有与产品成本的不可分割性。

生产企业的物流成本一般包括以下内容：

①供应、销售人员的工资及福利费；

②生产要素的采购费用，包括运输费、通联费、采购员的差旅费；

③产品的推销费，如广告宣传费；

④企业内部仓库保管费，如维护费、搬运费；

⑤有关设备、仓库的折旧费等；

⑥物流信息费；

⑦贷款利息；

⑧回收废弃物发生的物流费。

（2）生产企业物流成本的分类

①按物流成本支出的形式不同划分，可分为本企业支付的物流成本和他企业支付的物流成本两项。

1）本企业支付的物流费。是指企业在供应、销售、退货等阶段，因运输、包装、搬运、整理等发生的由企业自己支付的物流成本。它又可进一步分为自己支付和委托支付两种物流费。自己支付的物流成本包括材料费、人工费、燃料动力费、管理费、折旧费、利息支出费、维护保养费等；委托支付的物流成本包括运输费、手续费、保管费和包装费等。

2）他企业支付的物流成本。是指由于企业采购材料、销售产品等业务发生的由有关供应者和购买者支付的各种包装、发运、运输、验收等物流成本。

②按物流活动构成划分，可分为物流环节费、信息流通费和物流管理费。

1）物流环节费。是指产品实体在空间位置转移所流经环节而发生的成本，包括包装费、运输费、保管费、装卸费、流通加工费和配送费等。

2）信息流通费。是指为实现产品价值变换，处理各种物流信息而发生的成本，包括与库存管理、订货处理、为客户服务等有关的成本。

3）物流管理费。是指为了组织、计划、控制、调配物资活动而发生的各种管理费，包括现场物流管理费和机构物流管理费。

③按物流过程划分，可分为供应物流费、生产物流费、销售物流费、退货物流费、废品物流费。

1）供应物流费。是指企业为生产产品购买各种原材料、燃料、外购件等所发生的运输、装卸、搬运等成本。

2）生产物流费。是指企业在生产产品时，由于材料、半成品、成品的位置转移而发生的搬运、配送、收发收料等方面的成本。

3）销售物流费。是指企业为实现商品价值，在产品销售过程中所发生的储存运输、包装及服务成本。

4）退货物流费。是指产品销售后因退货、换货所引起物流成本。

5）废品物流费。是指因废品、不合格产品的物流所形成的物流成本。

三、物流成本的基本构成

物流成本主要由以下部分构成；

＊从事物流工作人员的工资、奖金及各种形式的补贴等；

＊物流过程中的物质消耗，如包装材料、电力、燃料等消耗，固定资产的磨损等；

＊物资在运输、保管等过程中的合理损耗；

＊属于再分配项目的支出，如支付银行贷款的利息等；

＊在组织物流的过程中发生的其他费用，如有关物流活动进行的旅差费、办公费等；

＊在生产过程中一切由物品空间运动（包括静止）引起的费用支出，如原材料、燃料、半成品、在制品、产成品等的运输、装卸搬运、储存等费用。

物流成本的类别分为按物流范围计算的成本、按支付形态计算的成本和物流功能计算的成本三种成本类别。

1．按物流范围计算的成本

物流成本以物流特性划分，可分为供应物流费、生产物流费、企业内物流费、退货物流费和废弃物流费等六种。供应物流费：是指从原材料采购到供应给购入者——制造业者这一物流过程中所需的费用。企业内物流费是指从产成品运输、包装开始到最终确定向顾客销售这一物流过程中所需的费用。销售物流费是指从确定向顾客销售到向顾客交货这一物流过程所需要的费用。退货物流费是指随售出产品的退货而发生的物流活动过程中所需要的费用。废弃物流费是指由于产品、包装或运输容器、材料等的废弃而发生的物流活动过程中所需要的费用。生产物流费，因包含在制造成本中，很难单独计算。

2．按支付形态计算的成本

物流成本按照财务会计中的费用分类，大体可划分为支付运费、仓库保管费等向企业外部支付的费用和人工费、材料费等企业内部物流活动的费用。材料费指包装材料费、燃料费以及消耗性工具、器具、备品费等随物品消耗而发生的费用。人工费指工资、补贴、奖金、杂费、退休金积累、福利费等劳务费用。公益费指向电力、煤气、自来水等提供公益服务部门支付的费用。维护费指使用和维护土地、建筑物、车辆、搬运工具等支出的维修费、消耗材料费、课税、租赁费、保险费等费用。一般经费指差旅费、交通费、会议费、招待费、教育费、杂费等一般支出。特别经费指采用不同财务会计计算方法所计算出来的物流费用。包括折旧费和企业内利息。委托物流费指向企业外支付的包装费、运费、保管费、出入库装卸费、手续费等物流业务费用。

3．按物流功能计算的成本

物流成本按照运输、储存、包装等物流功能进行分类，大体上分为物资流通费、信息流通费、物流管理费三类。也有人主张把物资流通费细分为包装费、运输费、保管费、装卸费、流通加工费，加上信息流通费和物流管理费共7类。

四、物流成本管理的内涵

物流成本管理就是对所有物流活动中发生的成本进行计划、分析、核算、控制与优化以达到降低物流总成本。加强物流成本的管理对降低物流成本，提高物流活动的经济效益具有十分重要的意义。首先，通过对物流成本的设计，可以了解物流成本的大小和它在生产成本中占的地位，从而提高企业内部对物流重要性的认识，并且从物流成本的分布，可以发现物流活动中存在的问题。其次，根据物流成本计算结果，制定物流计划，调整物流活动并评价物流活动效果，以便通过统一管理和系统优化降低物流费用。再次，根据物流成本计算结果，可以明确物流活动中不合理环节的责任者。总之，如能准确地计算物流成本，就可以运用成本数据大大提高物流管理的效率。

1．通过物流成本的计算，可以知道物流成本占企业生产总成本的份额。

2．通过物流成本可以发现物流活动存在的问题

所谓“存在问题”，是指现状与理想状态的某种标准进行比较存在的差距。要想通过物流成本检查问题是否存在，就需要有一个标准。这种标准应包括预算、标准成本或行业平均成本等。如在计算支付形态物流成本时，发现人工费很高，但仅仅发现存在的问题是不够的，还需要进一步计算出哪一范围、哪一种功能的人工费高，从而分析研究改善的措施。

3．根据物流成本的计算结果，制定物流计划、调整物流活动并对其效果进行评价

预算管理是制定、调整和评价计划的有效方法。物流预算对物流管理的作用是通过计划（预算）与实际（成本计算）的差别分析来体现的。把实施了的物流活动换算成成本，与预算相比较，根据其结果，反过来进行物流计划的调整、分析、评价，直至得到较满意的结果。

4．依据物流成本计算的结果，找出问题的所在从而能有针对性的加以改进，达到物

流的合理化

对于企业来讲，要实施现代化的物流管理，首要的是全面、正确地把握包括企业内外发生的所有物流成本在内的企业整体物流成本，也就是说，要削减物流成本必须以企业整体成本为对象。此外，在努力削减物流成本时应当注意不能因为降低物流成本而影响对用户的物流服务质量。特别是最近流通业中多频度、定时进货的要求越来越广泛，这就要求物流企业或部门能顺应流通发展的这种新趋向。

从当今先进企业的管理实践来看，对物流成本进行管理的总的思路是，不仅要把握企业对外的物流费用，更要掌握企业内部发生的物流费用，也就是说，从现代物流管理的观念来控制物流成本。具体地讲，对物流成本的计算，除了通常所理解的仓储、运输等传统物流费用外，还应当囊括流通过程中的基础设施投资、商品在库维持等一系列费用，诸如，配送中心的建设、EDI 等信息系统的构筑、商品在库存保管方面等相关的费用都是现代物流管理中重要的物流成本。除此之外，对投资费用也不能仅仅从利息这个角度来理解，而应当从该投资将来可能的收益或回报率分析。正因为如此，物流成本的管理不仅要考虑物流本身效率，而且还要综合考虑提高客户服务、削减商品在库以及与其他企业相比能取得竞争优势等各种因素，只有这样才有可能取得较高的投资回报率，从而在真正意义上降低整体物流成本。

五、物流成本管理的思路

1．从流通全过程的角度来降低物流成本

对于一个企业来讲，控制物流成本不仅是本企业的事，即追求本企业物流的效率化，而且还应该考虑从产品制成到最终用户整个供应链过程的物流成本效率化。例如，原来有些厂商是直接面对批发商经营的，很多物流中心是与批发商物流中心相吻合，从事大批量的商品输送。然而，随着零售业中便民店、连锁店的迅猛发展，客观上要求厂商必须适应这种新型的业态形式，展开直接面向零售店铺的物流活动，在这种情况下，原来的投资就有可能沉淀；与此同时又要求企业建立新型的符合现代流通发展要求的物流中心或自动化设施，这些投资尽管从本企业来看增加了物流成本，但从整个流通过程来看却大大提高了物流绩效。

2．通过实现供应链管理来降低物流成本

随着当今企业间竞争的激化，新型供应链物流管理体制不断得到发展与普及。新型的物流管理体制使得用户除了对价格提出较高的要求外，更要求企业能有效地缩短商品周转时期，真正做到迅速、准确、高效地进行商品管理。要实现上述目标，仅本企业的物流体制具有效率化是不够的，它需要企业协调与其他企业（如部件供应商等）以及客户、运输业者之间的关系，实现整个供应链活动的效率化。也正因为如此，追求成本的效率化不仅仅是企业中物流部门或生产部门的事，同时也是经营部门以及采购部门的事，亦即将降低物流成本的目标贯彻到企业所有职能部门之中。

3．通过提高对客户的物流服务来降低物流成本

提高对客户的物流服务是企业确保经济利益的最重要手段，从某种意义上来讲，提高客户服务是完全能有效地降低物流成本的。但是，超过必要量的物流服务不仅不能带来物流成本的下降，反而有碍于物流效益的实现。例如，随着多频度、少量化经营的扩大，对配送的要求越来越高，而在这种状况下，如果企业不充分考虑用户的产业特性和运送商品的特性，一味地开展商品的翌日配送或发货的小单位化，无疑将大大增加发货方的物流成本。所以，在正常情况下，为了既保证提高对客户的物流服务，又防止出现过剩的物流服务，企业应当在考虑用户产业特性和商品特性的基础上，与客户方充分协调、探讨有关配送、降低成本等问题。

4. 借助于现代信息系统的构筑降低物流成本

企业要在不断激化的竞争中取得成本上的竞争优势，必须与其他交易企业之间形成一种高效率的效果关系，即借助于现代信息系统的构筑，一方面使各种物流作业或业务处理能准确、迅速地进行；另一方面，能由此建立起物流经营战略系统，通过将企业定购的时间、数量、价格以及质量要求等信息在网络上进行传输，从而使生产、流通全过程的企业或部门分享由此带来的利益，充分对应可能发生的各种需求与变化，进而调整整个供应链的不同企业间的经营行为和计划，这无疑从整体上，控制了物流成本增加的可能性。

5. 通过效率化的配送降低物流成本

对应于用户的订货要求建立短时期、正确的进货体制是企业物流发展的要求。但是，伴随配送产生的成本费用要尽可能降低，特别是最近多频度、小单位配送的发展，更要求企业采用效率化的配送方法。一般来讲，企业要实现效率化的配送，就必须重视配车计划管理、提高装载率以及车辆运行管理。

(1) 配车计划管理

所谓配车计划是指与用户的订货相吻合，将生产或购入的商品按客户指定的时间进行配送的计划。对于生产商而言，如果不能按客户指定的时间进行生产，也就不可能在用户规定的时间配送商品，所以，生产商配车计划的制订必须与生产计划相联系来进行。同样，批发商也必须将配车计划与商品进货计划相联系开展。

当然，要做到配车计划与生产计划或进货计划相匹配，就必须构筑最为有效的配送计划信息系统。这种系统不仅仅是处理配送业务，而是在订货信息的基础上，从生产到发货全过程的业务系统。

特别是制造商为缩短对用户的商品配送，同时降低成本，必须通过这种信息系统制作配送计划，商品生产出来后，装载在车辆中进行配送。当车辆有限时，在提高单车装载量的同时，事先设计好行车路线以及不同路线的行车数量等，以求在配送活动有序开展的同时，追求综合成本的最小化。

(2) 提高装载率

在提高装载率方面，先进企业的做法是，将本企业取得的商品名称、容积、重量等数据输入到信息系统中，再根据用户的订货要求计算出最佳装载率。从总体上看，对于需求比较集中的地区，可以较容易地实现高装载率运输；对于需求相对较小的地区，可以通过共同配送来提高装载率。

(3) 车辆运行管理

提高车辆运行的一个有效方法是建立有效的货车追踪系统，即在车辆上搭载一个全球定位系统，通过这种终端与物流中心进行通信，一方面，对货物在途情况进行控制；另一方面，有效地利用空车信息、合理配车。

6．利用第三方物流降低物流成本

在控制物流成本方面，还有一种行为是值得注意的，那就是第三方物流。它是利用企业外部专业物流公司执行本企业的物流管理或产品分销职能的全部或部分，其范围可以是对传统运输或仓储服务的有限的简单购买，或者是广泛的，包括对整个供应链管理的复杂的合同。它可以是常规的，即将先前内部开展的工作外包；或者是创新的，有选择地补充物流管理手段，以提高物流效益。一个物流外包服务提供者可以使一个公司从规模经济、更多地门对门运输等方面实现运输费用的节约，并体现出利用这些专业人员与技术的优势。实际上，委托专业的物流公司的利益不仅局限于降低物流成本上，企业也能在服务和效率上得到许多其他改进，如增强战略行动的一致性、提高客户反应能力、降低投资需求、带来创新的物流管理技术和有效的渠道管理信息系统等等。

第二节　物流质量

在物流领域中，经常会出现很大的质量事故，如车祸造成货物及人员装备的损失，沉船造成全面巨大的损失，物流过程中丢失、损坏、变质、延误等事故都不仅使物流中货物数量受到损失，而且使货物质量损失，其结果，是使物流本身和企业经营活动两方面都受到挫折。

对于一个企业，物流是与外界系统的“接口”，物流质量直接与用户相关，从而也与本企业生命攸关的市场占有率相关，低劣的质量会使用户另寻其他合作伙伴从而会使企业的战略发展受挫。

物流质量低劣会使物流企业、承担物流责任的生产企业或公司、销售企业等各种类型企业遭到下述损失：

① 赔偿损失的支出；

② 处理索赔的行政、法律事务的支出；

③ 收回、重整再发送被退回货物的支出；

④ 时间耽误的机会损失及利息损失；

⑤ 公司或企业的信誉损失，会出现订货减少、合同条款不利等问题。特别值得提出的是，在物流国际化趋势越来越强，远程物流大规模化之后，质量观念比以往更加重要。其原因在于；大规模的物流，一次物流价值量十分巨大，例如，50 万吨的超级油轮或 4000 个箱位的集装箱船，整船价值可达几千万甚至几亿美元，一旦损失，如无保险，会造成一个中型公司的破产。这种损失远比物流量小的时候同类型损失大得多，这也是当今物流质量观念更为增强的原因。

一、质量的概念与内涵

1．“符合规格”质量定义

美国学者希瓦特在 1931 年出版的《制成品实用质量控制》一书中指出，质量管理的目的是以最低的成本，发现质量问题，采取改进措施。管理人员只能根据客观的质量标准，测量产品的质量。产品设计人员应根据客户的需要，确定产品的有形特点：确定产品质量管理方法和措施，使产品质量符合规格。“符合规格”质量定义的主要优点是根据规格衡量质量，比较简便。管理人员可根据产品符合规格程度，考核质量管理工作实绩。根据“符合规格”定义，确定质量管理措施，有助于企业降低成本，提高服务质量一致性。“符合规格”是最简明、最适当的质量定义。企业能正确理解客户的要求，采用“符合规格”定义，管理人员就能根据客观的标准，衡量服务质量，有效地提高生产效率和客户的满意程度。缺点是“符合规格”定义无法反映质量这个概念的丰富含义。

2．“符合期望”质量定义

美国哈佛大学教授莱维特认为，要提高服务质量和生产效率，企业必须采取服务工业化措施，应用技术管理思想，提高生产效率，降低成本，保证服务质量。服务人员应严格执行操作程序，为客户提供标准化服务。

“符合期望”质量定义的主要优点在于客户是质量的最终评审者。采用“符合期望”定义，管理人员就能在质量评估工作中，分析易量化的主观因素对客户评估的影响。这样，管理人员就能根据客户认为重要的因素判断产品或服务的质量。“符合期望”质量定义促使管理人员密切注视企业外部市场环境。管理人员及时发现客户期望变化，采取适当措施，使产品或服务符合或超过客户的期望。企业若能始终理解、提升并满足客户的期望，就能取得长期的竞争优势。缺点则在于“符合期望”是最复杂的定义。在实际工作中，不同的客户对产品或服务各种属性的重要性有不同的看法，管理人员很难根据客户不同的偏爱，确定对整个市场都适用的质量标准。

3．整体质量的概念

要全面理解产品和服务整体组合的质量定义，就不能只采用“符合规格”和“符合期望”质量定义。管理人员可根据产品和服务整体组合中的有形程度和定制化程度，确定质量定义。

（1）有形程度

产品是有形的，服务是无形的。管理人员可为有形的产品确定精确的规格，采用量化标准，衡量产品的质量。但是，管理人员却很难为无形的服务确定精确的质量标准。由于管理人员能完全控制生产过程中需要的各种资源和技术，因此管理人员规定的质量属性与客户的评估和消费行为存在明显对应关系，因而就很容易确定有形产品的质量标准。管理人员也可为无形服务确定量化标准，但是，由于服务过程和消费过程同时发生，管理人员往往无法在服务过程中衡量这些服务属性，而只能在服务工作结束之后考核服务质量。

（2）定制化程度

产品和服务的定制化程度不同。要为客户提供标准化服务企业必须统一操作程序，要为客户提供定制化服务，管理人员应鼓励员工根据客户的特殊需要，灵活地决定服务方法。定制化程度不同，质量的定义也不同。客户需要标准化服务，企业应根据客户需要的质量标准，为所有客户提供相同的服务。客户需要定制化服务，他们会根据自己的期望评价服务质量。企业必须根据每位客户的特殊需要为不同的客户提供不同的服务。

二、物流质量管理概念及主要内容

1. 物流质量的概念

物流质量的概念既包含物流对象的质量，又包含物流手段、物流方法的质量，还包含工作质量，因而是一种全面的质量观。物流质量管理的内容主要包括以下四大方面：

(1) 物流对象物的质量保护

物流对象物的保护包含：①数量保护。在物流过程中，物流对象物的散失、丢失，盗失等等，都会出现数量减少问题。物流责任者必须承担保护的责任，一般而言，对于贵重产品、包装产品用零损失的协议方式；对于大宗散货，货主与物流企业事先约定条件，认定一个散失率，由物流企业在允许范围内实现对用户的服务，如果超出限度，则应承担责任。在物流过程中，采用集装方式，能够最有效地保护对象物数量不受损失，同时，由于形成了一个整体的货载，也不需要在物流过程中经常进行清点，集装技术方式，有力地支持了物流过程中的质量管理。②质量保护。物流承担企业应该承担质量保护的责任，即保证物流对象物在物流过程中不发生超出约定的物理的、化学的、物理化学的、生物的质变化。对于不同的对象物，在物流过程中可能发生的质量变化是有区别的，因此这种质量保护必须针对不同的物流对象进行单独协议。在长距离、长时间的物流过程中，对各种质量变化的积累可能终造成物流过程的质量损失，对于一些特殊的物流对象物，例如国际物流中规模很大的石油、煤炭、粮食，进入物流过程中的易燃、爆、腐蚀、危险品，这个问题就要格外关注，对于物流责任企业来，需要专门的人才和技术力量、设施装备来解决质量保护的问题。③防止灾害。物流过程中最大的损失来自灾害，灾害有外部的，例灾害天气、环境、海难等等，有来自内部的，主要是物流对象物燃烧、爆炸等等，这是物流责任企业要特殊关注的问题。虽然物流过程中灾害性的损失往往可以获得赔付，在物流协议的时候，由于灾害性的损失都有事先的保险约定，但尽管如此，仍然是物流企业下大力气防范的问题。现代科学技术对灾害的防止和救援供了许多可以选择的手段，例如海上呼救和救援系统、全球卫星位系统等等。

(2) 物流服务质量

物流服务质量是物流质量管理的一项重要内容，这是因为物流业有极强的服务性质，物流业属于第三产业，说明其性质主要在于服务。所以，整个物流的质量目标，就是其服务质量。服务质量因不同用户而要求各异，这就需要掌握和了解用户要求。

一般来讲，物流服务普遍体现在满足用户要求方面，这一点难度是很大的，各个用户要求不同，这些要求往往超出企业的能力，要实现这些服务要求，就需要企业有很强的适应性及柔性，而这些又需要以强大的硬件系统和有效的管理系统支撑。当然，对服务的满足不能是消极被动的，因为有时候用户提出的某些服务要求，由于“交替损益”的作用，会增大成本或出现别的问题，这对用户实际是有害的，盲目满足用户的这种要求不是高服务质量的表现。物流承担者的责任是积极、能动地推进服务质量。

(3) 物流工作质量

工作质量指的是物流各环节、各工种、各岗位具体工作的质量。为实现总的服务质量，要确定具体的工作要求，以质量指标形式确定下来则为工作质量目标。这是将物流服务总的目标质量分解成各个工作岗位可以具体实现的质量。提高服务质量所做的技术、管理、操作等方面的努力工作质量和物流服务质量是两个有关联但又不大相同的概念。物流服务质量水平取决于各个工作质量的总和。所以，工作质量是物流服务质量的某种保证和基础。重点抓好工作质量，物流服务质量也就有了一定程度的保证。

(4) 物流工程质量

物流工程是流通领域及其他有物流活动领域的工程系统对应流通领域而言，是这一领域独特的工程系统，主要作用是支持流通活动，提高活动的水平并最终实现交易物的有效转移。物流工程是支撑物流活动的总体的工程系统，可以分成总体的网络工程系统和具体的技术工程系统两大类别。实际上，任何物流企业的物流运作，包括第三方物流企业接受外包的物流运作，不可能是空手运作，必须依靠有效的工程系统来实现这种运作。当然，工程系统有可能是自建的，世界上很多大型物流公司都有自己的仓库、配送中心、机场、货机等等工程设施；有些则需要依靠组织的办法来利用别人提供的工程设施，国家建设的物流设施基础平台，就是这么一种基础的工程设施。

很明显，工程设施的水平和质量，可以从根本上决定物流的水平和质量，采用大型集装箱联运系统之后，就基本杜绝了物流过程中单件货物的丢失，就是工程系统所起作用的实例。对于生产企业而言，其内部的物流很难利用国家提供的基础工程设施的平台，也很难利用社会上营业性的工程设施，在这种情况下就需要自己建设一套工程系统。这一套物流工程系统将会是决定企业物流水平的非常重要的基本因素。

所以，和产品生产的情况类似，物流质量不但取决于工作质量，而且取决于工程质量，优良的工作质量对于物流质量的保证程度，受制于物流技术水平、管理水平、技术装备。好的物流质量，是在整个物流过程中形成的，要想能“事前控制”物流质量，预防物流损失，必须对影响物流质量的诸因素进行有效控制。很明显，提高工程质量，是进行物流质量管理的基础工作，能提高工程质量，就能做到“预防为主”的质量管理。

物流质量主要由物流时间、物流费用和物流效率来衡量。我国物流业由于受多方面因素的影响，物流质量总体水平比较低。据有关资料介绍，工业生产中物流所占用时间几乎为整个生产过程的90%。在货物运输中，我国现行运输管理体制也制约了不同运输方式之间的高效衔接，一定程度上也减缓了物流速度。目前，全国铁路货运列车的平均技术速度仅为45公里/小时；因散装、集装箱运输技术尚未普及，装卸效率低，铁路货车中转停留时间约5小时。公路运输营运货车平均车日行程仅200公里左右，车辆工作率约60%。城市内运输由于道路面积增长与车辆增长不适应，车辆运输速度不断下降。在一些大城市，平均车速已下降到每小时15公里，严重影响了城市物流效率。

2．物流质量管理的特点

物流质量管理可以归纳出以下特点：

(1) 管理的对象全面；

(2) 管理的范围全面；

(3) 全员参加管理。

由于物流质量管理存在“全”特点，因此，全面质量管理的一些原则和方法，同样适用于物流质量管理。但应注意，物流是个大系统，在系统中各个环节之间的联系和配合是非常重要的。物流质量管理必须强调“预防为主”，明确“事前管理”的重要性，即在上一道物流过程就要为下一道物流过程着想，估计下一道物流过程可能出现的问题，加以预防。

物流质量管理必须满足两方面的要求：一方面是满足生产者的要求，因为物流的最终结果 必须保护生产者的产品能保质保量地转移给用户；另一方面是满足用户的要求，即按用户要求将其所需的商品送交。物流质量管理的目的，就是在“向用户提供满足要求的质量服务”和“以最经济的手段来提供”两者之间找到一条优化的途径，同时满足这两个要求。为此，必须全面了解生产者、消费者、流通者等各方面所提出的要求，从中分析出真正合理的、各方面都能接受的要求，作为管理的具体目标。从这个意义上来讲，物流质量管理可以定义为：“用经济的办法，向用户提供满足其要求的物流质量的手段体系。”

三、加强物流质量管理的基本途径

加强企业物流质量管理的主要措施如下：

1．根据全面质量管理理论，建立和完善企业物流质量管理的计量、评估体系，切实消除企业物流过程中的差错

2．积极引进现代质量管理理论和技术，提高质量管理水平

科学技术就是生产力，企业必须借助现代高新技术强化物流质量管理，要求企业真正认识技术推动的意义，大力开展技术创新活动。实际中，控制导向的企业与学习导向的企业采取不同方法。控制导向的企业采用基准比较法，了解其他企业的生产程序和质量标准，明确客户对产品质量的期望，并根据基准比较结果，采取改进措施。

3．运用有效的激励措施，实行全面质量管理

企业应根据客户需求环境的相对不确定性，运用有效的奖励和激励措施，激励员工提高学习能力和创新能力，鼓励员工承担风险，通过精心设计、认真实施的实验，探索减少差错的新方法。在大多数企业里，控制导向的质量管理措施与学习导向的质量管理措施相互补充，兼顾企业控制的需要和学习需要。企业必须不断地改进质量管理工作，以便不断地提高物流服务的质量。

4．企业应根据质量管理环境来确定质量管理措施

在质量管理文献中，许多学者认为所有企业都可以采用全面质量控制措施，企业只需加强全面质量控制，就能有效地做好质量管理工作。

四、物流质量管理的几个关键点

物流质量管理，是指科学运用先进的质量管理方法、手段，以质量为中心，对物流全过程进行系统管理，包括保证和提高物流产品质量和工作质量而进行的计划、组织、控制等各项工作。物流质量管理，也称为物流全面质量管理，这是因为物流质量管理需要采纳全面质量管理的观念，运用全面质量管理的方法，推行物流质量管理，需把握以下几个要点：

1．**服务性**

物流工作的中心任务就是提供服务，物流质量管理应把提高服务质量作为第一宗旨。为此，首先要明确服务对象及其所需，再以此作为开展物流质量管理工作的基本出发点。

（1）为生产者和用户服务

流通企业的物流工作有双重任务，一方面是满足生产者的要求，物流的结果，必须保证生产者生产的商品能完好无损地转移给用户，并及时向生产者反馈信息，促进其改进商品质量，或引导其生产适销对路的商品。另一方面，是满足用户的要求，即按用户要求集货、加工、配货、送货。

（2）物流内部服务

这是指把物流过程中的各个环节、各个工序之间的关系，都视为“供应与使用”的关系，即上一道作业环节视下一道作业环节为“用户”。每一道作业环节都按质量标准严格把关，达不到质量标准就不能转交下一道作业环节。如果交下去就等于把次品、废品“卖给了用户”，也就失去了质量信誉。因此，必须要树立“下道工序就是用户”的思想，不断提高工作质量。这里需要特别指出的是，并非服务质量越高就越好，服务水平应与经济效益紧密结合。通常情况下，服务水平越高，则成本越高，若把这些费用转移给用户，则用户很难接受，所以，如何满足各方面的质量要求，使服务水平与费用水平最佳组合，是物流质量管理成败的关键问题。

开展物流质量管理，必须紧紧把握住服务性，全面分析生产者、用户及物流内部等各方面要求的特点和内在联系，找出满足各方面要求的方法、手段、措施。

2．**预防性**

物流质量管理应突出强调“预防为主”、“事前控制”，把质量管理由传统的质量检验转变成以预防为主的质量控制，坚持“以防为主，防治结合”的质量管理原则，除尽可能地把影响质量的事故隐患（可控因素）消灭在萌芽中之外，还要对有可能影响质量的随机（不可控）因素，做到事先预测，提前制定好相应的防范措施，一旦事故发生，能予以及时补救。

3．**全面性**

（1）物流全过程管理

物流质量管理要对物流全过程进行质量管理，包括运输、保管、包装、装卸、流通加工、配送、信息等各个功能环节。不仅管理物流产品质量，而且管理物流工作质量，甚至还可以把成本管理纳入质量管理的范畴。可见，管理的范围和内容是广泛的，涉及物流全过程的各个方面，具有很强的全面性。

（2）全员管理

物流质量管理要求必须是全体人员参加的全员质量管理。这是因为物流与生产一样，要保证质量。不能只依赖哪个部门或少数几个人，必须要依靠相关环节中各部门全体职工的共同努力。实行全员管理，最重要的是要配以恰当的组织体系，加以支持和保证；二是树立“质量第一”、“服务至上”等思想观念，充分调动广大职工参与质量管理的积极性，发挥群体的智慧和作用。

4．**先进性**

推行物流质量管理，应谋求管理组织先进、管理方法先进和管理手段先进。首先要注意做好以下几项基础工作：

(1) 建立物流质量管理组织机构

任何一项工作的开展，都必须要有一定的组织机构予以保证，物流质量管理工作也是如此。建立物流质量管理组织，可与企业整个管理机构结合进行，应注意明确两种责任分工，即企业外物流和企业内物流。前者负责供应（进货）物流与销售物流，注重了解生产厂和用户的质量动态及对物流服务质量的要求，研究改进质量服务体系。衔接、协调好本企业与他们的关系，后者负责企业内物流，注重以提高服务质量为中心的企业内物流合理化，衔接、协调好物流部门与供销部门及物流各功能环节之间的关系，组织管理基层物流质量管理小组的各项活动。

(2) 强化信息工作

在抓好组织工作的同时，还要注意信息的处理与运用，即开发应用高效率的信息处理方法、技术和传递网络，并科学的加以运用，为管理者决策提供依据，及时掌握生产厂、用户和本企业的质量动态，依此指导物流服务工作，从而对物流全过程实行动态管理，它是形成高质量服务体系的基础，从而与物流质量管理相辅相成。

(3) 工作制度化

作业程序化、制度化、程序化是物流质量管理的一个重要手段，在制度化工作中，一是要建立健全各种工作的规章制度；二是要结合岗位责任制的制订，充实质量责任内容；三是应使诸如与主要生产厂和用户的联席会、同行业经验交流会、质量管理小组会制度化起来。在程序化工作中，要使物流的每项工作和作业都能按程序进行，包括为每项作业做流程设计，明确各工序实施的详细步骤与衔接方法，制定出相应的工作质量标准。

(4) 采用先进的技术方法

物流质量管理需要根据不同情况，采纳各种先进的管理技术方法，包括科学的管理组织。数理统计方法、“PDCA 循环”法及计算机等先进技术的使用。在硬技术建设方面，应进行科学的系统规划，逐步革新、改造原有的设施、设备。

第三节　物流标准化

一、物流标准化的概念及其内涵

标准化的一般定义是指“在经济、技术、科学及管理等社会实践中，对重复性事物或概念，通过制定、发布和实施标准，达到统一，以获得最佳秩序和社会效益”。物流标准化指以物流为一个大系统的标准化体系，包括系统设施、机械装备专用工具等各个分系统的技术标准；系统内各分领域如包装、装卸、运输等方面的工作标准；以系统为出发点，各分系统与分领域中技术标准与工作标准的配合性，按配合性要求，统一整个物流系统的标准；物流系统与相关其他系统的衔接与配合等等。由于物流横跨多个行业，涉及诸多专业技术领域，物流标准化的系统性、复杂性更为突出。

物流标准化的主要特点有以下几方面：

(1) 和一般标准化系统不同，物流系统的标准化涉及面更为广泛，其对象也不像一般标准化系统那样单一，而是包括了机电、建筑、工具、工作方法等许多种类。虽然处于一个大系统中，但缺乏共性，从而造成标准种类繁多，标准内容复杂，也给标准的统一性及配合性带来很大困难。

(2) 物流标准化系统是属于二次系统，这是由于物流及物流管理思想诞生较晚，组成物流大系统的各个分系统，过去在没有归入物流系统之前，早已分别实现了本系统的标准化。并且经多年的应用，不断发展和巩固，已很难改变。在推行物流标准化时，必须以此为依据，个别情况固然可将有关旧标准化体系推翻，按物流系统所提出的要求重建新的标准化体系，但通常还是在各个分系统标准化基础上建立物流标准化系统。这就必然从适应及协调角度建立新的物流标准化系统，而不可能全部创新。

(3) 物流标准化更要求体现科学性、民主性和经济性。科学性、民主性和经济性，是标准的“三性”，由于物流标准化的特殊性，必须非常突出地体现这三性，才能搞好这一标准化。科学性的要求，是要体现现代科技成果，以科学试验为基础，在物流中，则还要求与物流的现代化（包括现代技术及管理）相适应，要求能将现代科技成果联结成物流大系统。否则，尽管各种具体的硬技术标准化水要求颇高，十分先进，但如果不能与系统协调，单项技术再高也是空的，甚至还起相反作用。所以，这种科学性不但反映本身的科学技术水平，还表现在协调与适应的能力方面，使综合的科技水平最优。

民主性指标准的制订，采用协商一致的办法，广泛考虑各种现实条件，广泛听取意见，而不能过分偏重某一个国家，使标准更具权威、减少阻力，易于贯彻执行。物流标准化由于涉及面广，要想达到协调和适应，民主决定问题，不过分偏向某个方面意见，使各分系统都能采纳接受，就更具有重要性。

经济性是标准化主要目的之一，也是标准化生命力如何的决定因素，物流过程不像深加工那样引起产品的大幅度增值，即使通过流通加工等方式，增值也是有限的。所以，物流费用多开支一分，就要影响到一分效益，但是，物流过程又必须大量投入消耗，如不注重标准的经济性，片面强调反映现代科学水平，片面顺从物流习惯及现状，引起物流成本的增加，自然会使标准失去生命力。

(4) 物流标准化有非常强的国际性。由于经济全球化的趋势所带来的国际交往大幅度增加，而所有的国际贸易又最终靠国际物流来完成。各个国家都很重视本国物流与国际物流的衔接，在本国物流管理发展初期就力求使本国物流标准与国际物流标准化体系一致，若不如此，不但会加大国际交往的技术难度，更重要的是在本来就很高的关税及运费基础上又增加了因标准化系统不统一所造成的效益损失，使外贸成本增加。因此，物流标准化的国际性也是其不同于一般产品标准的重要特点。

(5) 贯彻安全与保险的原则。物流安全问题也是非常突出的问题，往往是一个安全事故会将一个公司损失殆尽，几十万吨的超级油轮、货轮遭受灭顶损失的事例也并不乏见。当然，除了经济方面的损失外，人身伤害也是物流中经常出现的，如交通事故的伤害，物品对人的碰、撞伤害，危险品的爆炸、腐蚀、毒害的伤害等。所以，物流标准化的另一个特点是在物流标准中对物流安全性、可靠性的规定和为安全性、可靠性统一技术标准、工作标准。

物流保险的规定也是与安全性、可靠性标准有关的标准化内容。在物流活动中，尤其在国际物流中，都有世界公认的保险险别与保险条款，虽然许多规定并不是以标准化形式出现的，而是以立法形式出现的，但是，其共同约定、共同遵循的性质，是通用的，是具有标准化内含的，其中不少手续、申报、文件等都有具体的标准化规定，保险费用等的计算也受标准规定的约束，因而物流保险的相关标准化工作，也是物流标准化的重要内容。

二、物流标准种类

1. 大系统配合性、统一性标准

(1) 基础编码标准

是对物流对象物编码，并且按物流过程的要求，转化成条形码，这是物流大系统能够实现衔接、配合的最基本的标准，也是采用信息技术对物流进行管理和组织、控制的技术标准。在这个标准之上，才可能实现电子信息传递、远程数据交换、统计、核算等物流活动。

(2) 物流基础模数尺寸标准

基础模数尺寸指标准化的共同单位尺寸，或系统各标准尺寸的最大公约尺寸。在基础模数尺寸确定之后，各个具体的尺寸标准，都要以基础模数尺寸为依据，选取其整数倍数为规定的尺寸标准。由于基础模数尺寸的确定，只需在倍数系列进行标准尺寸选择其他的尺寸标准，这就大大减少了尺寸的复杂性。物流基础模数尺寸的确定不但要考虑国内物流系统，而且要考虑到与国际物流系统的衔接，具有一定难度和复杂性。

(3) 物流建筑基础模数尺寸

主要是物流系统中各种建筑物所使用的基础模数，它是以物流基础模数尺寸为依据确定的，也可选择共同的模数尺寸。该尺寸是设计建筑物长、宽、高等尺寸，门窗尺寸，建筑物柱间距，跨度及进深等尺寸的依据。

(4) 集装模数尺寸

是在物流基础模数尺寸基础上，推导出的各种集装设备的基础尺寸，以此尺寸作为设计集装设备三向尺寸的依据。在物流系统中，由于集装是起贯穿作用的，集装尺寸必须与各环节物流设施、设备、机具相配合，因此，整个物流系统设计时往往以集装尺寸为核心，然后，在满足其他要求前提下决定各设计尺寸。因此，集装模数尺寸影响和决定着与其有关各环节标准化。

(5) 物流专业名词标准

为了使大系统有效配合和统一，尤其在建立系统的情报信息网络之后，要求信息传递异常准确，这首先便要求专用语言及所代表的涵义实现标准化，如果同一个指令，不同环节有不同的理解，这不仅会造成工作的混乱，而且容易出现大的损失。物流专业名词标准包括物流用语的统一化及定义的统一解释。

(6) 物流单据、票证的标准化

物流单据、票证的标准化，可以实现信息的录入和采集，将管理工作规范化和标准化，也是应用计算机和通信网络进行数据交换和传递的基础标准。它可用于物流核算、统计的规范化，是建立系统情报网、对系统进行统一管理的重要前提条件，也是对系统进行宏观控制与微观监测的必备前提。

(7) 标志、图示和识别标准

物流中的物品、工具、机具都是在不断运动中，因此，识别和区分便十分重要，对于物流中的物流对象，需要有易于识别的又易于区分的标识，有时需要自动识别，这就可以用复杂的条形码来代替用肉眼识别的标识。

(8) 专业计量单位标准

除国家公布的统一计量标准外，物流系统还有许多专业的计量问题，必须在国家及国际标准基础上，确定本身专门的标准，同时，由于物流的国际性很突出，专业计量标准还需考虑国际计量方式的不一致性，还要考虑国际习惯用法，不能完全以国家统一计量标准为惟一依据。

2．分系统技术标准

主要有：运输车船标准、作业车辆标准、传输机具标准、仓库技术标准；包装、托盘、集装箱标准，包括包装、托盘、集装系列尺寸标准，包装物标准，货架储罐标准等。

三、物流标准化的基点

1．集装是物流标准化基点

物流是一个非常复杂的系统，涉及的面又很广泛，过去，构成物流这个大系统的许多组成部分也并非完全没有标准化，但是，这往往只形成局部标准化或与物流某一局部有关的横向系统的标准化。从物流系统来看，这些互相缺乏联系的局部的标准化之间却缺乏配合性，不能形成纵向的标准化体系。所以，要形成整个物流体系的标准化，必须在这个局部中寻找一个共同的基点，这个基点能贯穿物流全过程，形成物流标准化工作的核心，这个基点的标准化成了衡量物流全系统的基准，为各个局部的标准化的准绳。

为了确定这个基点，人们将进入物流领域的产品（货物）分成了三类，零杂货物、散装货物与集装货物。这三类的标准化难易程度是不同的。

零杂货物及散装货物在物流的“结点”上，例如在换载、装卸时，都必然发生组合数量及包装形式的变化，因此，要想在这些“结点”上实现操作及处理的标准化，那是相当困难的。

集装货物在物流过程的始终都是以一个集装体为基本单位，其包装形态在装卸、输送及保管的各个阶段都基本上不会发生变化，也就是说，集装货物在结点上容易实现标准化的处理。至于零杂货物的未来，一部分可向集装靠拢，向标准包装尺寸靠拢；另一部分还会保持其多样化的形态而难以实现标准化。

所以，不论是全球物流还是国内物流，都可以肯定讲：集装系统是使物流全过程贯通而形成体系，是保持物流各环节上使用的设备、装置及机械之间整体性及配合性的核心，所以，集装系统是使物流过程连贯而建立标准化体系的基点。

2．物流全系统标准化取决于和集装的配合性

具体来讲，以集装系统为物流标准化的基点，这个基点的作用之一，就是以此为准来解决全面的标准化。因此，必须实现集装与物流其他各个环节之间的配合性。其中包括：

（1）集装与生产企业最后工序（也是物流活动的初始环节）——包装的配合性

包装尺寸和集装尺寸的关系应当是：集装是包装尺寸的倍数系列，而包装是集装尺寸的分割系列。

（2）集装与装卸机具、装卸场所、装卸小工具（如吊索、跳板等）的配合性

（3）集装与仓库站台、货架、搬运机械、保管设施乃至仓库建筑（净高度、门高、门宽、通路宽度等）的配合性

（4）集装与保管条件、工具、操作方式的配合性

（5）集装与运输设备、设施，如运输设备的载重、有效空间尺寸等的配合性

在以集装为基本物流单位的物流系统中，经常有许多基本集装单位进一步组合成大集装单位或输送保管单位的情况。例如，将集装托盘货载放入大型集装箱或国际集装箱，就组成了以大型集装箱或国际集装箱为整体的更大的集装单位；将集装托盘货载或小型集装箱放入卡车车厢、货车车厢，就组成了一个大的运输单位等。如果形成了倍数系列的尺寸关系，就能提高装运的密度和形成坚实的货垛。

（6）集装与末端物流的配合性

随着整个经济活动越来越以消费者（再生产者）的需要为转移，消费者的地位越来越强固，质量管理、生产管理、成本管理等经济管理活动都确立了“用户第一”的基本观念，这种观念在物流活动中的反映，就是末端物流越来越受到重视。末端物流是送达给消费者的物流，因此是以消费者的旨趣为转移的 。一般说来，占消费者中大多数的零星消费者的要求，是逆规格化方向而行的，消费者追求多样化，这就使多样化的末端物流与简单化的主体物流（集装系统）的配合性出现困难，集装物流转变为末端物流，要对简单性的集装进行多样化的分割，以解决集装的简单化与末端物流多样化要求的矛盾。衔接消费者的“分割系列”与衔接生产者的“倍数系列”有时是有矛盾的，标准化要解决的就是要选择最优。

（7）集装与国际物流的配合性

从国际经济交往来讲，由于我国是“后发性”国家，以国际标准为主体和国际标准接轨是我们集装标准化应该做的事情。其中最重要的是和国际海运集装箱接轨。这个接轨可以使国际海运集装箱通过我国的铁路和公路运输直达内地，从而充分发挥集装箱联运“门到门”的优势。

四、物流的尺寸标准

1．物流基础模数尺寸

物流基础模数尺寸考虑的基点主要是简单化，基础模数尺寸一旦确定，设备的制造、

设施的建设、物流系统中各环节的配合协调、物流系统与其他系统的配合就有所依据。ISO 中央秘书处及欧洲各国已基本认定 600×400（毫米）为基础模数尺寸。

由于物流标准化系统较之其他标准系统建立较晚，所以，确定基础模数尺寸主要考虑了目前对物流系统影响最大而又最难改变的事物，即输送设备。采取“逆推法”，由输送设备的尺寸来推算最佳的基础模数。当然，在确定基础模数尺寸时也考虑到了现在已通行的包装模数和已使用的集装设备，并从行为科学的角度研究了人及社会的影响。从其与人的关系看，基础模数尺寸是适合人体操作的最高限尺寸。

2．**物流模数**

物流模数即集装基础模数尺寸。物流标准化的基点应建立在集装的基础之上，所以，在基础模数尺寸之上，还要确定集装基础模数尺寸（即最小的集装尺寸）。ISO 对物流标准化的重要模数尺寸方案如下：

①物流基础模数尺寸：600×400（毫米）；

②物流模数尺寸（集装基础模数尺寸）：1200×1000（毫米）为主，也允许 1200×800（毫米）及 1100×1100（毫米）。

③物流基础模数尺寸与集装基础模数尺寸的配合关系，如图 9－1 所示。

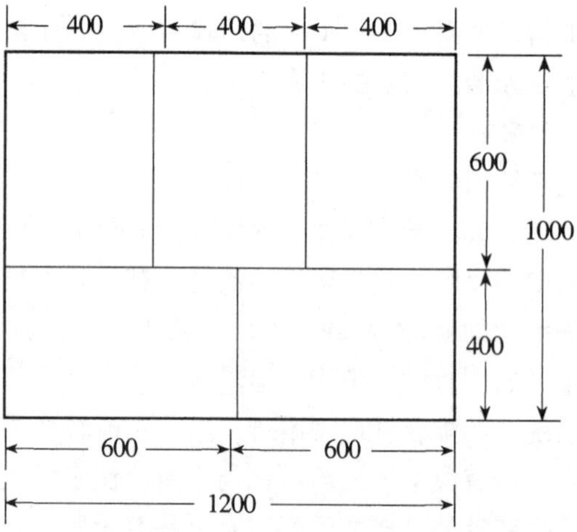

图 9－1　基础模数尺寸的配合关系

第十章　物流相关法规与国际公约

物流系统的建立需要很多支撑手段，尤其是处于转轨时期的复杂社会经济系统中，要确定物流系统的地位，确定物流产业的发展方向，要协调与其他方方面面和诸多系统的关系，物流系统支撑要素就必不可少。而物流系统支撑要素无外乎物流系统的体制和制度、法律和法规、政策和命令、系统标准化，而物流系统支撑要素中最直接、最基本、最稳固的要素就是法律和法规，也是最容易为人们所接受和信赖的要素。物流活动必须在法律允许的范围内进行，因此，从事物流业经营和参与物流活动的各方，对物流涉及的法律问题应该有一个全面而概括的了解。本章对物流相关的一些法规和国际公约作一些基础性的介绍。

第一节　法规与公约对物流活动的影响

一、物流活动行为受法律规范

总体上看，物流活动中所涉及的法律面非常广泛，有关的法律、法规、公约在内容上也具有复杂性和多样性的特点。此外，物流按活动的范围又可分为全球（国际）物流和国内物流，这两种物流形态适用于不同的法律体系。而且随着全球经济一体化的进程，这两种物流在很多情况下又互有交叉和重叠。

1．物资的流动受到法律的制约

物资本身的流通，要受到国家法律法规的约束，有的物资可以自由流通，有的物资法律限制其流通，还有的物资被法律禁止流通；有的物资可以在国内流通却不能在国外流通，有的物资的流通要根据政府间的协议满足一定的条件才能流通，等等。

2．运输工具的运行要遵守相应的规则

运输作为物流的重要环节，受到法律法规的制约。运输工具在水上、陆上、空中各种通道中运行要遵守一定的规则。以水运为例，运输经营人的行为要受到水上运输法规、港口航道安全管理和海事监督方面的规定的制约。在国际水域航行要遵守海洋法公约、国际防污染公约、海上人命救助公约等的规定。

陆上运输、航空运输也具有相应的针对运输工具的法规，而运输工具作为货物的载体，其正常运行对保证货物顺利运达至关重要。

3．承运人与托运人各自行为要有规范

运输行为中为规范承运人和托运人的行为，一方面各国有运输法规进行制约，国际上也有针对不同运输方式的公约可以适用，另一方面承托双方要根据各自意愿进行磋商、签订运输合同。这样，运输合同双方的行为便在法律规定和合同约定的范围内得到规范，双方的利益也在相当的程度上达到了平衡。比如，按照我国海商法和有关海上运输的国际公约的规定，海上承运人应当承担相应的义务并可以享受责任限制的权利，承运人任何想要解除自己的基本义务或降低损失赔偿的最低标准的做法都是无效的。

4．货物、运输工具进出国境受到口岸法规的制约

国际物流必须要经过口岸进出国境，任何对货物或运输工具的监管，都会影响物流的实现并影响物流的速度和效率。

5．物流活动的其他环节同样受到法规的制约

物流活动的其他环节，指储存、装卸、搬运、包装、流通加工、配送、信息处理等，由于这些活动主要在国内进行，因此更多地受到国内法规的制约。但这也不是绝对的，比如包装活动的要求就需要根据贸易和运输的具体情况适用于不同的规定。此外信息处理中既要适用国内的法规又要符合国际通用的准则。

二、物流业发展需要法律支持

物流的发展需要通过各方面的努力和协调，其中政府的作用是十分重要。政府要在政策、规划、立法及财政等方面给予支持，制定有利于物流发展的产业政策及标准，加强和完善物流相关的立法工作，促进物流市场体系的形成，为物流业创造有序竞争的环境，促进物流业健康发展。

至今，国内尚未有一部关于物流行业的综合性法律或法规，有关的技术标准、服务标准体系也尚未建立。国家应逐步完善物流发展的宏观政策和法规，以规范物流市场行为、统一物流技术和管理标准，为物流发展提供保障，为各类企业创造一个公平、透明的市场竞争环境。

我国经济活动中，过去因法律体系不健全，管理比较混乱。物流业发展同样也存在政策和体制方面的障碍，行业垄断、部门分割和地区保护在一定程度上依然存在，现有的管理规章和政府行为方式还不能适应现代物流业的发展需要。我国已在2001年底正式加入世贸组织，如果法律和制度建设跟不上形势发展的需要，那么经济的发展不仅会受到制约，而且会产生负面的影响。这是因为入世后，关税水平降低，非关税的数量限制减少，对外商的吸引力加大，加之各个领域全面对外开放，外资企业将大量进入中国，必然对物流服务产生更多的需求。

中国入世的有关法律文件承诺，加入WTO后三年内，取消对外资参与佣金代理及批发业务和零售服务的领域、股权、数量限制，取消对外资参与特许经营的所有限制，加入后五年内取消对外资参与分销领域的所有限制。与物流相关的行业领域，包括国际运输、海运理货服务、海运报关服务、集装箱堆场服务、船务代理服务、内水货运服务、公路卡车和汽车货运服务、铁路货运服务、货物运输代理服务以及仓储服务等领域都列出了明确的开放时间表。运输业尤其是货运业实际上已全面开放。可以预见，国内外物流企业为争夺市场将展开激烈的竞争。这样的形势，更要求有相应法规保障良好的市场竞争环境。

物流标准化是物流发展的基础，现代物流强调功能和作业流程。但我国目前还缺乏配套统一、协调一致的物流技术标准体系，由于在物流设施、技术装备、管理规程、信息交换等方面没有统一标准，严重影响了物流运作的规范性及效率。为此，国家将尽快制定并建立与国际接轨的现代物流的国家标准体系。物流标准的范围和内容将覆盖相关领域，包括物流基础设施标准、物流技术装备标准、物流管理流程标准、物流信息化标准等，逐步形成我国现代物流业的技术标准化体系。

从2000年起国家开始着手清理原有法规，废止了一些不适应新形势的部门规章和政府法令，修改了一些法律的条文，并为适应形势发展而制定了新的法律法规，各种标准也在修订更新，这必将为物流业的健康发展营造良好的政策法规环境。新的法律体系的建立与完善尽管还需要继续努力，但是已经产生了一定的积极影响，并且将在今后产生更大的影响。

第二节　物流中法律问题的广泛性与多样性

物流法规是一个相关法规的集合体，具有广泛性、多样性和复杂性。

一、物流活动的范围可以很大

物流活动可以是在一定的区域范围内，也可以在全球范围内进行，因此才有所谓企业物流、国内物流、地区物流和全球物流之分。由于物流强调产供销作为有机整体而存在，强调资源配置和利用，强调全球范围内生产合理布局和规划等，因此随着经济全球化，许多企业的物流战略发生了变化。世界上大型跨国公司的物流供应链一般都要涉及到多个国家，而且物资的流动更频繁，跨越的地理范围也更大。大规模的物资在全球范围内有序流动的结果是使产供销更紧密地联系在一起，因此降低企业成本、节省社会资源、达到良好的经济效果。

二、物流活动的内容十分广泛

物流活动是一项综合和系统性的活动，其内容包括顾客服务、订单和信息处理、运输、储存、装卸、搬运、包装、流通加工等，而且对于企业而言，有供应物流、生产物流、销售物流，还有回收物流、废弃物物流等，可以说涉及到货物买卖、保险、运输、储存、包装、加工服务、配送、装卸、短距离搬运、信息安全，甚至环境保护等众多领域。因此涉及的法规内容丰富、体系庞大。仅以合同法所规范的内容而言，物流活动中物流供应商和客户之间就可能涉及到多种合同。合同当事人除了遵守合同法总则中一般义务、责任和权利的规定外，在具体合同下，就要按照针对具体情况的分则中的要求行事。

三、物流活动有众多的参与者

物流活动的参与者涉及到不同行业、不同部门，如仓储经营者、包装服务商、各种运输方式的承运人、装卸业者、承揽加工业者、配送商、信息服务供应商、公共网络经营人等。他们的活动既受社会经济活动一般准则的制约，又要受到行业法规和惯例的制约。例如，运输中承运人因拥有不同的运输工具，而从事不同运输方式的经营，在国内受到国内法律法规的制约，在国外要遵守国际公约的规定和符合国际惯例的要求。

四、物流法规具有广泛性、综合性和多样性

物流法规的内容广泛且综合，在层次和表现形式上又具有多样性。法律法规有许多表现形式，有国家正式颁布的法律，有政府最高机构发布的法令、各主管部门发布的法规、章程或办法，还有强制性标准或技术法规。不同的表现形式使法规的层次有高低，内容也可能有交叉。物流的范围和活动内容决定了规范物流活动的法规不可能限于某一类型或某一层次。

通常，法律法令具有强制力；部门规章起到补充和帮助法律实施的作用，当与国家法律有冲突时，相关的规定将是无效的，而应以法律为准。至于各类标准则根据其是否具有强制性而在使用中有不同效力。此外，当物流活动在世界范围内进行时，要受到国际公约的制约并遵守相应的国际惯例。也就是说，国际物流和国内物流受制于不同的法律体系，前者适用于国际公约和惯例，后者适用国内法律法规、标准章程等。正因为如此，物流的法律法规公约在适用时可能会产生不一致的情况。有的在形式和内容上都相互独立，有的在形式上相互独立内容上互有交叉。

五、物流的针对性立法有相当难度

由于上述各种原因，针对物流制定单独的法律或规章的难度极大。与国际上物流发展较早的国家相比，我国的物流业仍处于发展初期或推广阶段，整体上的成熟理念远未形成。一部法律或法规也确实难以包容物流这么复杂和内容庞杂的活动所涉及的各个方面。

第三节　物流相关的法律框架概述

我国目前规范经济活动的法律框架主要有以下几个构件。第一是法律，指全国人大通过，以国家主席令形式发布的法律文件。第二是法令，或称行政法规，即由国务院常务会议通过，以国务院令的形式发布的法律文件。第三是法规或称部门规章，由政府各行业主管部门制定，以部、委、局令形式发布的法律文件。第四是国家标准，由国家质量技术监督管理部门组织制定、批准和发布。其中有一些强制性标准属于国家的技术法规，其他标准本身虽不具有强制性，但因标准的某些条文由法律赋予强制力而具有技术法规的性质。第五是国际公约，由国际组织制定，各国签字加入成为缔约国。对我国有约束力的是那些我国已正式加入的公约，另一些未加入的公约对我国企业或组织在国际上的活动也具有一定影响。第六是国际惯例，是经过长期的国际实践形成的习惯性规范，成文的国际惯例由某些国际组织或商业团体制订，各方可加以自由引用，自愿受其约束，属于非强制性规范。第七是国际标准，由国际组织制定，本身没有强制力（国际标准均为推荐性标准），但国际公约常将一些国际标准作为公约附件，从而使其对缔约国构成约束，如国际标准化委员会〈ISO〉、国际电工委员会（IEC）等制定的针对产品和服务的质量及技术要求的标准就是这样。物流的法律框架是由物流活动本身的内涵和外延决定的。物流跨越众多行业，涉及面非常广泛。物流与供应链的结合更使物流外延触及厂商的供应和销售。在构成

物流活动的系统和子系统中，各项活动所涉及的法律法规和公约有如下几个部分，它们构成了物流活动的法律框架。

一、与厂商供货和销售相关的部分

这一部分的活动主要是物流与供应链相结合形成的与物资的供应和销售相关的法律法规的集合。主要涉及了国际贸易相关的国内法律、法规与国际公约惯例，同时涉及到与内贸物资的流通相关的货物买卖双方的行为规范。由于货物的买卖必须遵守政府对贸易货物所设的限制条件，涉及到买卖双方的责任、义务，比如货物交接的方式、时间、地点、风险分担，以及如何保证货物的质量，使货物受到良好的保护，保证流通过程中不发生灭失、损坏等等。

法律层面的规定，主要有《中华人民共和国对外贸易法》、《中华人民共和国合同法》、《中华人民共和国产品质量法》、《中华人民共和国进出口商品检验法》等。法令有《中华人民共和国货物进出口管理条例》、《中华人民共和国出口货物原产地规则》等。法规层面的文件有《出口许可证管理规定》、《货物进口许可证管理办法》、《出口商品配额管理办法》、《货物自动进口许可管理办法》、《货物进口指定经营管理办法》、《机电产品进口管理办法》、《机电产品进口配额管理实施细则》、《特定机电产品进口管理实施细则》以及《机电产品自动进口许可管理办法》、《纺织品被动配额管理办法》等。

国际公约有《联合国国际货物销售合同公约》。国际惯例有《国际贸易术语解释通则》以及《跟单信用证统一惯例》等。

二、包装、仓储、运输、流通加工相关的部分

这部分适用的法律、法规、公约缺乏独立性，即有许多相关的法律法规公约，但具有非针对性的特点。主要以贸易、运输方面的法规公约所涉及的相应要求为基础。包装方面具体是按现有的相关标准的要求进行作业和检验。仓储方面我国《合同法》有专门的分则，此外也有国家标准。流通加工则主要以《合同法》中承揽合同分则的规定为准。

涉及到包装、仓储、流通加工的法律、法规、标准、公约主要有《中华人民共和国合同法》、《中华人民共和国海商法》、《中华人民共和国铁路法》、《中华人民共和国航空法》、《水运危险货物规则》、《危险化学品安全管理条例》、《一般货物运输包装通用技术条件》、《危险货物包装通用技术条件》、《危险货物包装标志》、《包装储运图示标志》、《运输包装件基本试验》、《联合国国际货物销售合同公约》、《国际贸易术语解释通则》以及《国际海运危险货物规则》等。

三、装卸、搬运相关的部分

装卸搬运较少有独立的针对性的法律法规，多数是与运输、仓储等适用的法律法规相关。如《中华人民共和国海商法》、《中华人民共和国铁路法》、《中华人民共和国航空法》、《中华人民共和国合同法》、《铁路货物运输管理规则》、《汽车货物运输规则》、《国内水路货物运输规则》等。较有针对性的法规、标准或公约有《港口货物作业规则》、《铁路装卸作业安全技术管理规则》、《铁路装卸作业标准》、《汽车危险货物运输、装卸作业规程》、

《国际贸易运输港站经营人赔偿责任公约》、《国际海协劳工组织装箱准则》等。

四、与运输相关的部分

运输是现代物流的重要组成部分，有关运输的法律法规比较健全，体系也很庞大，运输法规中涉及货物运输和交接方面的具体法律有《中华人民共和国海商法》、《中华人民共和国铁路法》、《中华人民共和国航空法》、《中华人民共和国合同法》运输合同分章。相应的法规主要有《中华人民共和国国际海运条例》及其实施细则、《国内水路货物运输规则》、《铁路货物运输管理规则以及《汽车货物运输规则》、《中国民用航空货物国际运输规则》、《国际货运代理业管理规定》及其实施细则等。当然其他还有一些更细的规定，如《危险货物运输规则》、《集装箱运输规则》等，在各种运输方式下都有自己独立的法规，在此不一一列举。

货物运输交接有关的国际公约有《海牙规则》、《维斯比规则》、《汉堡规则》、《铁路货物运输国际公约》、《国际公路货物运输合同公约》、《华沙公约》、《海牙议定书》等。

总体上看，物流的法律框架中运输部分的法律法规和公约，体系最为完整、线条也最为清晰，而且规定比较详细。

五、口岸监督与管理的部分

由于口岸管理涉及到国家的重大利益，因此是物流法律框架中重要的一部分。与物流相关的口岸管理方面的法律有《中华人民共和国海关法》、《中华人民共和国国境卫生检疫法》、《中华人民共和国食品卫生法》、《中华人民共和国进出境动植物检疫法》、《中华人民共和国进出口商品检验法》。

法规主要有《中华人民共和国海关法行政处罚实施细则》、《中华人民共和国进出口关税条例》、《中华人民共和国海关稽查条例》、《保税区海关监管办法》、《中华人民共和国海关关于转关货物监管办法》、《中华人民共和国海关对暂时进口货物监管办法》、《关于大型高新技术企业适用于便捷通关措施的审批规定》、《中华人民共和国国境卫生检疫法实施细则》、《中华人民共和国进出境动植物检疫法实施条例》、《进口许可制度民用商品入境验证管理办法》、《进出境集装箱检验检疫管理办法》、《中华人民共和国商品检验法实施条例》、《出口食品卫生管理办法》等。

口岸管理有关的国际公约有《国际卫生条例》、《协商商品名称和编码制度的国际公约》、《货物暂准进口报关手册的海关公约》、《伊斯坦布尔公约》、《关于货物实行国际转运或过境运输的海关公约》、《国际公路车辆运输规定》、《集装箱关务公约》、《关于简化和协调海关业务制度的国际公约》及其附约《关于设立海关合作理事会的公约》等。

附录 1

中华人民共和国国际海运条例

第一章 总 则

第一条 为了规范国际海上运输活动，保护公平竞争，维护国际海上运输市场秩序，保障国际海上运输各方当事人的合法权益，制定本条例。

第二条 本条例适用于进出中华人民共和国港口的国际海上运输经营活动以及与国际海上运输相关的辅助性经营活动。

前款所称与国际海上运输相关的辅助性经营活动，包括本条例分别规定的国际船舶代理、国际船舶管理、国际海运货物装卸、国际海运货物仓储、国际海运集装箱站和堆场等业务。

第三条 从事国际海上运输经营活动以及与国际海上运输相关的辅助性经营活动，应当遵循诚实信用的原则，依法经营，公平竞争。

第四条 国务院交通主管部门和有关的地方人民政府交通主管部门依照本条例规定，对国际海上运输经营活动实施监督管理，并对与国际海上运输相关的辅助性经营活动实施有关的监督管理。

第二章 国际海上运输及其辅助性业务的经营者

第五条 经营国际船舶运输业务，应当具备下列条件：

（一）有与经营国际海上运输业务相适应的船舶，其中必须有中国籍船舶；

（二）投入运营的船舶符合国家规定的海上交通安全技术标准；

（三）有提单、客票或者多式联运单证；

（四）有具备国务院交通主管部门规定的从业资格的高级业务管理人员。

第六条 经营国际船舶运输业务，应当向国务院交通主管部门提出申请，并附送符合本条例第五条规定条件的相关材料。国务院交通主管部门应当自受理申请之日起 30 日内审核完毕，做出许可或者不予许可的决定。予以许可的，向申请人颁发《国际船舶运输经营许可证》；不予许可的，应当书面通知申请人并告知理由。

国务院交通主管部门审核国际船舶运输业务申请时，应当考虑国家关于国际海上运输业发展的政策和国际海上运输市场竞争状况。

申请经营国际船舶运输业务，并同时申请经营国际班轮运输业务的，还应当附送本条例第十七条规定的相关材料，由国务院交通主管部门一并审核、登记。

第七条 经营无船承运业务，应当向国务院交通主管部门办理提单登记，并交纳保证金。

前款所称无船承运业务，是指无船承运业务经营者以承运人身份接受托运人的货载，签发自己的提单或者其他运输单证，向托运人收取运费，通过国际船舶运输经营者完成国际海上货物运输，承担承运人责任的国际海上运输经营活动。

在中国境内经营无船承运业务，应当在中国境内依法设立企业法人。

第八条 无船承运业务经营者应当在向国务院交通主管部门提出办理提单登记申请的同时，附送证明已经按照本条例的规定交纳保证金的相关材料。

前款保证金金额为 80 万元人民币；每设立一个分支机构，增加保证金 20 万元人民币。保证金应当向中国境内的银行开立专门账户交存。

保证金用于无船承运业务经营者清偿因其不履行承运人义务或者履行义务不当所产生的债务以及支付罚款。保证金及其利息，归无船承运业务经营者所有。

专门账户由国务院交通主管部门实施监督。

国务院交通主管部门应当自收到无船承运业务经营者提单登记申请并交纳保证金的相关材料之日起 15 日内审核完毕。申请材料真实、齐备的，予以登记，并通知申请人；申请材料不真实或者不齐备的，不予登记，书面通知申请人并告知理由。已经办理提单登记的无船承运业务经营者，由国务院交通主管部门予以公布。

第九条 经营国际船舶代理业务，应当具备下列条件：

（一）高级业务管理人员中至少 2 人具有 3 年以上从事国际海上运输经营活动的经历；

（二）有固定的营业场所和必要的营业设施。

第十条 经营国际船舶代理业务，应当向国务院交通主管部门提出申请，并附送符合本条例第九条规定条件的相关材料。国务院交通主管部门应当自收到申请之日起 15 日内审核完毕。申请材料真实、齐备的，予以登记，并通知申请人；申请材料不真实或者不齐备的，不予登记，书面通知申请人并告知理由。

第十一条 经营国际船舶管理业务，应当具备下列条件：

（一）高级业务管理人员中至少 2 人具有 3 年以上从事国际海上运输经营活动的经历；

（二）有持有与所管理船舶种类和航区相适应的船长、轮机长适任证书的人员；

（三）有与国际船舶管理业务相适应的设备、设施。

第十二条 经营国际船舶管理业务，应当向拟经营业务所在地的省、自治区、直辖市人民政府交通主管部门提出申请，并附送符合本条例第十一条规定条件的相关材料。省、自治区、直辖市人民政府交通主管部门应当自收到申请之日起 15 日内审核完毕。申请材料真实、齐备的，予以登记，并通知申请人；申请材料不真实或者不齐备的，不予登记，书面通知申请人并告知理由。

第十三条 国际船舶运输经营者、无船承运业务经营者、国际船舶代理经营者和国际船舶管理经营者经依照本条例许可、登记后，应当持有关证明文件，依法向企业登记机关办理企业登记手续。

第十四条 国际船舶运输经营者、无船承运业务经营者、国际船舶代理经营者和国际船舶管理经营者，不得将依法取得的经营资格提供给他人使用。

第十五条　国际船舶运输经营者、无船承运业务经营者、国际船舶代理经营者和国际船舶管理经营者依照本条例的规定取得相应的经营资格后，不再具备本条例规定的条件的，国务院交通主管部门或者省、自治区、直辖市人民政府交通主管部门应当立即取消其经营资格。

第三章　国际海上运输及其辅助性业务经营活动

第十六条　国际船舶运输经营者经营进出中国港口的国际班轮运输业务，应当依照本条例的规定取得国际班轮运输经营资格。

未取得国际班轮运输经营资格的，不得从事国际班轮运输经营活动，不得对外公布班期、接受订舱。

以共同派船、舱位互换、联合经营等方式经营国际班轮运输的，适用本条第一款的规定。

第十七条　经营国际班轮运输业务，应当向国务院交通主管部门提出申请，并附送下列材料：

（一）国际船舶运输经营者的名称、注册地、营业执照副本、主要出资人；

（二）经营者的主要管理人员的姓名及其身份证明；

（三）运营船舶资料；

（四）拟开航的航线、班期及沿途停泊港口；

（五）运价本；

（六）提单、客票或者多式联运单证。

国务院交通主管部门应当自收到经营国际班轮运输业务申请之日起 30 日内审核完毕。申请材料真实、齐备的，予以登记，并通知申请人；申请材料不真实或者不齐备的，不予登记，书面通知申请人并告知理由。

第十八条　取得国际班轮运输经营资格的国际船舶运输经营者，应当自取得资格之日起 180 日内开航；因不可抗力并经国务院交通主管部门同意，可以延期 90 日。逾期未开航的，国际班轮运输经营资格自期满之日起丧失。

第十九条　新开、停开国际班轮运输航线，或者变更国际班轮运输船舶、班期的，应当提前 15 日予以公告，并应当自行为发生之日起 15 日内向国务院交通主管部门备案。

第二十条　经营国际班轮运输业务的国际船舶运输经营者的运价和无船承运业务经营者的运价，应当按照规定格式向国务院交通主管部门备案。国务院交通主管部门应当指定专门机构受理运价备案。

备案的运价包括公布运价和协议运价。公布运价，是指国际船舶运输经营者和无船承运业务经营者运价本上载明的运价；协议运价，是指国际船舶运输经营者与货主、无船承运业务经营者约定的运价。

公布运价自国务院交通主管部门受理备案之日起满 30 日生效；协议运价自国务院交通主管部门受理备案之时起满 24 小时生效。

国际船舶运输经营者和无船承运业务经营者应当执行生效的备案运价。

第二十一条 国际船舶运输经营者在与无船承运业务经营者订立协议运价时，应当确认无船承运业务经营者已依照本条例规定办理提单登记并交纳保证金。

第二十二条 从事国际班轮运输的国际船舶运输经营者之间订立涉及中国港口的班轮公会协议、运营协议、运价协议等，应当自协议订立之日起15日内将协议副本向国务院交通主管部门备案。

第二十三条 国际船舶运输经营者有下列情形之一的，应当在情形发生之日起15日内，向国务院交通主管部门备案：

（一）终止经营；

（二）减少运营船舶；

（三）变更提单、客票或者多式联运单证；

（四）在境外设立分支机构或者子公司经营国际船舶运输业务；

（五）拥有的船舶在境外注册，悬挂外国旗。

国际船舶运输经营者增加运营船舶的，增加的运营船舶必须符合国家规定的安全技术标准，并应当于投入运营前15日内向国务院交通主管部门备案。国务院交通主管部门应当自收到备案材料之日起3日内出具备案证明文件。

其他中国企业有本条第一款第（四）项、第（五）项所列情形之一的，应当依照本条第一款规定办理备案手续。

第二十四条 国际船舶运输经营者之间的兼并、收购，其兼并、收购协议应当报国务院交通主管部门审核同意。

国务院交通主管部门应当自收到国际船舶运输经营者报送的兼并、收购协议之日起60日内，根据国家关于国际海上运输业发展的政策和国际海上运输市场竞争状况进行审核，做出同意或者不同意的决定，并书面通知有关国际船舶运输经营者。

第二十五条 经营国际船舶运输业务、无船承运业务和国际船舶代理业务，在中国境内收取、代为收取运费以及其他相关费用，应当向付款人出具中国税务机关统一印制的发票。

第二十六条 未依照本条例的规定办理提单登记并交纳保证金的，不得经营无船承运业务。

第二十七条 经营国际船舶运输业务和无船承运业务，不得有下列行为：

（一）以低于正常、合理水平的运价提供服务，妨碍公平竞争；

（二）在会计账簿之外暗中给予托运人回扣，承揽货物；

（三）滥用优势地位，以歧视性价格或者其他限制性条件给交易对方造成损害；

（四）其他损害交易对方或者国际海上运输市场秩序的行为。

第二十八条 外国国际船舶运输经营者从事本章规定的有关国际船舶运输活动，应当遵守本条例有关规定。

外国国际船舶运输经营者不得经营中国港口之间的船舶运输业务，也不得利用租用的中国籍船舶或者舱位，或者以互换舱位等方式变相经营中国港口之间的船舶运输业务。

第二十九条 国际船舶代理经营者接受船舶所有人或者船舶承租人、船舶经营人的委托，可以经营下列业务：

（一）办理船舶进出港口手续，联系安排引航、靠泊和装卸；

（二）代签提单、运输合同，代办接受订舱业务；

（三）办理船舶、集装箱以及货物的报关手续；

（四）承揽货物、组织货载，办理货物、集装箱的托运和中转；

（五）代收运费，代办结算；

（六）组织客源，办理有关海上旅客运输业务；

（七）其他相关业务。

国际船舶代理经营者应当按照国家有关规定代扣代缴其所代理的外国国际船舶运输经营者的税款。

第三十条　国际船舶管理经营者接受船舶所有人或者船舶承租人、船舶经营人的委托，可以经营下列业务：

（一）船舶买卖、租赁以及其他船舶资产管理；

（二）机务、海务和安排维修；

（三）船员招聘、训练和配备；

（四）保证船舶技术状况和正常航行的其他服务。

第四章　外商投资经营国际海上运输及其辅助性业务的特别规定

第三十一条　外商在中国境内投资经营国际海上运输业务以及与国际海上运输相关的辅助性业务，适用本章规定；本章没有规定的，适用本条例其他有关规定。

第三十二条　经国务院交通主管部门批准，外商可以依照有关法律、行政法规以及国家其他有关规定，投资设立中外合资经营企业或者中外合作经营企业，经营国际船舶运输、国际船舶代理、国际船舶管理、国际海运货物装卸、国际海运货物仓储、国际海运集装箱站和堆场业务；并可以投资设立外资企业经营国际海运货物仓储业务。

经营国际船舶运输、国际船舶代理业务的中外合资经营企业，企业中外商的出资比例不得超过49%。

经营国际船舶运输、国际船舶代理业务的中外合作经营企业，企业中外商的投资比例比照适用前款规定。

中外合资国际船舶运输企业和中外合作国际船舶运输企业的董事会主席和总经理，由中外合资、合作双方协商后由中方指定。

第三十三条　经国务院交通主管部门批准，外商可以依照有关法律、行政法规以及国家其他有关规定投资设立中外合资经营企业、中外合作经营企业、外资企业，为其拥有或者经营的船舶提供承揽货物、代签提单、代结运费、代签服务合同等日常业务服务；未在中国境内投资设立中外合资经营企业、中外合作经营企业、外资企业的，上述业务必须委托中国的国际船舶代理经营者办理。

第三十四条　外国国际船舶运输经营者以及外国国际海运辅助企业，经国务院交通主管部门批准，可以依法在中国境内设立常驻代表机构。

外国国际船舶运输经营者以及外国国际海运辅助企业在中国境内设立的常驻代表机

构，不得从事经营活动。

第五章 调查与处理

第三十五条 国务院交通主管部门应利害关系人的请求或者自行决定，可以对下列情形实施调查：

（一）经营国际班轮运输业务的国际船舶运输经营者之间订立的涉及中国港口的班轮公会协议、运营协议、运价协议等，可能对公平竞争造成损害的；

（二）经营国际班轮运输业务的国际船舶运输经营者通过协议产生的各类联营体，其服务涉及中国港口某一航线的承运份额，持续1年超过该航线总运量的30%，并可能对公平竞争造成损害的；

（三）有本条例第二十七条规定的行为之一的；

（四）可能损害国际海运市场公平竞争的其他行为。

第三十六条 国务院交通主管部门实施调查，应当会同国务院工商行政管理部门和价格部门（以下统称调查机关）共同进行。

第三十七条 调查机关实施调查，应当成立调查组。调查组成员不少于3人。调查组可以根据需要，聘请有关专家参加工作。

调查组进行调查前，应当将调查目的、调查原因、调查期限等事项通知被调查人。调查期限不得超过1年；必要时，经调查机关批准，可以延长半年。

第三十八条 调查人员进行调查，可以向被调查人以及与其有业务往来的单位和个人了解有关情况，并可查阅、复制有关单证、协议、合同文本、会计账簿、业务函电、电子数据等有关资料。

调查人员进行调查，应当保守被调查人以及与其有业务往来的单位和个人的商业秘密。

第三十九条 被调查人应当接受调查，如实提供有关情况和资料，不得拒绝调查或者隐匿真实情况、谎报情况。

第四十条 调查结束，调查机关应当做出调查结论，书面通知被调查人、利害关系人。

对公平竞争造成损害的，调查机关可以采取责令修改有关协议、限制班轮航班数量、中止运价本或者暂停受理运价备案、责令定期报送有关资料等禁止性、限制性措施。

第四十一条 调查机关在做出采取禁止性、限制性措施的决定前，应当告知当事人有要求举行听证的权利；当事人要求听证的，应当举行听证。

第六章 法律责任

第四十二条 未取得《国际船舶运输经营许可证》，擅自经营国际船舶运输业务的，由国务院交通主管部门或者其授权的地方人民政府交通主管部门责令停止经营；有违法所得的，没收违法所得；违法所得50万元以上的，处违法所得2倍以上5倍以下的罚款；没有违法所得或者违法所得不足 50 万元的，处 20 万元以上 100 万元以下的罚款。

第四十三条　未办理提单登记、交纳保证金，擅自经营无船承运业务的，由国务院交通主管部门或者其授权的地方人民政府交通主管部门责令停止经营；有违法所得的，没收违法所得；违法所得 10 万元以上的，处违法所得 2 倍以上 5 倍以下的罚款；没有违法所得或者违法所得不足 10 万元的，处 5 万元以上 20 万元以下的罚款。

第四十四条　未办理登记手续，擅自经营国际船舶代理业务或者国际船舶管理业务的，由国务院交通主管部门或者其授权的地方人民政府交通主管部门责令停止经营；有违法所得的，没收违法所得；违法所得 5 万元以上的，处违法所得 2 倍以上 5 倍以下的罚款；没有违法所得或者违法所得不足 5 万元的，处 2 万元以上 10 万元以下的罚款。

第四十五条　外国国际船舶运输经营者经营中国港口之间的船舶运输业务，或者利用租用的中国籍船舶和舱位以及用互换舱位等方式经营中国港口之间的船舶运输业务的，由国务院交通主管部门或者其授权的地方人民政府交通主管部门责令停止经营；有违法所得的，没收违法所得；违法所得 50 万元以上的，处违法所得 2 倍以上 5 倍以下的罚款；没有违法所得或者违法所得不足 50 万元的，处 20 万元以上 100 万元以下的罚款。拒不停止经营的，拒绝进港；情节严重的，撤销其国际班轮运输经营资格。

第四十六条　未取得国际班轮运输经营资格，擅自经营国际班轮运输的，由国务院交通主管部门或者其授权的地方人民政府交通主管部门责令停止经营；有违法所得的，没收违法所得；违法所得 50 万元以上的，处违法所得 2 倍以上 5 倍以下的罚款；没有违法所得或者违法所得不足 50 万元的，处 20 万元以上 100 万元以下的罚款。拒不停止经营的，拒绝进港。

第四十七条　国际船舶运输经营者、无船承运业务经营者、国际船舶代理经营者和国际船舶管理经营者将其依法取得的经营资格提供给他人使用的，由国务院交通主管部门或者其授权的地方人民政府交通主管部门责令限期改正；逾期不改正的，撤销其经营资格。

第四十八条　未履行本条例规定的备案手续的，由国务院交通主管部门或者其授权的地方人民政府交通主管部门责令限期补办备案手续；逾期不补办的，处 1 万元以上 5 万元以下的罚款，并可以撤销其相应资格。

第四十九条　未履行本条例规定的运价备案手续或者未执行备案运价的，由国务院交通主管部门或者其授权的地方人民政府交通主管部门责令限期改正，并处 2 万元以上 10 万元以下的罚款。

第五十条　依据调查结论应当给予行政处罚或者有本条例第二十七条所列违法情形的，由交通主管部门、价格主管部门或者工商行政管理部门依照有关法律、行政法规的规定给予处罚。

第五十一条　国际船舶运输经营者与未办理提单登记并交纳保证金的无船承运业务经营者订立协议运价的，由国务院交通主管部门或者其授权的地方人民政府交通主管部门给予警告，并处 2 万元以上 10 万元以下的罚款。

第五十二条　未经国务院交通主管部门批准，外国国际船舶运输经营者以及外国国际海运辅助企业擅自设立常驻代表机构的，由国务院交通主管部门或者其授权的地方人民政府交通主管部门责令限期改正，并处 2 万元以上 10 万元以下的罚款。

外国国际船舶运输经营者以及外国国际海运辅助企业常驻代表机构从事经营活动的，由工商行政管理部门责令停止经营活动，并依法给予处罚。

第五十三条 拒绝调查机关及其工作人员依法实施调查，或者隐匿、谎报有关情况和资料的，由国务院交通主管部门或者其授权的地方人民政府交通主管部门责令改正，并处2万元以上10万元以下的罚款。

第五十四条 非法从事进出中国港口的国际海上运输经营活动以及与国际海上运输相关的辅助性经营活动，扰乱国际海上运输市场秩序的，依照刑法关于非法经营罪的规定，依法追究刑事责任。

第五十五条 国务院交通主管部门和有关地方人民政府交通主管部门的工作人员有下列情形之一，造成严重后果，触犯刑律的，依照刑法关于滥用职权罪、玩忽职守罪或者其他罪的规定，依法追究刑事责任；尚不够刑事处罚的，依法给予行政处分：

（一）对符合本条例规定条件的申请者不予审批、许可、登记、备案，或者对不符合本条例规定条件的申请者予以审批、许可、登记、备案的；

（二）对经过审批、许可、登记、备案的国际船舶运输经营者、无船承运业务经营者、国际船舶代理经营者和国际船舶管理经营者不依照本条例的规定实施监督管理，或者发现其不再具备本条例规定的条件而不撤销其相应的经营资格，或者发现其违法行为后不予以查处的；

（三）对监督检查中发现的未依法履行审批、许可、登记、备案的单位和个人擅自从事国际海上运输经营活动以及与国际海上运输相关的辅助性经营活动，不立即予以取缔，或者接到举报后不依法予以处理的。

第七章　附　则

第五十六条 香港特别行政区、澳门特别行政区和台湾地区的投资者在内地投资经营国际海上运输业务以及与国际海上运输相关的辅助性业务，比照适用本条例。

第五十七条 外国国际船舶运输经营者未经国务院交通主管部门批准，不得经营中国内地与香港特别行政区、澳门特别行政区之间的船舶运输业务，不得经营中国内地与台湾地区之间的双向直航和经第三地的船舶运输业务。

第五十八条 内地与香港特别行政区、澳门特别行政区之间的海上运输，由国务院交通主管部门依照本条例制定管理办法。

内地与台湾地区之间的海上运输，依照国家有关规定执行。

第五十九条 任何国家或者地区对中华人民共和国国际海上运输经营者、船舶或者船员采取歧视性的禁止、限制或者其他类似措施的，中华人民共和国政府根据对等原则采取相应措施。

第六十条 本条例施行前已从事国际海上运输经营活动以及与国际海上运输相关的辅助性经营活动的，应当在本条例施行之日起60日内按照本条例的规定补办有关手续。

5日国务院发布、1998年4月18日国务院修订发布的《中华人民共和国海上国际集装箱运输管理规定》同时废止。

附录 2

汽车货物运输规则

（中华人民共和国交通部 1999 年第 5 号令发布）

第一章　总　则

第一条　为保护汽车货物运输当事人的合法权益，明确承运人、托运人、收货人以及其他有关方的权利、义务和责任，维护正常的道路货物运输秩序，依据国家有关法律、法规，制定本规则。

第二条　在中华人民共和国境内从事营业性汽车货物运输及相关的货物搬运装卸、汽车货物运输服务等活动，应遵守本规则。

除法律、法规另有规定外，汽车运输与其他运输方式实行货物联运的适用本规则。拖拉机及其他机动车、非机动车辆从事货物运输的，可参照本规则执行。

第三条　本规则下列用语的含义：

（一）承运人，是指使用汽车从事货物运输并与托运人订立货物运输合同的经营者。

（二）托运人，是指与承运人订立货物运输合同的单位和个人。

（三）收货人，是指货物运输合同中托运人指定提取货物的单位和个人。

（四）货物运输代办人（以下简称货运代办人），是指以自己的名义承揽货物并分别与托运人、承运人订立货物运输合同的经营者。

（五）站场经营人，是指在站、场范围内从事货物仓储、堆存、包装、搬运装卸等业务的经营者。

（六）运输期限，是由承托双方共同约定的货物起运、到达目的地的具体时间。末约定运输期限的，从起运日起，按 200 千米为 1 日运距，用运输里程除每日运距，计算运输期限。

（七）承运责任期间，是指承运人自接受货物起至将货物交付收货人（包括按照国家有关规定移交给有关部门）止，货物处于承运人掌管之下的全部时间。本条规定不影响承运人与托运人就货物在装车前和卸车后对承担的责任达成的协议。

（八）搬运装卸，是指货物运输起讫两端利用人力或机械将货物装上、卸下车辆，并搬运到一定位置的作业。人力搬运距离不超过 200 米，机械搬运不超过 400 米（站、场作业区内货物搬运除外）。

第二章 运输基本条件

第一节 承运人、托运人与运输车辆

第四条 承运人、托运人、货运代办人在签订和履行汽车货物运输合同时，应遵守国家法律和有关的运输法规、行政规章。

第五条 承运人应根据承运货物的需要，按货物的不同特性，提供技术状况良好、经济适用的车辆，并能满足所运货物重量的要求。使用的车辆、容器应做到外观整洁，车体、容器内干净无污染物、残留物。

第六条 承运特种货物的车辆和集装箱运输车辆，需配备符合运输要求的特殊装置或专用设备。

第二节 运输类别

第七条 托运人一次托运货物计费重量3吨及以下的，为零担货物运输。

第八条 托运人一次托运货物计费重量3吨以上或不足3吨，但其性质、体积、形状需要一辆汽车运输的，为整批货物运输。

第九条 因货物的体积、重量的要求，需要大型或专用汽车运输的，为大型大特型笨重物件运输。

第十条 采用集装箱为容器，使用汽车运输的，为集装箱汽车运输。

第十一条 在规定的距离和时间内将货物运达目的地的，为快件货物运输；应托运人要求，采取即托即运的，为特快件货物运输。

第十二条 承运《危险货物品名表》列名的易燃、易爆、有毒、有腐蚀性、有放射性等危险货物和虽未列入《危险货物品名表》但具有危险货物性质的新产品，为危险货物汽车运输。

第十三条 采用装有出租营业标志的小型货运汽车，供货主临时雇用，并按时间、里程和规定费率收取运输费用的，为出租汽车货运。

第十四条 为个人或单位搬迁提供运输和搬运装卸服务，并按规定收取费用的，为搬家货物运输。

第三节 货物种类

第十五条 货物在运输、装卸、保管中无特殊要求的，为普通货物。普通货物分为三等。

第十六条 货物在运输、装卸、保管中需采取特殊措施的，为特种货物。特种货物分为四类。

第十七条 货物每立方米体积重量不足333千克的，为轻泡货物。其体积按货物（有包装的按货物包装）外廓最高、最长、最宽部位尺寸计算。

第四节 货物保险与货物保价运输

第十八条 货物运输有货物保险和货物保价运输两种投保方式，采取自愿投保的原则，由托运人自行确定。

第十九条 货物保险由托运人向保险公司投保，也可以委托承运人代办。

第二十条 货物保价运输是按保价货物办理承托运手续，在发生货物赔偿时，按托运人声明价格及货物损坏程度予以赔偿的货物运输。托运人一张运单托运的货物只能选择保价或不保价。

第二十一条 托运人选择货物保价运输时，申报的货物价值不得超过货物本身的实际价值；保价运输为全程保价。

第二十二条 分程运输或多个承运人承担运输，保价费由第一程承运人（货运代办人）与后程承运人协商，并在运输合同中注明。承运人之间没有协议的按无保价运输办理，各自承担责任。

第二十三条 办理保价运输的货物，应在运输合同上加盖“保价运输”戳记。保价费按不超过货物保价金额的 7‰收取。

第三章 运输合同的订立、履行、变更和解除

第一节 合同的订立

第二十四条 汽车货物运输合同采用书面形式、口头形式和其他形式。书面形式合同种类分为定期运输合同、一次性运输合同、道路货物运单（以下简称运单）。汽车货物运输合同由承运人或托运人本着平等、自愿、公平、诚实、信用的原则签订。

第二十五条 定期汽车货物运输合同应包含下列基本内容：

（一）托运人、收货人和承运人的名称（姓名）、地址（住所）、电话、邮政编码；

（二）货物的种类、名称、性质；

（三）货物重量、数量或月、季、年度货物批量；

（四）起运地、到达地；

（五）运输质量；

（六）合同期限；

（七）装卸责任；

（八）货物价值，是否保价、保险；

（九）运输费用的结算方式；

（十）违约责任；

（十一）解决争议的方法。

第二十六条 一次性运输合同、运单应包含以下基本内容：

（一）托运人；收货人和承运人的名称（姓名）、地址（住所）、电话、邮政编码；

（二）货物名称、性质、重量、数量、体积；

（三）装货地点、卸货地点、运距；

（四）货物的包装方式；

（五）承运日期和运到期限；

（六）运输质量；

（七）装卸责任；

（八）货物价值，是否保价、保险；

（九）运输费用的结算方式；

（十）违约责任；

（十一）解决争议的方法。

第二十七条 定期运输合同适用于承运人、托运人、货运代办人之间商定的时期内的批量货物运输。

一次性运输合同适用于每次货物运输。

承运人、托运人和货运代办人签订定期运输合同、一次性运输合同时，运单视为货物运输合同成立的凭证。

在每车次或短途每日多次货物运输中，运单视为合同。

第二十八条 汽车货物运输合同自双方当事人签字或盖章时成立。当事人采用信件、数据电文等形式订立合同的，可以要求签订确认书，签订确认书时合同成立。

第二节 货物托运

第二十九条 未签订定期运输合同或一次性运输合同的，托运人应按以下要求填写运单：

（一）准确表明托运人和收货人的名称（姓名）和地址（住所）、电话、邮政编码；

（二）准确表明货物的名称、性质、件数、重量、体积以及包装方式；

（三）准确表明运单中的其他有关事项；

（四）一张运单托运的货物，必须是同一托运人、收货人；

（五）危险货物与普通货物以及性质相互抵触的货物不能用一张运单；

（六）托运人要求自行装卸的货物，经承运人确认后，在运单内注明；

（七）应使用钢笔或圆珠笔填写，字迹清楚，内容准确，需要更改时，必须在更改处签字盖章。

第三十条 已签订定期运输合同或一次性运输合同的，运单由承运人按第二十九条的规定填写，但运单托运人签字盖章处填写合同序号。

第三十一条 托运的货物品种不能在一张运单内逐一填写的，应填写“货物清单”。

第三十二条 托运货物的名称、性质、件数、质量、体积、包装方式等，应与运单记载的内容相符。

第三十三条 按照国家有关部门规定需办理准运或审批、检验等手续的货物，托运人托运时应将准运证或审批文件提交承运人，并随货同行。托运人委托承运人向收货人代递有关文件时，应在运单中注明文件名称和份数。

第三十四条 托运的货物中，不得夹带危险货物、贵重货物、鲜活货物和其他易腐货物、易污染货物、货币、有价证券以及政府禁止或限制运输的货物等。

第三十五条　托运货物的包装，应当按照承托双方约定的方式包装。对包装方式没有约定或者约定不明确的，可以协议补充；不能达成补充协议的，按照通用的方式包装，没有通用方式的，应在足以保证运输、搬运装卸作业安全和货物完好的原则下进行包装。

依法应当执行特殊包装标准的，按照规定执行。

第三十六条　托运人应根据货物性质和运输要求，按照国家规定，正确使用运输标志和包装储运图示标志。

使用旧包装运输货物，托运人应将包装上与本批货物无关的运输标志、包装储运图示标志清除干净，并重新标明制作标志。

第三十七条　托运特种货物，托运人应按以下要求，在运单中注明运输条件和特约事项：

（一）托运需冷藏保温的货物，托运人应提出货物的冷藏温度和在一定时间内的保持温度要求；

（二）托运鲜活货物，应提供最长运输期限及途中管理、照料事宜的说明书。货物允许的最长运输期限应大于汽车运输能够达到的期限；

（三）托运危险货物，按交通部《汽车危险货物运输规则》办理；

（四）托运采用集装箱运输的货物，按交通部《集装箱汽车运输规则》办理；

（五）托运大型特型笨重物件，应提供货物性质、重量、外廓尺寸及对运输要求的说明书；承运前承托双方应先查看货物和运输现场条件，需排障时由托运人负责或委托承运人办理；运输方案商定后办理运输手续。

第三十八条　整批货物运输时，散装、无包装和不成件的货物按重量托运；有包装、成件的货物，托运人能按件点交的，可按件托运，不计件内细数。

第三十九条运输途中需要饲养、照料的有生物、植物，尖端精密产品、稀有珍贵物品、文物、军械弹药、有价证券、重要票证和货币等，托运人必须派人押运。

大型特型笨重物件、危险货物、贵重和个人搬家物品，是否派人押运，由承托双方根据实际情况约定。

除上述规定的货物外，托运人要求押运时，需经承运人同意。

第四十条　需派人押运的货物，托运人在办理货物托运手续时，应在运单上注明押运人员姓名及必要的情况。

第四十一条　押运人员每车一人，托运人需增派押运人员，在符合安全规定的前提下，征得承运人的同意，可适当增加。押运人员须遵守运输和安全规定。

押运人员在运输过程中负责货物的照料、保管和交接；如发现货物出现异常情况，应及时做出处理并告知车辆驾驶人员。

第三节　货物受理

第四十二条　承运人受理凭证运输或需有关审批、检验证明文件的货物后，应当在有关文件上注明已托运货物的数量、运输日期，加盖承运章，并随货同行，以备查验。

第四十三条　承运人受理整批或零担货物时，应根据运单记载货物名称、数量、包装方式等，核对无误，方可办理交接手续。发现与运单填写不符或可能危及运输安全的，不得办理交接手续。

第四十四条 承运人应当根据受理货物的情况，合理安排运输车辆，货物装载重量以车辆额定吨位为限，轻泡货物以折算重量装载，不得超过车辆额定吨位和有关长、宽、高的装载规定。

第四十五条 承运人应与托运人约定运输路线。起运前运输路线发生变化必须通知托运人，并按最后确定的路线运输。承运人未按约定的路线运输增加的运输费用，托运人或收货人可以拒绝支付增加部分的运输费用。

第四十六条 货物运输中，在与承运人非隶属关系的货运站场进行货物仓储、装卸作业，承运人应与站场经营人签订作业合同。

第四十七条 运输期限由承托双方共同约定后应在运单上注明。承运人应在约定的时间内将货物运达。零担货物按批准的班期时限运达，快件货物按规定的期限运达。

第四十八条 整批货物运抵前，承运人应当及时通知收货人做好接货准备；零担货物运达目的地后，应在24小时内向收货人发出到货通知或按托运人的指示及时将货物交给收货人。

第四十九条 车辆装载有毒、易污染的货物卸载后，承运人应对车辆进行清洗和消毒。因货物自身的性质，应托运人要求，需对车辆进行特殊清洗和消毒的，由托运人负责。

第四节 合同的变更和解除

第五十条 在承运人未将货物交付收货人之前，托运人可以要求承运人中止运输、返还货物、变更到达地或者将货物交付给其他收货人，但应当赔偿承运人因此受到的损失。

第五十一条 凡发生下列情况之一者，允许变更和解除：

（一）由于不可抗力使运输合同无法履行；

（二）由于合同当事人一方的原因，在合同约定的期限内确实无法履行运输合同；

（三）合同当事人违约，使合同的履行成为不可能或不必要；

（四）经合同当事人双方协商同意解除或变更，但承运人提出解除运输合同的，应退还已收的运费。

第五十二条 货物运输过程中，因不可抗力造成道路阻塞导致运输阻滞，承运人应及时与托运人联系，协商处理，发生货物装卸、接运和保管费用按以下规定处理：

（一）接运时，货物装卸、接运费用由托运人负担，承运人收取已完成运输里程的运费，退回未完成运输里程的运费。

（二）回运时，收取已完成运输里程的运费，回程运费免收。

（三）托运人要求绕道行驶或改变到达地点时，收取实际运输里程的运费。

（四）货物在受阻处存放，保管费用由托运人负担。

第四章 搬运装卸与交接

第五十三条 货物搬运装卸由承运人或托运人承担，可在货物运输合同中约定。

承运人或托运人承担货物搬运装卸后，委托站场经营人、搬运装卸经营者进行货物搬运装卸作业的，应签订货物搬运装卸合同。

第五十四条 搬运装卸人员应对车厢进行清扫，发现车辆、容器、设备不适合装货要求，应立即通知承运人或托运人。

第五十五条 搬运装卸作业应当轻装轻卸，堆码整齐；清点数量；防止混杂、撒漏、破损；严禁有毒、易污染物品与食品混装，危险货物与普通货物混装。

第五十六条 对性质不相抵触的货物，可以拼装、分卸。

第五十七条 搬运装卸过程中，发现货物包装破损，搬运装卸人员应及时通知托运人或承运人，并做好记录。

第五十八条 搬运装卸危险货物，按交通部《汽车危险货物运输、装卸作业规程》进行作业。

第五十九条 搬运装卸作业完成后，货物需绑扎苫盖篷布的，搬运装卸人员必须将篷布苫盖严密并绑扎牢固；由承、托运人或委托站场经营人、搬运装卸人员编制有关清单，做好交接记录；并按有关规定施加封志和外贴有关标志。

第六十条 承、托双方应履行交接手续，包装货物采取件交件收；集装箱重箱及其他施封的货物凭封志交接；散装货物原则上要磅交磅收或采用承托双方协商的交接方式交接。交接后双方应在有关单证上签字。

第六十一条 货物在搬运装卸中，承运人应当认真核对装车的货物名称、重量、件数是否与运单上记载相符，包装是否完好。包装轻度破损，托运人坚持要装车起运的，应征得承运人的同意，承托双方需做好记录并签章后，方可运输，由此而产生的损失由托运人负责。

第六十二条 货物运达承、托双方约定的地点后，收货人应凭有效单证提（收）货物，无故拒提（收）货物，应赔偿承运人因此造成的损失。

第六十三条 货物交付时，承运人与收货人应当做好交接工作，发现货损货差，由承运人与收货人共同编制货运事故记录，交接双方在货运事故记录上，签字确认。

第六十四条 货物交接时，承托双方对货物的重量和内容有质疑，均可提出查验与复磅，查验和复磅的费用由责任方负担。

第六十五条 货物运达目的地后，承运人知道收货人的，应及时通知收货人，收货人应当及时提（收）货物，收货人逾期提（收）货物的，应当向承运人支付保管费等费用。收货人不明或者收货人无正当理由拒绝受领货物的，依照《中华人民共和国合同法》第一百零一条的规定，承运人可以提存货物。

第五章 运输责任的划分

第六十六条 承运人未按约定的期限将货物运达，应负违约责任；因承运人责任将货物错送或错交，应将货物无偿运到指定的地点，交给指定的收货人。

第六十七条 承运人未遵守承托双方商定的运输条件或特约事项，由此造成托运人的损失，应负赔偿责任。

第六十八条 货物在承运责任期间和站、场存放期间内，发生毁损或灭失，承运人、站场经营人应负赔偿责任。但有下列情况之一者，承运人、站场经营人举证后可不负赔偿责任：

（一）不可抗力；

（二）货物本身的自然性质变化或者合理损耗；

（三）包装内在缺陷，造成货物受损；

（四）包装体外表面完好而内装货物毁损或灭失；

（五）托运人违反国家有关法令，致使货物被有关部门查扣、弃置或作其他处理；

（六）押运人员责任造成的货物毁损或灭失；

（七）托运人或收货人过错造成的货物毁损或灭失。

第六十九条 托运人未按合同规定的时间和要求，备好货物和提供装卸条件，以及货物运达后无人收货或拒绝收货，而造成承运人车辆放空、延滞及其他损失，托运人应负赔偿责任。

第七十条 因托运人下列过错，造成承运人、站场经营人、搬运装卸经营人的车辆、机具、设备等损坏、污染或人身伤亡以及因此而引起的第三方的损失，由托运人负责赔偿：

（一）在托运的货物中有故意夹带危险货物和其他易腐蚀、易污染货物以及禁、限运货物等行为；

（二）错报、匿报货物的重量、规格、性质；

（三）货物包装不符合标准，包装、容器不良，而从外部无法发现；

（四）错用包装、储运图示标志。

第七十一条 托运人不如实填写运单，错报、误填货物名称或装卸地点，造成承运人错送、装货落空以及由此引起的其他损失，托运人应负赔偿责任。

第七十二条 货运代办人以承运人身份签署运单时，应承担承运人责任，以托运人身份托运货物时，应承担托运人的责任。

第七十三条 搬运装卸作业中，因搬运装卸人员过错造成货物毁损或灭失，站场经营人或搬运装卸经营者应负赔偿责任。

第六章　运输费用

第七十四条 汽车货物运输价格按不同运输条件分别计价，其计算按《汽车运价规则》办理。

第七十五条 汽车货物运输计费重量单位，整批货物运输以吨为单位，尾数不足100千克时，四舍五入；零担货物运输以千克为单位，起码计费重量为1千克，尾数不足1千克时，四舍五入；轻泡货物每立方米折算重量333千克。

按重量托运的货物一律按实际重量（含货物包装、衬垫及运输需要的附属物品）计算，以过磅为准。由托运人自理装车的，应装足车辆额定吨位，未装足的，按车辆额定吨位收费。统一规格的成包成件的货物，以一标准件重量计算全部货物重量。散装货物无过磅条件的，按体积和各省、自治区、直辖市统一规定重量折算标准计算。接运其他运输方式的货物，无过磅条件的，按前程运输方式运单上记载的重量计算。拼装分卸的货物按最重装载量计算。

第七十六条　汽车货物运输计费里程按下列规定确定：

（一）货物运输计费里程以千米为单位，尾数不足1千米的，进为1千米。

（二）计费里程以省、自治区、直辖市交通行政主管部门核定的营运里程为准，未经核定的里程，由承托双方商定。

（三）同一运输区间有两条（含两条）以上营运路线可供行驶时，应按最短的路线计算计费里程或按承托双方商定的路线计算计费里程。拼装分卸从第一装货地点起至最后一个卸货地点止的载重里程计算计费里程。

第七十七条　汽车货物运输的其他费用，按以下规定确定：

（一）调车费，应托运人要求，车辆调出所在地而产生的车辆往返空驶，计收调车费。

（二）延滞费，车辆按约定时间到达约定的装货或卸货地点，因托运人或收货人责任造成车辆和装卸延滞，计收延滞费。

（三）装货落空损失费，因托运人要求，车辆行至约定地点而装货落空造成的车辆往返空驶，计收装货落空损失费。

（四）排障费，运输大型特型笨重物件时，需对运输路线的桥涵、道路及其他设施进行必要的加固或改造所发生的费用，由托运人负担。

（五）车辆处置费，因托运人的特殊要求，对车辆改装、拆卸、还原、清洗时，计收车辆处置费。

（六）在运输过程中国家有关检疫部门对车辆的检验费以及因检验造成的车辆停运损失，由托运人负担。

（七）装卸费，货物装卸费由托运人负担。

（八）通行费，货物运输需支付的过渡、过路、过桥、过隧道等通行费由托运人负担，承运人代收代付。

（九）保管费，货物运达后，明确由收货人自取的，从承运人向收货人发出提货通知书的次日（以邮戳或电话记录为准）起计，第四日开始核收货物保管费；应托运人的要求或托运人的责任造成的，需要保管的货物，计收货物保管费。货物保管费由托运人负担。

第七十八条　汽车货物运输的运杂费按下列规定结算：

（一）货物运杂费在货物托运、起运时一次结清，也可按合同采用预付费用的方式，随运随结或运后结清。托运人或者收货人不支付运费、保管费以及其他运输费用的，承运人对相应的运输货物享有留置权，但当事人另有约定的除外。

（二）运费尾数以元为单位，不足一元时四舍五入。

第七十九条　货物在运输过程中因不可抗力灭失，未收取运费的，承运人不得要求托运人支付运费；已收取运费的，托运人可以要求返还。

第八十条　出入境货物运输、国际联运汽车货物运输的运价，按有关规定办理。

第七章 货运事故和违约处理

第八十一条 货运事故是指货物运输过程中发生货物毁损或灭失。货运事故和违约行为发生后，承托双方及有关方应编制货运事故记录。

货物运输途中，发生交通肇事造成货物损坏或灭失，承运人应先行向托运人赔偿，再由其向肇事的责任方追偿。

第八十二条 货运事故处理过程中，收货人不得扣留车辆，承运人不得扣留货物。由于扣留车、货而造成的损失，由扣留方负责赔偿。

第八十三条 货运事故赔偿数额按以下规定办理：

（一）货运事故赔偿分限额赔偿和实际损失赔偿两种。法律、行政法规对赔偿责任限额有规定的，依照其规定；尚未规定赔偿责任限额的，按货物的实际损失赔偿。

（二）在保价运输中，货物全部灭失，按货物保价声明价格赔偿；货物部分毁损或灭失，按实际损失赔偿；货物实际损失高于声明价格的，按声明价格赔偿；货物能修复的，按修理费加维修取送费赔偿。保险运输按投保人与保险公司商定的协议办理。

（三）未办理保价或保险运输的，且在货物运输合同中未约定赔偿责任的，按本条第一项的规定赔偿。

（四）货物损失赔偿费包括货物价格、运费和其他杂费。货物价格中未包括运杂费、包装费以及已付的税费时，应按承运货物的全部或短少部分的比例加算各项费用。

（五）货物毁损或灭失的赔偿额，当事人有约定的，按照其约定，没有约定或约定不明确的，可以补充协议，不能达成补充协议的，按照交付或应当交付时货物到达地的市场价格计算。

（六）由于承运人责任造成货物灭失或损失，以实物赔偿的，运费和杂费照收；按价赔偿的，退还已收的运费和杂费；被损货物尚能使用的，运费照收。

（七）丢失货物赔偿后，又被查回，应送还原主，收回赔偿金或实物；原主不愿接受失物或无法找到原主的，由承运人自行处理。

（八）承托双方对货物逾期到达，车辆延滞，装货落空都负有责任时，按各自责任所造成的损失相互赔偿。

第八十四条 货运事故发生后，承运人应及时通知收货人或托运人。收货人、托运人知道发生货运事故后，应在约定的时间内，与承运人签注货运事故记录。收货人、托运人在约定的时间内不与承运人签注货运事故记录的，或者无法找到收货人、托运人的，承运人可邀请2名以上无利害关系的人签注货运事故记录。

货物赔偿时效从收货人、托运人得知货运事故信息或签注货运事故记录的次日起计算。

在约定运达时间的30日后未收到货物，视为灭失。自31日起计算货物赔偿时效。

未按约定的或规定的运输期限内运达交付的货物，为迟延交付。

第八十五条 当事人要求另一方当事人赔偿时，须提出赔偿要求书，并附运单、货运事故记录和货物价格证明等文件。要求退还运费的，还应附运杂费收据。另一方当事人应在收到赔偿要求书的次日起，60日内作出答复。

第八十六条 承运人或托运人发生违约行为，应向对方支付违约金。违约金的数额由承托双方约定。

第八十七条 对承运人非故意行为造成货物迟延交付的赔偿金额，不得超过所迟延交付的货物全程运费数额。

第八十八条 货物赔偿费一律以人民币支付。

第八十九条 由托运人直接委托站场经营人装卸货物造成货物损坏的，由站场经营人负责赔偿；由承运人委托站场经营人组织装卸的，承运人应先向托运人赔偿，再向站场经营人追偿。

第九十条 承运人、托运人、收货人及有关方在履行运输合同或处理货运事故时，发生纠纷、争议，应及时协调解决或向县级以上人民政府交通主管部门申请调解；当事人不愿和解、调解或者和解、调解不成的，可依仲裁协议向仲裁机构申请仲裁；当事人没有订立仲裁协议或仲裁协议无效的，可以向人民法院起诉。

第八章 附 则

第九十一条 按法律、法规和规章的规定，对利用汽车货物运输合同危害国家利益、社会公共利益的，由县级以上人民政府交通主管部门及其所属的道路运政管理机构负责监督处理。

第九十二条 本规则由交通部负责解释。

第九十三条 本规则自2000年1月1日起施行。1988年1月26日交通部发布的《汽车货物运输规则》同时废止。

附录 3

铁路货物运输管理规则

第一章 总 则

第一条 为提高铁路货运管理水平和工作质量，严格管理制度，安全、迅速、经济、便利地组织货物运输，特制定本规则。

第二条 本规则是明确货物运输作业各环节基本内容和质量要求的内部规定，不作托运人、收货人与铁路间划分权利、义务和责任的依据。

第三条 铁路局在不违反本规则的条件下，可结合具体情况制定补充规定，并报铁道部备案。

第二章 货物运输基本作业

第一节 受理和承运

第四条 车站应根据批准的月度货物运输计划和旬装车计划受理货物运单。在受理零担、集装箱或按特定条件运输的货物时，还必须按照有关规定办理。

第五条 车站受理货物运单时，应确认托运的货物是否符合运输条件，各栏填写是否齐全、正确、清楚，领货凭证与运单是否一致。对营业办理限制（包括临时停限装）、起重能力、证明文件等项进行审查。

对到站、到局和到站所属省、市、自治区各栏内容应相互核对，必要时，可凭《中国地图册》、《中华人民共和国行政区划手册》、《全国铁路货运营业站示意图》等资料予以确认。

对货物运单确认无误后，即应指定进货日期或装车日期。

第六条 对搬入货场的货物，车站要检查货物品名与运单记载是否相符，运输包装和标志是否符合规定。按件数承运的货物，应对照运单点清件数。零担和集装箱货物要核对货签是否齐全、正确。对个人托运的行李、搬家货物，要按照物品清单进行核对，并抽查是否按规定在包装内放入标记（货签）。需要使用加固材料的货物，应对加固材料的数量、规格进行检查。对超限、超长、集重货物，应按托运人提供的技术资料复测尺寸。

按规定由铁路确定重量的货物，要认真过秤。由托运人确定重量的货物，车站应组织抽查。抽查的间隔时间，每一托运人（大宗货物分品种）不超过三个月，零担和集装箱货物不超过一个月。对按体积计算重量的货物，应以定期检查的比重（每立方米重量）作为计算重量的依据。

货物应稳固、整齐地堆码在指定货位上。整车货物要定型堆码，保持一定高度。零担和集装箱货物，要按批堆码，货签向外，留有通道。需要隔离的，应按规定隔离。货物与线路或站台边缘的距离必须符合规定。

第七条　以杠杆式台秤、地秤过秤，使用前应进行检查，并符合以下规定：

1. 摆放平稳，四角着实，台板保持灵活；
2. 将游砣移至零点时，横梁保持平衡；
3. 标尺与增砣的比率必须一致；
4. 地秤的台板与秤枢间必须保持平衡、灵活。

往衡器上放置或取下货件时，须关闭制动器。过秤时不准触动调整砣、砣盘，禁止以其他物品代替增砣。

以轨道衡、电子秤或其他衡器过秤时，应按照计量部门有关规定和技术条件，制定检查和使用办法。

衡器的使用和保管应有专人负责，按台建立衡器履历簿（格式七），并及时、正确填写。衡器发生损坏、检定证明丢失、空秤不能调整平衡、机件缺损变形，或秤量误差超过国家规定标准，均不得使用。

第八条　货物进齐验收后，车站应予签证，及时办理承运。

承运的整车货物要登记“货物承运簿”（格式一），集装箱货物登记“集装箱到发登记簿”（格式见《铁路集装箱运输管理规则》），零担货物根据业务量大小，可以使用货物承运簿，也可以由车站自行建立登记制度，并将登记资料装订成册，妥善保管。

货物运单“承运人填写”部分和货票填制要符合《货物运单和货票填制办法》的规定，加盖的车站日期戳记要清晰、正确。

在作业环节之间，对货物和运输票据要进行严格交接。

车站应建立货票自核、互核、总复核制度和票据、现金管理制度。存查的票据要装订整齐，妥善保管。

货物运单和货票，使用“货运票据封套”（格式二）的，应左右对齐折叠，不使用货运票据封套的，按上下对齐折叠。

对领货凭证，应正确填写货票号码及各栏内容，加盖承运日期戳，并确认无误后，连同货票丙联一并交给托运人。凡派有押运人的货物，应向押运人宣传并发给“押运人须知”，由托运人在货票甲联上签收。

第九条　承运易腐货物时，车站要按照《铁路鲜活货物运输规则》的有关规定办理。对“鲜规”未列品名而易于发生腐坏、变质的货物，车站应认真审定运输条件。

易腐货物装车时，要检查装载方法是否符合规定要求。以冷藏车装运的，应检查装车单位填写的冷藏车作业单是否齐全、正确。使用加冰冷藏车的，应检查托运人是否加足冰盐，并将作业单附在运输票据中随车递送，途中加冰时，加冰站应认真填写加冰作业记录。使用机械冷藏车的，应将该作业单交机械冷藏车乘务组递交到站。到站应负责检查冷藏车情况，在作业单上填记到站作业记录，并妥善保存。

第十条　承运危险货物时，车站要按照《铁路危险货物运输规则》的规定，对品名、编号、类项、包装、标志以及“托运人记载事项”栏的内容进行检查。对危险货物品名索引表中未列载的危险货物或改变危险货物包装时，应按铁路局、分局批准的运输条件办理。

经常办理危险货物的车站，应根据具体情况，制定承运、交付、包装检查、内部交接、装卸作业等安全措施和管理制度。

第二节 临时停限装

第十一条 车站应按照《铁路货物运价里程表》规定的营业范围办理货运业务。遇有特殊情况必须临时加以限制时，属铁路局管内的，由铁路局批准，跨局的须经铁道部批准。

由于设备大修、改建等原因限制整车货物到达时，应提前两个月办妥报批手续。

第十二条 对临时停限装事项，车站应在营业场所对外公告。

凡要求停止零担货物到达的车站，应同时停止零担货物发送业务。

第三节 取送车作业

第十三条 车站应做好日班装车作业计划和卸车预确报工作，并根据装卸作业、待装货物和货位情况，确定取送车计划，及时取送。送车要对准货位。装卸作业始末时间和取送车始末时间，均应有汇报和登记制度。

第四节 装车和卸车

第十四条 装运货物要合理使用货车，车种要适合货种，除规定必须使用和应使用棚车装运的货物外，对怕湿或易于被盗、丢失的货物，也应使用棚车装运。发生车种代用时，应按《货规》的要求报批，批准代用的命令号码要记载在货物运单和货票“记事”栏内；装车时，应采取保证货物安全的相应措施。毒品专用车和危险品专用车不得用于装运普通货物。

第十五条 铁路组织装车时，车站应做到：

装车前，认真检查货车的车体（包括透光检查）、车门、车窗、盖阀是否完整良好，有无扣修通知、色票、货车洗刷回送标签或通行限制，车内是否干净，是否被毒物污染。装载食品、药品、活动物或有押运人乘坐时，还应检查车内有无恶臭异味。要认真核对待装货物品名、件数，检查标志、标签和货物状态。对集装箱还应检查箱体、箱号和封印。

装车时，要做到不错装、不漏装、巧装满载，防止偏载、超载、集重、亏吨、倒塌、坠落和超限。对易磨损货件应采取防磨措施，怕湿和易燃货物应采取防湿或防火措施。装车过程中，要严格按照《铁路装卸作业安全技术管理规则》有关规定办理，对货物装载数量和质量要进行检查。

对以敞、平车装载的需要加固的货物，轻浮货物和以平车装载的成件货物，车站应制定定型装载和加固方案，按方案装车。装载散堆装货物，货物顶面应予平整。对自轮运转的货物、无包装的机械货物，车站应要求托运人将货物的活动部位予以固定，以防止脱落或侵入限界。

装车后，认真检查车门、车窗、盖、阀关闭状态和装载加固情况。需要填制货车装载清单（格式五）的，应按规定填制。需要施封的货车，按规定施封，并用直径 3.2 毫米（10 号）铁线将车门门鼻拧紧。需要插放货车表示牌（格式三）的货车，应按规定插放。对装载货物的敞车，要检查车门插销、底开门搭扣和篷布苫盖、捆绑情况。篷布不得遮盖车号和货车表示牌。篷布绳索捆绑，不得妨碍车辆手闸和提钩杆。两篷布间的搭头应不小于 500 毫米。绳索、加固铁线的余尾长度应不超过 300 毫米。装载超限、超长、集重货物，应按批准的装载方案检查装载加固情况。对超限货物，还应对照铁路局、分局批准的装载方案，核对装车后尺寸。

第十六条　铁路组织卸车时，车站应做到：

卸车前，认真检查车辆、篷布苫盖、货物装载状态有无异状，施封是否完好。卸车时，根据货物运单清点件数，核对标记，检查货物状态。对集装箱货物应检查箱体，核对箱号和封印。严格按照《铁路装卸作业技术管理规则》及有关规定作业，合理使用货位，按规定堆码货物。发现货物有异状，要及时按章处理。

卸车后，应将车辆清扫干净，关好车门、车窗、阀、盖，检查卸后货物安全距离，清好线路，将篷布按规定折叠整齐，送到指定地点存放。对托运人自备的货车装备物品和加固材料，应妥善保管。

卸下的货物登记“卸货簿”（格式四）、“集装箱到发登记簿”或具有相同内容的卸货卡片、集装箱号卡片。在货票丁联左下角记明日期，并加盖卸车日期戳。

第十七条　车站应加强专用线（包括专用铁路，以下同）的管理，做好以下工作：

1．定期与企业签订运输合同（协议）；

2．掌握专用线内货源、货位、装卸劳力和设备情况，协助企业做好货车的取送、对货位、装卸车组织等工作；

3．宣传铁路运输知识，协助企业改进货物包装，办理零担货物的专用线，还应指导企业合理配装；

4．做好货物（车）的交接检查，以及货物码放安全距离、货车清扫、洗刷除污、门窗关闭、篷布使用、保管等情况的检查；

5．对合理使用货车和改进货物装载进行技术指导；

6．掌握装卸车进度，按规定填写“货车调送单”，并认真办理交接；

7．正确填报有关统计资料。

第十八条　按规定卸后须洗刷除污的货车，应在卸车站洗刷除污。如卸车站洗刷除污有困难时，须凭分局调度命令向指定站回送。对回送洗刷除污的货车，卸车站应清扫干净，并在两侧车门外部及车内明显处所粘贴“货车洗刷回送标签”（见《危规》格式五）各一张，货物如有撒漏，应在标签上注明。洗刷除污站应按规定要求洗刷除污后将标签撤除，并在车内两侧车门附近粘贴“洗刷工艺合格证”（见《危规》格式六）各一张。

沿途零担车或分卸货车按规定需要洗刷除污时，由列车货运员或分卸站在“货车装载清单”或整车分卸货票上注明原装货物品名及“需要洗刷除污”字样，由最终到站负责洗刷除污。未经洗刷除污的货车严禁排空或调配装车。

洗刷除污站对洗刷除污的货车应建立登记制度。

洗刷除污站的设置及分工由铁路局确定。

第十九条 运营部门与装卸部门的内部劳务清单（包括联运货物换装），根据实际作业情况，填制有关单据作为清单依据。单据的格式、填写方法、清算办法、清算项目和单价，除有统一规定者外，由铁路局规定。

下列工作属于装卸车附属作业，不另清算：

1. 铺垫或整理防湿垫枕，苫盖、撤除、折叠和取送篷布；
2. 清扫货车、货位，关闭车门、车窗、盖、阀；
3. 整理装车后剩余货物，必要时用篷布苫盖或搬入库台；
4. 安装或撤除支柱、挡板、垫板、禽畜支架；
5. 装载货物的捆绑加固（需要铆接、焊接等特殊加固除外）；
6. 托盘、网络等铁路装卸工具的铺设、撤移、整理和堆码。

第五节 货运票据封套、货车装载清单、回送清单和货车表示牌

第二十条 为便于交接和保持运输票据的完整，下列货物的运输票据应使用货运票据封套（以下简称封套），封固后随车递送。

1. 国际联运货物和以车辆寄送单回送的外国铁路货车；
2. 一辆货车内装有两批以上货物；
3. 整车分卸货物；
4. 以货运记录补送的货物；
5. 附有证明文件或代递单据较多的货物。

军运货物使用封套的范围及填记的封固方法，按军运有关规定办理。

第二十一条 封套封面上各栏应根据实际情况填记并加盖车站日期戳记和带站名的经办人章。一车有两个以上到站的封套，"货物到站"栏应按到达顺序填写站名，并冠以(1)、(2)、(3）等顺序号码。途中各到站卸后抹去本站站名和与前方卸车站无关的事项，填写需要增加的内容，并在更改处加盖带有站名的经办人章。整零车封套的"运单号码"栏只填记"内装票据××份"，"货物品名"栏填记"整零"字样。

国际联运进口（或过境）货车的封套"发站"栏填记进口国境站名，出口（或过境）货车的封套"货物到站"栏填记出口国境站名，并均应在站名下标一"■"字。

装运鲜活货物时，应在封套的"记事"栏内注明"活动物"或"易腐货物"字样，易腐货物还应填记K标记。装运危险货物和其他指定急需挂运的货车，应在"记事"栏内加盖红色"急运"戳记。装运属于■的保价货物时，应在"记事"栏内填记■标记。有关货车编组、解体、挂运时应注意的其他事项（包括规定的标记、符号），也应在"记事"栏内注明。

第二十二条 封套内运输票据的正确完整由封固单位负责。除卸车站或出口国境站外，不得拆开封套。当运输途中发生特殊情况必须拆开封套时，由拆封套的单位编制普通记录证明（附入封套内）并再行封固，在封口处加盖带有单位名称的经办人名章。

第二十三条 整车国际联运出口货物的过境货物，发站（或进口国境站）应填制货车装载清单一份，随同货车递送到站（或出口国境站）。零担、集装箱货物按有关规定填制货车装载清单。

第二十四条　“特殊货车及运送用具回送清单”（格式六，简称“回送清单”），是铁路内部根据规定运送下列铁路所属的货车或用具的运输及交接凭证：

1．按规定免费挂运的非运用车；

2．卸（送）空罐车（润滑油专用空罐车应凭收货人提出的货物运单填制货票免费回送）、散装粮食车（K17 型）、散装水泥车（K15、U60 型）、长大货物车（D 型）、运梁专用车（N15 型）、加冰冷藏车、毒品专用车（PD 型）、集装箱专用车（X 型）；

3．向指定站回送需要洗刷除污的货车；

4．铁路空集装箱；

5．运营用衡器；

6．按规定以调度命令免费运送的装卸机械和工具；

7．军用移动设备（军用备品）、军用移动站台和装卸备品、军用捆绑材料；

8．货车篷布及根据调度命令调拨、送修及修好返回的防湿篷布；

9．铁道部规定免费回送的其他物品。

回送清单由车站负责填发，各栏要填写清楚、正确，有更改时应加盖带有站名的经办人名单。回送清单应具备车站编制的顺序号码，加盖车站日期戳，并由经办人签章，方为有效。按调度命令回送的应将命令号码记入“回送命令号码”栏内。回送清单一式两份，一份留站存查，一份随同货车（或用具）递送到站。

第二十五条　按规定需要“禁止溜放”或“限速连挂”的货车，装车站应在货车两侧插挂“货车表示牌”，由到站卸后撤除。

第二十六条　货物承运簿、卸货簿、封套、货车装载清单和回送清单的保管期均为一年。

第六节　到达和交付

第二十七条　车站对到达的货物应及时发出催领通知，并在货票（丁联）内记明通知方法和时间。必要时应再次催领。收货人拒领或找不到收货人时，到站要按规定调查处理。发站接到到站函电后，应立即联系托运人，要求其在规定时间内提出处理意见，并将该处理意见答复到站。

第二十八条　到站在办理交付手续时，应在货物运单和货票（丁联）上加盖车站日期戳。货物在货场内点交给收货人的，还应在货物运单上加盖“货物交讫”戳记，凭此验收货物。车站也可根据需要，建立货物搬出证制度。

第二十九条　对到达的海关监管货物，车站应按照海关监管的有关规定办理。

第三章　货物交接、检查和换装整理

第一节　货物交接和检查

第三十条　为保证行车安全和货物安全，对运输中的货物（车）和运输票据，要进行交接检查。

第三十一条 车站与运转车长或运转车长相互间使用列车编组顺序表和乘务员手册办理签证交接。交接的时间、地点由分局指定，涉及两个分局的由有关分局商定。接收方应在规定时间内将列车检查完毕。到达列车在规定时间内未经车站签证，车长不得退勤；超过规定时间，车站未同车长办理交接，车长要求车站值班负责人（无值班负责人时为车站值班员）签证后退勤。

第三十二条 我国发往或换装到朝鲜以及朝鲜进口或过境我国的棚车、冷藏车，应选用上下部门扣良好的车辆，在下部门扣处施封。列车编组站在列车编组顺序表上均应注明“■”字样。朝鲜进口或过境我国的，上部门扣以 8 号铁线拧固，凭下部门扣原朝鲜封印（铅饼）交接。我国发往或换装到朝鲜的，上部门扣以 10 号铁线拧固，下部门扣施以施封锁（环状）。在发站、到站或补封站，均应检查封印的站名、号码，在中途站则仅对封印是否丢失、失效进行检查交接。

其他国际联运货车的施封及交接方法，按本规则规定办理。

国境站对外交接时，仍按现行国际联运办法的规定办理。

罐车的上部和下部封印、苫盖货物的篷布顶部、煤车的标记或平整状态，在途中不交接检查，如接方发现有异状，由交方编制记录后接收。发现重罐车上盖开启，应由交方编制普通记录证明，车站负责关好。在发站和中途站发现空罐车上盖张开，由车站负责关闭。

整车货物变更到站时，处理站应对该车的装载情况进行检查，对施封货车应检查封印是否完好及站名、号码。

货物运单、封套上的到站、车号、封印号码各栏，不得任意涂改。在装车站（含分卸站）、换装站、变更处理站因作业需要或填写错误时，应按规定更改。在运输途中发现运单或封套上记载的车号、到站与编组顺序表或现车不符，不得涂改运单、封套，应确认后按规定编制记录。

装车站按施封办理的货车，途中不得改按不施封办理。

货物检查、交接的内容，以及发现问题的处理方法，按下表规定办理（表略）。

第三十三条 车站和列车（或车务）段应根据货物、运输票据交接检查的要求，制定实施办法，明确责任。车站各工种之间也应建立相应的交接检查制度。

运输途中发生整车（含整零车）运输票据丢失时，丢失单位或处理站应于 48 小时内发出电报向有关站查询，全列车运输票据丢失时，还应于当日上报主管分局。每个被查询站接电报后，均应于 48 小时内电复或继续查询。发站接到查询电报后，应及时补制货票抄件寄送到站。

第三十四条 无运转车长值乘的列车，货物和运输票据的交接检查工作按以下规定办理：

1．对货物（车）的检查，应在列车的始发站、终到站、甩挂站及其经过的编组、区段站进行。保留列车的检查在保留站进行。

2．运输票据由编组列车的车站封固，并与机车乘务组实行封票交接，机车乘务组负责完整地递交列车终到站值班员。列车运行中更新机车时，由更换地所在车站检查封固状态，并负责传递。列车终到站启封时，应对运输票据进行检查。途中临时发生甩挂车时，由车站编制普通记录后启封处理，并将运输票据连同普通记录重新封固。

3. 对本章规定的检查事项，按运输票据、封套和编组顺序表的记载进行检查。对发现的问题，应按照有关规定处理，并应于列车到达后120分钟内以电报通知上一检查站，抄知到站。电报内容应包括：列车的车次及时间，货车车号，发现问题的简要处理情况。

第二节 普通记录的编制与管理

第三十五条 车站（段）对普通记录应建立请领、发放、使用及保管制度。普通记录用纸须按号码连续使用。普通记录存查页应及时收回，不丢失，不缺页。运转车长使用的普通记录，应由列车（车务）段负责登记和集中保管。

第三节 货物换装整理

第三十六条 在运输中发现货车偏载、超载、货物撒漏，以及因车辆技术状态不良，经车辆部门扣留，不能继续运行，或根据本规则第三十二条规定需要换装整理时，由发现站（或分局指定站）及时换装整理，并在货票（丁联）背面记明有关事项。

换装整理的时间一般不应超过两天。如两天内未换装整理完毕时，应由换装站以电报通知到站，以便收货人查询。

编组、区段站对扣留换装整理的货车，应进行登记，并按月汇总报主管分局和铁路局，同时通知有关分局和铁路局。

货物换装整理所需的加固材料，由铁路材料厂供应。

第三十七条 铁路责任的货物整理费由整理站（分局）列销；换装费由原装车站（分局）负担，但由于行车事故或调车冲撞发生的换装费由责任单位负担；因车辆技术状态不良发生的换装，属车辆部门责任，换装费由发生局负担。

需要向责任单位清算的换装费，由换装站将记录连同有关费用的单据，按月汇总报主管分局，在发生换装的次月内向责任分局（或责任单位）清算，但每一责任分局每月发生款额累计不足100元的不清算。

第四章 货场管理

第一节 货场管理的基本要求

第三十八条 车站货场是铁路办理货物运输的场所，应加强管理，建立必要的工作制度和良好的工作秩序，经常保持安全、文明、整洁、畅通。

车站要应用现代化管理方法和新技术设备管理货场，提高工作质量和服务质量，完成货物运送任务，保证货物安全，努力做到：服务文明化，管理科学化，作业标准化，不断提高运输集装化和装卸机械化水平。

第三十九条 车站应根据货运设备、装卸机具和办理货物种类等情况合理划分货区、确定货位分工，充分发挥货场的作业能力。

第四十条 车站应协调好货运、装卸、运转部门间的关系，明确分工，组织各部门密切配合，不断改进货物运输管理。

第四十一条 货场内禁止闲杂人员进入，限制各种车辆进入货物仓库、站台、货棚，禁止托运人、收货人在货场内直接或变相买卖货物。

未经铁路局批准，货场内不允许其他单位设点办公。

第四十二条 需要机械装卸汽马车或船舶的货物（包括集装箱），应由货场内设置的铁路装卸机械作业。货场允许收货人以自备交通工具进出货场。铁路局规定由铁路负责零担货物出入库的车站，托运人、收货人不得进库取货、送货。

收货人领取整车货物时，车站应督促收货人将货位清扫干净，并将残留的货底、衬垫物等搬出货场。

第四十三条 业务量大的货场应制定货场交通管理办法，防止车辆堵塞，保证货场畅通。

第二节 货场管理的基本制度

第四十四条 货场应建立包区、包库或包线负责制，货场清扫分工负责制，运输票据、货物检查交接制，取送车作业制，站车交接检查制，保价运输管理制，门卫、巡守、消防制，衡器使用、维修、保管制，统计分析制等项作业制度。

第三节 货运设备管理

第四十五条 货运设备包括仓库、货棚、站台、货物线、货区及通道、房屋、装卸机具、衡器、军用加固材料、防湿篷布，上水、加冰、洗刷除污，以及用于货运业务的电子计算机等各项设施。车站要设专职或兼职人员管理货运。

附录 4

中国民用航空快递业管理规定

第一章 总 则

第一条 为了加强对航空快递业务活动的管理，促进航空快递业务健康、有序地发展，制定本规定。

第二条 本规定适用于在中华人民共和国境内从事航空快递业务的企业（以下简称航空快递企业）和其他与航空快递业务有关的当事人。

本规定所称“航空快递”，是指航空快递企业利用航空运输，收取发件人托运的快件并按照向发件人承诺的时间将其送交指定地点或者收件人，掌握运送过程的全部情况并能将即时信息提供给有关人员查询的门对门速递服务。

第三条 中国民用航空总局（以下简称民航总局）对航空快递业务实施行业管理，核发经营许可证。中国民用航空地区管理局（以下简称民航地区管理局）根据民 航总局的授权，对所辖地区的航空快递业务实施管理和监督。

第四条 航空快递企业应当为客户提供安全、快捷、准确、优质的服务，并根据本规定制定本企业的航空快递业务规程，向民航总局备案后向社会公布。

第二章 航空快递经营许可

第五条 经营航空快递业务，应当向民航总局申请领取航空快递经营许可证，并依法办理工商登记。

未取得有效的航空快递经营许可证的，不得从事航空快递业务。

航空快递企业设立分支机构，应当经民航总局批准。

第六条 经营航空快递业务的企业，应当具备下列条件：

（一）符合民航总局制定的航空快递发展规划、有关规定和市场需要；

（二）具有企业法人资格；

（三）企业注册资本不少于 2500 万元；

（四）具有固定的独立营业场所；

（五）具有必备的地面交通运输设备、通讯工具和其他业务设施；

（六）具有较健全的航空快递网络和电脑查询系统；

（七）具有与其所经营的航空快递业务相适应的专业人员；

（八）民航总局认为必要的其他条件。

第七条 申请航空快递经营许可证，申请人应当向民航总局提交下列文件：

（一）申请书；

（二）可行性研究报告；

（三）注册资本的资金来源证明、法定的资信证明文件；

（四）营业场所证明；

（五）地面交通运输设备、通讯工具和其他业务设施证明，航空快递网络和电脑查询系统证明；

（六）业务人员的身份证明和从事航空快递业务人员的资历证明或者业务培训证明；

（七）民航总局认为必要的其他证明文件。

第八条 民航总局在收到本规定第七条所列的文件后，依照第六条进行审查。自收到申请之日起九十天内，对符合条件的，颁发航空快递经营许可证；对不符合条件的，书面通知申请人。

第九条 航空快递企业申请购置民用航空器从事航空快件运输的，按照设立民用航空运输企业的有关规定另行报批。

第三章 航空快件专门接收站点

第十条 经民航总局批准，航空快递企业可以在机场设立航空快件专门接收站点，集中办理托运或者提取航空快件的手续。进港、出港的航空快件，应当通过该专门接收站点统一向航空承运人托运或者提取。

第十一条 航空快件专门接收站点所需作业通道以及作业、海关监管和安检场所的安排和建设，应当按照规定的程序报批。

第四章 航空快递单

第十二条 发运航空快件，应当填写航空快递单。

第十三条 航空快递单应当包括下列内容：

（一）始发地点和目的地点；

（二）发件人的单位、姓名、地址、电话和邮政编码；

（三）收件人的单位、姓名、地址、电话和邮政编码；

（四）航空快件品名、性质、包装方式、件数；

（五）航空快件的重量、体积或尺寸；

（六）航空快件的声明价值；

（七）计费项目及付款方式；

（八）运输说明事项；

（九）填单日期及发件人签字或盖章；

（十）航空快递企业工作人员签字。

第十四条 航空快递单应当由发件人填写，连同航空快件交给航空快递企业。

经发件人和航空快递企业签字或盖章的航空快递单，是航空快递合同订立的初步证据。

第十五条 航空快件发件人向航空快递企业交运航空快件时，航空快递企业要求发件人出具单位介绍信或其他有效证件的，发件人应予提供。发运国际航空快件，发件人还应当同时提供商业发票、品质说明、装箱单等报关所需的有关文件。

第五章 航空快件的交运、承运和交付

第十六条 航空快件的发件人、收件人与航空快递企业应当按照约定办理有关手续，并遵守本规定的有关要求。

第十七条 航空快递企业收运航空快件，应当及时组织运输，及时交付。

第十八条 航空快递企业应当按照有关航空货物运输的规定，办理航空快件的托运或者提取手续。

航空快递企业负责提供全部地面专递运输和运输过程状况信息服务。

第十九条 航空快件包装内，不得夹带禁止运输或者限制运输的物品、保密文件和资料等。

收运航空快件必须经过安全检查。

第六章 航空快件运价和赔偿责任

第二十条 航空快件运价的管理原则和办法，由民航总局按照航空快件的递送时限和递送距离等条件另行制定。

前款所称航空快件运价，是指自发件人交付航空快件至该航空快件送达直投区内收件人全程运输的航空快件运输价格。

第二十一条 航空快件在递送过程中毁灭、遗失、损坏或者延误时的损害赔偿责任，由航空快递企业和发件人约定，但是不得免除故意或者重大过失情况下的责任。

第七章 罚 则

第二十二条 违反本规定第五条的规定，未取得航空快递经营许可证而从事航空快递业务活动的，或者未经民航总局批准设立分支机构的，由民航总局或者民航地区管理局责令其停止经营、处以一万元以下的罚款；有违法所得的，由民航总局或民航地区管理局会同有关工商行政管理机关没收违法所得，并处以违法所得一倍以上三倍以下（最高不超过三万元）的罚款。

第二十三条 违反本规定第十条的规定，由民航总局或者民航地区管理局处以其所收运费一倍以上三倍以下（最高不超过三万元）的罚款。

第二十四条 航空快递企业违法经营的，由民航总局或民航地区管理局给予警告、暂停经营、收缴航空快递经营许可证等处罚。

第二十五条 违反本规定第十九条的规定，发件人在航空快件包装内夹带禁止运输或

者限制运输的物品、保密文件和资料等的，依照有关法律、行政法规和规章追究其法律责任。

第八章　附　则

第二十六条　中外合资或者合作设立航空快递企业，除按国家有关规定经有关部门审批外，应当按本规定经民航总局审核同意。

第二十七条　本规定自发布之日起施行。

在本规定施行前，已经经营航空快递业务的企业，应当在本规定施行之日起六个月内按照本规定补办审批手续；逾期不办理的，依照第二十二条的规定处理。

附录一

广东省物流师职业资格认证规范及模块设置（试行）

1. 职业概况

1.1 职业名称

物流师

1.2 职业定义

从事运输、仓储、配送、装卸、搬运、包装、流通加工、信息服务、报关、单证等物流活动的规划、设计、管理和操作的人员。

1.3 职业等级

本职业共设四个等级，分别为：物流员（国家职业资格四级），助理物流师（国家职业资格三级），物流师（国家职业资格二级），高级物流师（国家职业资格一级）。

1.4 职业环境

室内、外，常温。

1.5 职业能力特征

有一定表达能力和计算能力，听觉正常，色觉正常，动作协调性好。

1.6 基本文化程度

高中毕业（或同等学历）。

1.7 培训要求

1.7.1 培训期限

全日制职业学校教育，根据其培养目标和教学计划确定。

晋级培训期限：物流员不少于120学时，助理物流师不少于160学时，物流师不少于200学时，高级物流师不少于240学时。

1.7.2 培训教师

培训教师应当具备物流工程和管理专业知识、相关专业工作经验和教学经验，并具有良好的语言表达能力和知识传授能力。

培训物流员的教师应具有本职业助理物流师资格证书或初级专业技术职务任职资格；培训助理物流师的教师应具有本职业物流师职业资格证书或中级专业技术职务任职资格；培养物流师的教师应具有本职业高级物流师职业资格证书或高级专业技术职务任职资格；培养高级物流师的教师应具有3年以上本职业高级物流师职业资格证书或高级专业技术职务任职资格。

1.7.3 培训场地设备

培训机构应具有可容纳 20 名以上学员的标准教室，培训场所应有必要的教学设备、设施，室内卫生、光线、通风条件良好。

1.8 鉴定要求

1.8.1 适用对象

从事或准备从事本职业的人员。

1.8.2 申报条件

物流员（具备以下条件之一者）

（1）经本职业物流员正规培训达到规定的标准学时数，并取得毕（结）业证书；

（2）在本职业连续工作满 2 年或累计工作满 4 年以上；

（3）各类中等院校、大专院校、技工学校本职业（专业）的在校毕业班学生或毕业生。

（4）高等院校（本科）、高级技工学校或经劳动保障行政部门审核认定的、以高级技能为培养目标的高等职业学校本职业（专业）在校学生或毕业生；

助理物流师（具备以下条件之一者）

（1）取得本职业物流员职业资格证书后，在本职业连续工作一年以上，经本职业助理物流师正规培训达到规定的标准学时数，并取得毕（结）业证书；

（2）取得本职业物流员职业资格证书后，在本职业连续工作满 2 年或累计工作满 4 年以上；

（3）高等院校（本科）、高级技工学校或经劳动保障行政部门审核认定的、以高级技能为培养目标的高等职业学校本职业（专业）在校毕业班学生或毕业生；

（4）取得国家认可的大学本科毕业证，从事本职业工作 1 年以上。

物流师（具备以下条件之一者）

（1）取得本职业助理物流师职业资格证书后，在本职业连续工作满 2 年或累计工作满 4 年以上，经本职业物流师正规培训达到规定的标准学时数，并取得结业证书；

（2）取得本职业助理物流师职业资格证书后，在本职业连续工作满 3 年或累计工作满 5 年以上；

（3）取得国家认可的本专业或相关专业大学学士学位，在本职业连续工作满 4 年或累计工作满 6 年以上；

（4）取得国家认可的本专业或相关专业大学硕士学位，在本职业连续工作满 2 年或累计工作满 4 年以上；

（5）取得国家认可的本专业或相关专业大学博士学位。

高级物流师（具备以下条件之一者）

（1）取得本职业物流师职业资格证书后，在本职业连续工作满 2 年或累计工作满 4 年以上，经本职业高级物流师正规培训达到规定的标准学时数，并取得结业证书；

（2）取得本职业物流师职业资格证书后，在本职业连续工作满 3 年或累计工作满 5 年以上；

(3) 取得国家认可的本专业或相关专业大学博士学位，在本职业连续工作满 2 年或累计工作满 4 年以上。

1.8.3 鉴定方式

实行模块化考试，不同职业等级分考不同的模块，其中《物流专业英语与计算机基础》模块为公共模块，即无论考生从何种级别报考，均需考试该模块，但是该模块考试只需通过一次即可，不同级别晋级考试时，无需重考。各职业等级对应的考试模块如下表所示：

职业等级	考试模块
	1. 物流专业英语与计算机基础（公共模块）
物流员	1. 现代物流装备与技术实务 2. 现代物流管理基础
助理物流师	1. 仓储与配送管理基础 2. 企业物流管理基础 3. 物流软件操作
物流师	1. 仓储与配送管理 2. 企业物流管理 3. 供应链管理 4. 物流论文写作与答辩（本职业 1、2、3 模块考试合格后进行）
高级物流师	1. 物流系统规划与决策 2. 供应链战略管理 3. 物流论文写作与答辩（本职业 1、2 模块考试合格后进行）

除《物流论文写作与答辩》外，各考试模块的考试均采用闭卷方式。每个模块的考试均实行百分制，成绩皆达 60 分以上者为合格。高级物流师还需进行业绩跟踪和综合评审。

1.8.4 考评人员与考生配比

除《物流论文写作与答辩》外各模块的考评员和考生的配比为 1∶20，《物流论文写作与答辩》的考评员和考生的配比为 3∶1～3∶3；进行综合评审时，考评员和考生的配比为 6∶1～6∶3。

1.8.5 鉴定时间

各模块的考试时间原则上为 90 分钟或 120 分钟，不得少于 60 分钟。

2. 基本要求

2.1 职业道德

2.1.1 职业道德基本知识

2.1.2 职业守则

（1）热爱岗位，忠于职守。
（2）遵纪守法，尊师爱徒。
（3）讲求信誉，公平竞争。
（4）关心企业，善待顾客。
（5）热情服务，勤于思考。
（6）实事求是，注重调研。
（7）严于律己，认真负责。
（8）勇于开拓，善于创新。

2.2 基础知识

2.2.1 物流业务活动基础知识

（1）物流的含义；
（2）物流管理基本知识；
（3）物流技术基本知识；
（4）物流专业英语基本知识；
（5）应用计算机的基本知识。

2.2.2 社交礼仪知识

（1）基本社交礼仪；
（2）物流活动中的礼仪；
（3）人际交往技巧知识；
（4）交际中的忌讳知识。

2.2.3 相关法律、法规知识

（1）合同法的相关知识；
（2）海运相关法规的相关知识；
（3）运输相关法规的相关知识；
（4）仓储条例的相关知识；
（5）检验法的相关知识；
（6）WTO 有关法律知识；
（7）劳动法的相关知识；
（8）环境保护法的相关知识；

3. 职业要求及考试模块

物流员、助理物流师、物流师、高级物流师的职业能力要求依次递进。考生可根据自身的能力情况，参考 1.8.2 中规定的要求报考合适的级别。

3.1 物流专业英语与计算机基础（公共模块）

要求能够理解和应用物流英语术语，可以阅读基本的物流英文文献，掌握计算机的基本操作。

1．在国际物流业务中正确使用物流英语术语

2．能够阅读基本的物流英文文献

3．能够进行计算机的基本操作

要求具有：

1．英语的基本知识
2．物流英语术语的基本知识
3．计算机操作系统知识
4．计算机常规软件知识

考试模块内容：

1．常用物流英语术语 2．海运单据 3．空运单据
4．联运单据 5．Windows 操作系统 6．计算机网络
7．常用软件（Excel、Access）

3.2 物流员

3.2.1 总体要求

熟悉现代物流的基本概念和知识，掌握现代物流装备的操作方法，了解现代物流的运作流程、管理理念和基本方法。能够进行必要的物流英文阅读和计算机基本操作，具备熟练操作物流装备的能力，能够适应仓储、运输、配送、包装、装卸、搬运、流通加工、信息服务等岗位和与物流相关的海关、边检、商检等部门的报关、单证等岗位的操作要求。

3.2.2 详细表述

物流员的资格要求（职业功能、工作内容、能力要求、相关知识）详细描述如下表。

职业功能	工作内容	能力要求	相关知识
一、运输实务	（一）运输业务流程的执行和基本管理	1．能够正确操作运输工具 2．能够进行货物的装卸和搬运 3．能够正确执行运输管理流程	1．运输管理知识 2．运输装备知识 3．装卸搬运的知识
二、配送实务	（一）配送业务流程的执行和基本管理	1．能够操作配送工具 2．能够操作分拣装备 3．能够操作包装装备 4．能够正确执行配送流程	1．配送流程知识 2．分拣装备知识 3．包装装备知识
三、仓储与保管实务	（一）仓储业务的执行操作	1．能够操作仓储装备 2．能够进行仓库的出入库工作 3．能够进行货物保管工作	1．仓储装备知识 2．货物管理的知识 3．仓储流程管理知识
四、物流信息实务	（一）物流信息的简单收集和分类	1．能够了解物流信息的定义和特征 2．能够发放、回收和分类物流信息调查表。 3．能够操作 Internet 和企业局域网收集物流信息 4．能够对物流信息进行简单的分类	1．物流信息的知识 2．问卷调查表知识 3．Windows 操作系统知识 4．计算机网络的知识
	（二）物流信息的录入和整理	1．能够操作 Excel 软件和 Access 软件完成物流信息录入、登记工作。	1．Excel 软件知识 2．Access 软件知识

（续表）

五、物流运作管理	（一）识别物流活动的具体内容	1．能用系统观点认识物流活动 2．识别关键性物流活动、了解与物流活动相关职能部门的联系 3．正确认识物流活动各环节所具备的功能	1．物流活动范围的知识
	（二）物流操作层面的计划、组织和实施	1．正确理解物流全过程中的效益背反现象，具备系统协调理念 2．能够对物流操作层面进行计划、组织、实施和运作 3．了解企业物流、供应链物流、全球物流之间的联系与异同，初步掌握它们各自的运作流程。 4．能够理解物流成本、质量和标准化	1．物流管理相关理论
	（三）查阅物流法规和国际公约	1．能够查阅相关物流法规和国际公约	1．物流法规和国际公约

3.2.3 考试模块及内容简介

考试模块	模块内容简介
一、现代物流装备与技术实务	1．仓储装备与操作　2．仓储业务管理 3．运输装备　4．运输方式及特点 5．装卸搬运装备与操作　6．集装器具 7．流通加工装备与操作　8．包装装备与操作 9．分拣装备与操作　10．物流信息的分类、收集和整理 11．物流条码功能、分类与识读设备 12．配送概念、作用　13．配送作业流程
二、现代物流管理基础	1．物流及物流系统的概念和内涵　2．物流发展及未来趋势 3．物流的基本理论观点　4．物流活动的基本范围 5．物流网络和物流结点　6．企业物流的概念和内涵 7．供应链物流的概念和内涵　8．全球物流的概念和内涵 9．物流企业的概念、内涵 10．物流成本、质量与标准化的定义和相关内容 11．相关物流法规和国际公约

3.3 助理物流师

3.3.1 总体要求

熟悉现代物流的系统理论和知识，熟练掌握现代物流装备的操作及维护方法，和现代物流的运作流程，了解企业物流运营策略、企业物流管理理念和管理方法。具备熟练的物流装备操作和物流环节的运营实施能力，能够适应仓储、运输、配送、包装、装卸、搬运、流通加工、信息服务等岗位和与物流相关的海关、边检、商检等部门的报关、单证等岗位的物流操作与物流运营实施要求。

3.3.2 详细表述

助理物流师的资格要求（职业功能、工作内容、能力要求、相关知识）详细描述如下表。

职业功能	工作内容	能力要求	相关知识
一、物流供需调查	（一）实施物流供需调查	1. 能够设计简单的物流调查问卷 2. 能够组织调查问卷和物流调查表的发放	1. 问卷设计知识 2. 组织物流调研活动的知识
	（二）汇总整理调查资料	1. 能够组织回收调查问卷和调查表 2. 能够对调查资料进行分类、整理和初步统计分析	1. 调查资料的分类、整理、统计方面的知识 2. 汇总资料方面的知识
二、物流信息管理	（一）实施物流信息系统方案	1. 能够描述物流信息系统方案的内容、流程 2. 能够执行物流信息方案 3. 能够记录和描述物流信息方案执行过程中的问题。	1. 掌握物流信息的内容 2. 信息分类的知识
	（二）执行物流EDI业务流程	1. 能够描述物流EDI业务流程 2. 能够进行物流EDI系统下单处理 3. 能够进行物流EDI系统接单处理	1. 物流EDI系统知识
	（三）掌握GPS在运输中的应用	1. 能够描述GPS的原理 3. 能够理解GPS在车辆调度中的应用	1. 物流GPS系统知识
三、运输管理	（一）实施运输计划	1. 能够运用科学方法正确选择运输路线和运输工具 2. 能够组织货物的装卸搬运 3. 能够提出运费报价 4. 能够组织特殊货物运输	1. 选择运输路线与运输工具的知识 2. 货物装卸搬运的知识 3. 铁路、公路运费知识 4. 安全作业知识 5. 特殊货物运输管理知识
四、配送管理	（一）实施配送方案	1. 能够根据配送计划正确选择配送方式 2. 能够正确选择配送工具 3. 能够根据计划实施流通加工	1. 配送方式的知识 2. 配送工具的知识 3. 流通加工的知识 4. 环保知识

（续表）

五、仓储管理与库存控制	（一）实施仓储运作方案	1. 能够实施仓储货物储存计划 2. 能够根据货物特性对货物进行保管 3. 能够指导仓储设备设施的合理使用	1. 仓储货物储存计划的知识 2. 货物特性与保管保养要求的知识 3. 仓储设备设施知识
	（二）实施库存控制方案	1. 能够实施库存控制计划 2. 能够提出库存控制合理化建议 3. 能够分析库存状况	1. 库存控制知识 2. 库存管理作业知识
六、采购与供应	（一）采购与供应实施	1. 能够实施采购与供应计划	1. 采购物流与供应物流知识 2. 采购与供应计划管理方面的知识
七、生产计划与调度	（一）生产物流调度实施	1. 能够实施生产物流计划 2. 能够实施生产物流调度方案	1. 生产物流知识 2. 生产物流调度计划知识
八、销售与回收	（一）销售物流计划实施	1. 能够实施销售物流计划	1. 销售物流知识 2. 销售物流计划知识
	（二）逆向物流处理	1. 能够根据计划对回收废弃品进行处理	1. 废弃品回收知识 2. 废弃品处理知识 3. 环保知识
九、全球物流与电子商务	（一）实施全球物流流程	1. 能够实施全球物流流程	1. 全球物流知识 2. 全球物流流程知识
	（二）实施电子商务物流方案	1. 能够实施电子商务物流方案	1. 物流与电子商务关系 2. 电子商务物流流程知识
十、物流软件操作	（一）仓储管理软件的操作	1. 能够正确操作仓储管理软件	1. 计算机知识 2. 仓储管理软件知识
	（二）运输管理软件的操作	1. 能够正确操作运输管理软件	1. 计算机知识 2. 运输管理软件知识
	（三）货代管理软件的操作	1. 能够进行操作货代管理软件	1. 计算机知识 2. 货代管理软件知识

3.3.3 考试模块及内容简介

考试模块	模块内容简介
一、仓储与配送管理基础	1．储存计划的实施 2．仓储货物保管方法 3．库存控制方法 4．仓库安全管理 5．特殊仓储管理 6．配送中心业务流程 7．配送方式和工具的选择 8．配送中心的流通加工 9．运输方式和工具选择 10．运费价格的选择 11．特殊货物运输组织与管理 12．EDI 和 GPS 在运输与配送中的应用
二、企业物流管理基础	1．物流客户服务的概念、内涵及要素 2．物流数据的调查方法、分类与分析 3．物流信息系统的概念、流程和信息方案的执行 4．订单处理的内涵和基本流程 5．采购的概念、内涵和流程 6．供应物流的特征和流程 7．生产物流的流程和特征 8．销售物流的流程、特征和渠道 9．逆向物流的概念、内涵、特征和流程 10．电子商务物流的概念、内涵、特征、过程和模式 11．全球物流的特征、内容、流程和模式
三、物流软件操作	1．运输管理软件操作 2．仓储管理软件操作 3．货代管理软件操作

3.4 物流师

3.4.1 总体要求

熟悉现代物流的系统理论和知识，熟练掌握现代物流装备的操作及维护方法，现代物流的运作流程、管理理念和基本方法，掌握企业建立物流发展战略、运营策略的知识和现代物流服务的营销手段。了解物流发展的规划、政策，了解现代物流发展动态、供应链管理和第三方物流的理论，具有系统的物流管理理念、物流项目运营能力和企业物流管理技巧，能够适应仓储、运输、配送、包装、装卸、搬运、流通加工、信息等岗位和与物流相关的海关、边检、商检等部门的报关、单证等岗位的物流运营和物流管理要求。

3.4.2 详细表述

物流师的资格要求（职业功能、工作内容、能力要求、相关知识）详细描述如下表。

职业功能	工作内容	能力要求	相关知识
一、物流市场研究	（一）组织物流供需调查	1. 能够拟定调研方案 2. 能够正确选择调查方式	1. 拟定调研方案知识 2. 选择调查方式知识 3. 选择调查对象知识
	（二）进行物流调查分析	1. 能够对物流调查资料进行分析 2. 能够对物流调查结果进行评估与预测 3. 能够撰写物流调查报告	1. 物流调查资料分析知识 2. 物流调查资料的估计与预测知识 3. 撰写调查报告知识
二、物流信息管理	（一）组织实施物流信息系统方案	1. 能够组织物流信息系统方案的实施 2. 能够记录和简单分析物流信息系统方案实施过程中的问题。 3. 能够撰写物流信息系统实施总结报告	1. 物流信息系统的知识 2. 信息分类的知识
	（二）物流信息分析	1. 能够对物流信息进行合理的分类 2. 能够撰写物流信息分析报告	1. 物流信息分类知识 2. 撰写物流信息分析报告知识
	（三）物流信息系统运营监控与评价	1. 能够对物流信息系统的正常运行进行监控。 2. 能够对物流信息系统的运行效果进行初步评价	1. 物流信息系统运行的知识 2. 系统评价的知识
三、运输管理	（一）运输组织与调度	1. 能够制订运输计划 2. 能够进行运输调度 3. 能够确定合理的运输方式 4. 能够根据运输计划正确选择承运人	1. 编制货物运输计划知识 2. 运输调度知识 3. 运输组织与运输方式知识 4. 安全运输知识
	（二）运输商务管理	1. 能够就运输合同进行谈判 2. 能够对运输成本进行综合分析和控制 3. 能够确定运输报价	1. 运输合同知识 2. 谈判知识 3. 运输成本分析与控制知识 4. 运输报价知识
	（三）货运代理	1. 能够实施货运代理流程 2. 能够组织货运代理业务的实施	1. 货运代理业务知识 2. 进出口知识 3. 海运和空运知识

（续表）

四、配送管理	（一）配送方案设计	1．能够制订配送方案 2．能够选择合理的配送路线	1．配送作业流程知识 2．配送方案知识
	（二）配送作业管理	1．能够组织配送货物的分拣、配货、配载、包装等作业 2．能够制订正确的流通加工计划 3．能够对货物的交付期进行管理 4．能够设计增值服务的项目	1．产品包装知识 2．流通加工知识 3．货物配送知识 4．增值服务知识
	（三）配送商务管理	1．能够就配送合同进行谈判 2．能够对配送成本进行综合分析和控制 3．能够确定配送报价	1．配送合同知识 2．谈判知识 3．配送成本分析与控制知识 4．配送报价知识
五、仓储保管与库存控制	（一）仓库运作管理	1．能够选择正确的仓库供应商 2．能够正确设计仓库运作流程 3．能够正确选择仓库装卸搬运系统 4．能够设计库存控制方案	1．仓库管理知识 2．仓库运作流程知识 3．仓库装卸搬运知识 4．仓库安全作业知识 5．库存控制的知识
	（二）库存控制管理	1．能够制订库存控制计划 2．能够合理地进行库存控制	1．库存控制知识 2．库存控制方法知识
六、采购与供应	（一）采购与供应物流管理	1．能够制订采购计划 2．能够制订供应计划	1．企业采购知识 2．企业供应知识
七、生产计划与调度	（一）生产物流管理	1．能够制订生产物流计划方案 2．能够制订生产物流调度计划	1．企业生产物流计划知识 2．企业生产物流调度知识
八、销售与回收	（一）销售物流管理	1．能够制订销售物流计划	1．企业销售物流知识
	（二）逆向物流	1．能够制订回收废弃品的处理计划	1．回收废弃品知识 2．废弃品处理知识 3．环保知识
九、全球物流与电子商务	（一）制订全球物流流程	1．能够制订全球物流计划方案	1．全球物流知识 2．全球物流流程知识
	（二）制订电子商务物流方案	1．能够制订电子商务物流方案	1．物流与电子商务关系 2．电子商务物流流程知识

（续表）

十、供应链管理	（一）供应链管理的实施	1．能够掌握供应链管理基本方法 2．能够掌握供应链管理原则和步骤以及管理方法 3．能够应用信息技术进行供应链管理	1．供应链基本知识 2．供应链管理方法知识 3．供应链的信息技术知识
	（二）供应链库存管理	1．能够掌握供应链库存管理基本方法 2．能够实施供应链库存管理流程 3．能够初步评价供应链库存管理绩效	1．供应链库存基本知识 2．供应链库存管理方法知识 3．供应链库存管理绩效评估方法
	（三）供应链成本管理的实施	1．能够选择供应链成本分析基本方法 2．能够制订和实施供应链成本管理方案 3．能够初步评价供应链成本管理绩效	1．供应链成本分析的基本知识 2．供应链成本分析方法知识 3．成本管理绩效评估方法
	（四）客户关系管理	1．能够掌握客户关系管理基本方法 2．能够实施客户关系管理流程 3．能够初步评价客户关系管理绩效	1．客户关系管理基本知识 2．客户关系管理方法知识 3．客户关系管理绩效评估方法
	（五）供应链合作伙伴的选择	1．能够掌握供应链合作伙伴选择的原则 2．能够掌握供应链合作伙伴选择的步骤	1．供应链合作的知识 2．供应链组织知识 3．供应链管理的知识
	（六）制订供应链绩效评估的方案	1．能够选择供应链绩效评估方法 2．能够制订供应链绩效评估方案	1．供应链绩效评估知识 2．供应链绩效评估方法知识

3.4.3 考试模块及内容简介

考试模块	模块内容简介
一、仓储与配送管理	1. 仓库装备的选择 2. 仓库运作流程的设计 3. 库存控制设计 4. 货物包装方案的制订方法 5. 流通加工计划的制订方法 6. 配送组织设计 7. 配送运输方案设计 8. 配送商务管理 9. 运输计划与调度 10. 运输组织设计 11. 运输商务管理 12. 装卸与搬运决策
二、企业物流管理	1. 物流需求分析和调研方案设计 2. 订单处理与物流信息系统 3. 采购管理和供应决策方法和模型 4. 生产物流的计划、实施和控制 5. 销售物流的计划、实施和控制 6. 逆向物流的计划、实施和控制 7. 电子商务物流方案设计 8. 全球物流管理
三、供应链管理	1. 供应链的概念与特征 2. 供应链管理方法 3. 供应链管理实施流程 4. 供应链库存管理 5. 供应链成本管理 6. 供应链的合作伙伴选择 7. 供应链管理的信息技术 8. 客户关系管理 9. 虚拟供应链、敏捷供应链、绿色供应链和E供应链的概念特征 10. 供应链的绩效分析与评估 11. 我国供应链管理问题与对策
四、物流论文写作	以论文的形式表述某种物流现象、方法或原理，或阐明某一物流问题的解决原理、方法、过程和效果

3.5 高级物流师

3.5.1 总体要求

要求系统掌握现代物流和供应链管理的理论，掌握诊断和评价物流系统和供应链绩效的技能与方法，能够对物流系统进行规划、设计和优化，具备制订企业物流发展战略和地区物流园规划及具体实施、运作的能力。能够适应采购、仓储、运输、配送、包装、装卸、搬运、流通加工、信息等岗位和与物流相关的海关、边检、商检等部门的报关、单证等岗位的物流管理、规划及决策要求。

3.5.2 详细表述

高级物流师的资格要求（职业功能、工作内容、能力要求、相关知识）详细描述如下表。

职业功能	工作内容	能力要求	相关知识
一、物流系统规划	（一）组织物流规划的编制	1．能够设计物流规划的工作流程 2．能够组织物流规划工作的实施 3．能够进行物流网络的设计和优化 4．能够编制物流方案	1．物流规划工作流程知识 2．物流规划实施知识 3．物流网络知识 4．物流方案知识
	（二）组织物流规划方案的实施	1．能够对相关人员进行培训 2．能够协调指导物流规划方案的实施 3．能够对物流模式进行正确决策	1．物流模式知识 2．决策知识 3．物流生产组织与计划知识 4．物流成本管理知识
	（三）物流基础设施规划	1．能够制订物流基地、物流园区、物流中心、配送中心规划的总体方案 2．能够进行物流基地、物流园区、物流中心、配送中心规划的经济效益分析 3．能够进行物流基地和物流园区的用地、路网和设施的规划	1．物流园区知识 2．区域规划知识 3．交通规划知识 4．运筹学知识 5．物流设施和装备知识
二、物流信息管理	（一）物流信息系统规划	1．能够分析和确定物流信息系统功能需求 2．能够提出物流信息系统的总体结构及框架	1．物流信息系统规划知识 2．物流信息技术知识
	（二）物流信息系统设计	1．能够提出物流信息系统的选择原则及设计方案 2．能够进行物流信息技术的选择	1．物流信息系统设计知识 2．物流信息技术知识
	（三）物流信息系统改进	1．能够对物流信息系统的设计方案进行改进 2．能够对物流信息系统的维护提出建议	1．物流信息系统维护知识
三、运输管理	（一）运输战略选择	1．能够正确制订运输战略 2．能够选择适当的运输模式	1．选择运输战略知识 2．各种运输模式知识
	（二）运输系统设计	1．能够设计运输网络 2．能够提出运输网络优化方案 3．能够组织集装箱多式联运	1．运输网络知识 2．优化运输网络知识 3．集装箱联运知识
四、配送管理	（一）配送战略选择	1．能够制订配送战略 2．能够制订配送方案 3．能够组织共同配送	1．配送战略知识 2．配送管理与控制知识 3．共同配送知识

（续表）

	（二）配送系统规划	1．能够制订配送系统规划方案 2．能够选择配送系统规划方法 3．能够优化配送业务流程	1．配送系统规划知识 2．配送业务流程优化知识
五、仓储管理与库存控制	（一）仓储战略规划	1．能够制订仓储战略 2．能够确定仓储系统布局 3．能够正确选择仓储系统的库址	1．仓储战略知识 2．仓库合理布局和库址选择知识
	（二）仓储系统规划	1．能够对仓储系统提出总体设计要求 2．能够提出仓储系统设施与设备方案 3．能够对仓储系统的基本结构进行设计	1．仓库系统结构知识 2．仓储系统总体布局知识 3．物流设施与设备知识 4．仓储系统建设总体知识
	（三）制订库存控制策略	1．能够制订库存控制策略 2．能够确定库存控制方法	1．库存控制知识
六、采购与供应	（一）采购与供应物流决策	1．能够制订采购战略 2．能够进行供应商管理 3．能够制订和优化采购方案	1．采购策略知识 2．供应商管理知识
七、生产物流管理	（一）生产物流决策与规划	1．能够制订生产物流流程 2．能够提出设备布局方案 3．能够进行物流生产组织与计划 4．能够提出在制品管理方案	1．企业生产物流知识 2．企业设备及布局知识 3．在制品管理知识
八、销售与回收	（一）销售物流决策	1．能够制订销售策略 2．能够制订销售方案 3．能够优化销售渠道	1．销售策略知识 2．销售管理知识
	（二）逆向物流	1．能够制订逆向物流策略	1．逆向物流知识
九、物流系统分析	（一）物流系统分析	1．能够制订物流系统功能分析方案 2．能够制订物流结点分析方案	1．系统分析的知识 2．统计方法知识 3．分析模型知识
十、物流战略管理	（一）制订物流管理决策方案	1．能够进行物流管理决策 2．能够设计物流产业规划方案	1．物流管理决策知识和经验 2．物流产业规划知识 3．物流体系知识
	（二）供应链战略和组织规划	1．能够进行供应链战略决策 2．能够制订供应链组织流程 3．能够制订供应链规划方案 4．能够构建和优化供应链	1．供应链战略的知识 2．供应链组织方法知识 3．供应链规划的知识

（续表）

	（三）区域物流战略决策	1．能够进行区域物流战略决策 2．能够构建和优化区域物流	1．区域物流的知识 2．区域物流的战略知识 3．区域物流战略决策知识
	（四）物流产业或企业发展战略决策	1．能够进行物流产业和企业发展的战略决策 2．能够构建和优化物流产业和企业发展战略决策	1．宏观经济学知识 2．决策论和系统论 3．工程经济分析 4．多目标选优知识 5．费用效益分析知识 6．经济地理知识

3.5.3 考试模块及内容简介

考试模块	模块内容简介	
一、物流系统规划与决策	1．物流系统规划的编制与实施 3．物流基地和园区规划 5．运输战略决策 7．配送系统规划与决策 8．配送中心选址、布局优化与流程设计 9．仓储系统规划与设计 11．生产物流规划与决策	2．物流系统分析 4．物流信息系统规划、设计和改进 6．运输网络规划和设计 10．供应系统规划与决策 12．销售物流规划与决策
二、供应链战略管理	1．物流战略管理背景知识 3．供应链的战略和组织联盟 5．供应链的协调与整合战略 7．企业资源计划（ERP）与物流战略 8．业务流程重组（BPR）与物流战略 9．区域物流发展战略规划	2．供应链的构建与优化战略 4．供应链战略和组织规划 6．一体化供应链战略 10．物流产业发展战略决策
三、物流论文写作	能够以论文的形式清楚表述某种物流现象，阐明某一物流问题的解决原理、方法、过程和效果，或清楚地阐明某一物流方法或原理	

附录二

广东省物流师职业资格认证模块化考试大纲
——《现代物流管理基础》

一、考试要求

该课程模块主要考察考生对现代物流管理的基础理论知识的掌握程度。考生应达到以下基本要求：

1．熟悉和掌握物流和物流系统的概念和内涵，熟悉物流发展及未来趋势。
2．熟悉和掌握物流的基本理论观点。
3．熟悉和掌握物流活动的基本范围。
4．熟悉和掌握物流网络和物流结点。
5．熟悉和掌握企业物流涉及的流程、环节。
6．熟悉供应链物流概念、特征和内涵。
7．熟悉全球物流的概念、特征和内涵。
8．熟悉和掌握物流企业的概念、内涵和特征。
9．熟悉和掌握物流成本、质量与标准化的定义和相关内容。
10．初步熟悉相关物流法规和国际公约等。

二、考试内容

项目	内容概要	配分比例
（一）引言	1．物流的基本内涵 2．物流发展的阶段	10
（二）物流基本理论	1．物流创造的基本效用 2．物流的经济价值 3．物流的若干理论认识	15
（三）物流活动的基本范围	1．物流活动的内容 2．关键性物流活动 3．物流活动涉及的交叉领域	15

项目	内容概要	配分比例
（四）物流网络	1. 物流网络概念 2. 物流实体网络 3. 物流信息网络 4. 各种类型的物流结点	10
（五）企业物流	1. 企业物流的内涵及范畴 2. 供应物流 3. 销售物流 4. 生产物流 5. 回收物流	10
（六）供应链管理	1. 供应链的概念 2. 供应链管理 3. 物流管理与供应链管理的联系与区别 4. 网络经济下物流与供应链管理的演变 5. 供应链虚拟组织发展的趋势	10
（七）全球物流	1. 全球物流发展背景 2. 全球物流基本活动和特点 3. 国际集装箱多式联运 4. 其他几种重要方式	10
（八）物流企业	1. 物流业务外包 2. 第三方物流 3. 第三方物流的特征 4. 第三方物流服务的实施 5. 第三方物流增长的障碍 6. 供应链系统集成与第四方物流	5
（九）物流成本、质量和标准化	1. 物流成本管理 2. 物流质量管理 3. 物流标准化	10
（十）物流相关法规与国际公约	1. 法规与公约对物流活动的影响 2. 物流中法律问题的广泛性与多样性 3. 物流相关的法律框架概述	5

三、考试形式及题型

考试形式为：客观试题，计算机阅卷。

共三种题型：单选题、多选题、判断题。单选题要求从多个候选答案中选择一个正确的答案，着重考察考生对于基本的概念和基本理论、方法的掌握程度。多选题要求从多个候选答案中选择两个或两个以上的正确答案，着重考察考生对于原理、方法的理解和把握。判断题要求考生对某种表述做出“正确或错误”的判断，既可以考察考生对基本概念和基本理论的掌握程度，也可考察考生的理解程度。

试卷满分为100分，单选题的题量为50题，每题1分，多选题的题量为10分，每题2分，判断题的题量为30题，每题1分。

参考文献

1. Raja G. Kasilingam.: Logistic and Transportation. Kluwer Academic Publishers, 1998
2. Stanley E.Fawcett , Steven R. Clinton. Enhancing Logistics to Improve the Competitiveness of Manufacturing Organization: A Triad Perspective. Transportation Journal, 1997
3. John T. Mentzer etc. "Defining Supply Chain Management" . Journal Of Business Logistics, Vol.22, No.2.2001
4. Sandor Boyson , Thomas M. Corsi, Martin E. Dresner etc. Logistics and the Extended Enterprise. John Wiley & Sons, Inc.1999
5. Jacksonville. Logistics and Transportation . Kluwer Academic Publishers . 1998
6. Edward Frazelle. Supply Chain Strategy. The togistics of Supply Chain Management. McGraw. Hill. 2001
7. [美] 迈克尔·波特. 竞争优势. 华夏出版社，2003
8. [美] 罗纳德·H. 巴罗. 商业物流管理——供应链的规划、组织和控制. 机械工业出版社，2002
9. [美] 唐纳德 J 鲍尔索克斯. 物流管理——供应链过程的一体化. 机械工业出版社，1999
10. [美] 马丁·克里斯托弗. 物流竞争. 北京出版社，2001
11. [美] 詹姆斯·R. 斯托克. 战略物流管理. 中国财政经济出版社，2003
12. [美] 大卫·辛奇 - 利维，菲利普·凯明斯基，艾迪斯·辛奇 - 利维. 供应链设计与管理：概念、战略与案例研究. 上海远东出版社，2000
13. [日] 汤浅和夫. 物流管理. 文汇出版社，2002
14. [日] 中田信哉. 物流入门. 海天出版社，2001
15. 丁俊发. 中国物流. 中国物资出版社，2002
16. 王之泰. 现代物流管理. 中国工人出版社，2001
17. 王槐林. 物流管理学. 武汉大学出版社，2002
18. 朱道立，龚国华，罗齐. 物流和供应链管理. 复旦大学出版社，2001
19. 张晓萍，颜永年，吴耀华，荆明. 现代生产物流及仿真. 清华大学出版社，2000
20. 彭志忠. 现代物流与供应链管理. 山东大学出版社，2002
21. 宋华，胡左浩. 现代物流与供应链管理. 经济管理出版社，2000
22. 杨海荣. 现代物流系统与管理. 北京邮电大学出版社，2003

23．齐二石．物流工程．天津大学出版社，2001
24．赫聚民．第三方物流．四川人民出版社，2002
25．蔡淑琴．物流信息系统．中国物资出版社，2002
26．上海现代物流教材编写委员会．现代物流管理教程．上海三联书店，2002
27．丁立言，李石柱，孙莹．物流配送．清华大学出版社，2002
28．曾剑，王景锋，邹敏．物流基础．机械工业出版社，2003
29．闫培金，王成．企业物流内控精要．中国经济出版社，2002
30．现代物流管理课题组．物流成本管理．广东经济出版社，2002
31．胡美芬．物流相关法规与国际公约．四川人民出版社，2002
32．荣朝和，魏际刚，胡斌．集装箱多式联运与综合物流：形成机理及组织协调．中国铁道出版社，2001
33．魏际刚．运输业发展中的制度因素．经济科学出版社，2003

物流师职业资格培训系列教材（公共教材）

现代物流管理基础

清华大学深圳研究生院
广东省职业技能鉴定指导中心　组织编写
深圳市职业技能鉴定指导中心

魏际刚　施祖麟　编著

海天出版社（中国·深圳）

图书在版编目（CIP）数据

现代物流管理基础 / 魏际刚，施祖麟编著. —深圳：海天出版社，2004.1
（物流师职业资格培训系列教材）
ISBN 978-7-80654-988-9

Ⅰ. 现… Ⅱ. ①魏… ②施… Ⅲ. 物流—物资管理—技术培训—教材 Ⅳ. F252

中国版本图书馆CIP数据核字（2003）第067906号

现代物流管理基础
XIANDAI WULIU GUANLI JICHU

出 品 人　聂雄前
责任编辑　来小乔　张绪华
责任技编　梁立新
封面设计　刘　晖

出版发行　海天出版社
地　　址　深圳市彩田南路海天大厦（518033）
网　　址　www.htph.com.cn
订购电话　0755-83460397（批发）0755-83460239（邮购）
印　　刷　深圳市希望印务有限公司
开　　本　787mm × 1092mm　1/16
印　　张　11.5
字　　数　256千
版　　次　2004年1月第1版
印　　次　2017年8月第19次
定　　价　20.00元

物流师职业资格培训系列教材
编辑及指导委员会

丛书总序

现代意义上的物流业发端于二十世纪五六十年代，成熟于七八十年代，从全球看，只有不到半个世纪的发展史。以致国外有些著名经济学家和管理学家曾把它称为经济管理领域最后一块神秘未知土地。我国直到九十年代中后期，才开始重视发展现代物流业。但是，我国物流业正处于高速增长的上升阶段，存在着巨大的市场潜力和广阔的发展前景。

人们过去之所以对物流业认识模糊，与这个系统的庞大和复杂分不开。所谓物流是指从原材料和零部件的采购、装卸、运输、转运、生产、包装、贮存、配送、销售，到最终将商品送达用户手中的过程中，所涉及的各个环节的物品移动和滞留的流程形态。研究物流的现实目的在于：综合运用科学技术手段和组织管理方法来降低物流流程的广义成本，从而提高商品生产和流通的效率及经济效益。

物流业已经成为经济全球化过程中最主要的话题之一。国际学术界和业界公认，物流业正在成长为潜力最巨大的利润源泉。我国企业要想迅速融入全球化并在其中得到高额回报，必须以高效率、高质量的金融流、信息流、人力流和物流系统作为支撑。纵观我国产业结构现状，唯现代物流，基础极为薄弱且人们认识模糊，需要我们努力改变之。

为了迅速将我国传统物流系统改造成为现代物流业，我们面临的任务不仅仅是提高其内在的技术含量和管理水平，更重要的是解决人才问题。目前全国物流专门人才严重匮乏，据不完全统计，缺口总量高达 60 万人。如果不能尽快改变这种状况，我国物流业想得到快速健康的发展是困难的。通过高质量的系统的教育培训来改变现有物流人才知识结构，是改变当前现状的重要途径。

深圳市一直高度重视物流业的发展，市政府把物流业定为该市未来经济发展的三大支柱产业之一，制定了《深圳“十五”及二〇一五年现代物流业发展规划》，从陆、海、空全方位地建设物流网络系统，并重点发展大型专业化配送中心专业市场及第三方物流。深圳市还特别重视物流人才的引进和培养。最近，深圳市劳动局和清华大学又合作编写了物流职业资格培训系列教材，用于人员培训。教材由浅入深，兼备实用性、可操作性和理论性。内容框架结构合理，既有详尽的物流现代技术分析，也有全面的管理知识介绍。这套丛书还有一个显著特点，就是比较详细全面地阐述了物流技术与管理的基本技术要素，内容系统、深入、全面，读后有耳目一新的感觉。总的来说，这是一套值得推荐给读者的教材。我希望这套教材的推出，对深圳市以及全国物流人才的培养起到良好而积极的推动作用。

中国就业培训技术指导中心主任

陈宇教授

前 言

物流学科所涉及的知识门类庞杂，总体上讲涉及技术与管理两大门类的知识。解决物流问题，一般需要交通运输、工业工程、机械工程、经济学、管理学等方面的知识；同时也需要信息技术、交通与仓储仿真、自动化技术、供应链管理等现代学科前沿知识作为其基础。

近年来，物流业在全国范围内蓬勃发展，形成了对物流人才的巨大需求。由于我国物流业起步较晚，物流教育相对滞后，迫切需要在借鉴国外物流教育经验的基础上，建立起符合我国现实需求的合理的知识架构，培养出适合我国物流业发展需要的合格人才。

目前迫切需要有合理的知识架构和较为完备的知识呈现给学习者，以培养出有较强专业知识背景的物流人才。培养出一大批合格的人才是保证我国物流基础设施建设、物流产业健康发展的最根本保障。我们依据物流的基本知识体系衍生规律，遵循物流职业资格认证培训的相关标准，设计了本丛书的框架体系。本丛书具有自己鲜明的特色：（一）系统性：从物流管理和物流技术两大角度分别论述，对物流活动中的各功能要素进行了完整系统的分析；（二）层次性：针对各个层次的物流管理和技术人员的实际需要组织教材内容；（三）先进性：充分吸收了当前物流理论和实践中的最新成果和技术。

《现代物流管理基础》一书共分为十章，主要介绍现代物流管理中一些基础性的概念和理论观点，包括物流的基本概念、物流的基本理论、物流活动的范围、物流网络、企业物流、供应链、全球物流、物流企业、物流质量、成本和标准化以及物流相关法规与国际公约等内容。对这些基本概念和理论的阐述和拓展，目的是使读者能够基本上掌握现代物流管理中的核心概念、理论观点和一些重要的方法。

在此，我们向提供资料和研究成果的学者，以及在理论上、经验上给予指导的专家同行致以诚挚的谢意。同时，向给予我们启示的研究先行者致以敬意！

应社会急需仓促编写完成此丛书，错误疏漏在所难免，期望读者、专家不吝赐教。

编者

2003 年 8 月 8 日于深圳

目 录

第一章　物流的基本内涵和发展阶段

自从有了人类以来，就开始了不同种类的零散物流活动。早期人们为了生存和突破空间地域范围的局限，在搬运和储存方面进行了较大的努力和革新，当企业出现后，更是一直不断地从事运输与储存方面的活动。不过，人们对这些活动绝大多数情况下都是分别进行管理，很少对它们进行总体的协调管理，也很少涉及物流增加产品或服务价值的概念，而增加的这部分价值对于提高最终用户的满意度和实现销售十分重要。

尽管近二十年有关协调物流管理的理念才被普遍接受，但有关运输和物流方面的学术研究可以追溯到 19 世纪 40 ~ 50 年代，当时美国耶鲁大学校长、经济学家亨利·亚当斯（Henry Adams）开设了一门关于铁路运输经济学的课程，它主要是从经济和商业的角度来综合分析运输问题。而关于物流（Logistics），一些学者把该词追溯到拿破仑时代的法国军队中，另外一些学者则认为物流一词出自于 1844 年居里·杜彼特（Jules Dupuit）的一篇关于水运和道路运输的论文中。杜彼特在其论著里明确地阐述了在陆运和水运之间进行选择时，会有一种成本抵消另一种成本（运输成本代替库存成本）的观点："事实是，陆上运输更快捷、更可靠、货损更少，对于能经常投入大量资金的商人，陆上运输有优势。然而，0.87 法郎的节约很可能促使商人使用运河，他要购买仓库，增加运输途中的资本占用，在手中持有足够货物以防运河运输的低速度和不规律运送带来的损失，如果有人告诉他，运输中节约的 0.87 法郎只会为他带来几个生丁的好处，他会倾向于选择新的路线。"①

20 世纪初，国外对物流的研究开始进入一个新的阶段。1901 年，约翰·F·克罗威尔（John F. Crowell）在美国政府报告《行业委员会关于农产品配送的报告》中第一次论述了对农业产品流通产生影响的各种因素和费用。1916 年，阿什·沙（Arch Shaw）在《商业问题的解决途径》一书中，初次论述物流在流通战略中的作用。同年，魏尔德（Weld）引进配送渠道概念。1922 年，弗瑞德·E·克拉克在市场营销中确认了物流的作用。1927 年，拉尔夫·布索迪（Ralph Borsodi）在《流通时代》一书中，正式用 Logistics 称呼物流，物流这个词被定义成很接近它今天的使用方式。

第一节　物流的基本内涵

一、物流的定义

① ［美］罗纳德·H·巴罗：《商业物流管理——供应链的规划、组织和控制》机械工业出版社，2002，P2。

物流的定义随着人们对物流活动和实践的逐步认识而发生变化，其内涵逐步得到丰富、深化和扩展。

美国物流管理委员会定义“物流（管理）是供应链流程的一部分，是为了满足客户需求而对商品、服务及相关信息从原产地到消费管理地的高效率、高效益的正向和反向流动及储存进行的计划、实施与控制过程”。现代物流管理强调把正确质量正确数量产品以正确的方式在正确的时间送达正确地点用户手中的有效性活动的集合。显然，物流已经纳入了企业间互动协作关系的管理范畴，而且要求企业在更广阔的背景上来考虑自身的物流运作。即不仅要考虑自己的客户，而且要考虑自己的供应商：不仅要考虑到客户的客户，而且要考虑到供应商的供应商；不仅要致力于降低某项具体物流作业的成本，而且要考虑使供应链运作的总成本最低。

我们认为，对物流的认识至少应该包括以下几个方面内涵：

（1）物流中的“物”既包括有形的实体产品，也包括无形的服务；

（2）物品（包括无形的服务）从起始点向最终点的动静结合的流动过程；

（3）满足客户需求为目标，追求在正确的时间、以正确的数量、用正确的价格、把正确的产品或服务送到正确地方的正确的客户手中；

（4）存在对物流活动全过程中各环节的计划、实施、协调与控制。

二、物流的分类

对物流的分类，目前并没有统一的看法，综合已有的论述，可从以下四种角度进行划分：

1．从物流在经济中的运行角度可划分为宏观物流与微观物流

宏观物流是指社会再生产总体的物流活动，从社会再生产总体角度认识和研究物流活动。这种物流活动的参与者是构成社会总体的大产业、大集团。显然，宏观物流在空间上呈现出大跨度，在很大空间范畴内进行活动。在通常提到的物流活动中，下述物流应属于宏观物流，如：国民经济物流、全球物流等，宏观物流研究的主要特点是综合性和全局性。

微观物流是指消费者、生产企业所从事的实际的、具体的物流活动。在整个物流活动中的一个局部、一个环节的具体物流活动也属于微观物流。在一个小的区域空间发生的具体的物流活动也属于微观物流。针对某一具体产品所进行的物流活动也是微观物流。下述物流活动皆属于微观物流，如：企业物流、生产物流、供应物流、回收物流、销售物流、废弃物物流、生活物流等，微观物流研究的特点是具体性和局部性。

2．从物流服务对象角度可划分为社会物流与企业物流

社会物流是指超越一家一户的以一个社会为范畴、以面向社会为目的的物流。这种社会性很强的物流往往是由专门的物流服务供应商提供，社会物流的范畴是社会经济的大领域。社会物流研究再生产过程中随之发生的物流活动，是研究国民经济中的物流活动；研究如何形成服务于社会、面向社会、又在社会环境中运行的物流；研究社会中的物流体系的结构和运行，因此社会物流带有一定的综合性和广泛性。

企业物流是从企业角度研究与之有关的物流活动，是具体的、微观的物流活动的典型

领域。企业物流又可以划分为不同典型的具体物流活动，如企业供应物流、生产物流、销售物流、废弃物流和回收物流。

3. 从物流活动的空间范围角度可划分为国际（全球）物流、国内物流和区域物流

国际（全球）物流是指不同国家（地区）之间的物流。世界发展主流是国家与国家之间的经济交流越来越频繁，国际、洲际的原材料和商品相互流通，形成国际物流。国际物流的研究已成为物流研究的一个重要分支。

国内物流是指一个国家内部各地区之间的物流。一国所制定的各项法律、方针、政策、规划、标准在所辖的范围内普遍适用，国内物流的运作应遵守该国物流管理部门所制定的行业标准。

区域可以有不同的划分标准：可以按行政区别划分，也可以按地理区域位置划分。划分标准还很多。区域物流是指按以上各种区域展开的物流活动。

4. 从物流活动的运作主体可划分为第一方、第二方、第三方和第四方物流

根据运作主体的不同，可将物流的运作模式划分为第一方物流、第二方物流、第三方物流和第四方物流。

第一方物流是由卖方、生产者或供应方组织的物流活动，这些活动的核心业务是生产和供应商品，为了自身生产和销售业务需要而进行物流自身网络及设施设备的投资、经营与管理。

第二方物流是由买方、销售者组织的物流活动，这些活动的核心业务是采购并销售商品，为了销售业务需要投资建设物流网络、物流设施和设备，并进行具体的物流业务运作组织和管理。

第三方物流是指物流活动由供方需方之外的第三方去完成，它是企业物流业务外包的产物。

第四方物流是供应链的集成者，它与职能互补的物流服务提供商一起组合和管理组织内的资源、能力和技术，提出整体的供应链解决方案。

三、物流的若干特性

物流作为涉及多部门、多功能活动的集成，具有若干特性：

1. 系统性

物流是一个系统，是由物流各要素所组成要素之间彼此存在有机联系的整体。这个整体十分复杂，内部各要素彼此之间相互作用和相互依赖。

2. 客观性

物流活动一直客观存在，只是长久以来未为人们认识，特别是现代物流的活动范围和影响已经渗透到国民经济的方方面面，成为社会经济生活中不可分割的组成部分。

3. 大跨度性

这主要表现在两个方面，一是物流活动地域跨度大，二是物流活动时间跨度大。

4. 动态性

物流联结多个生产企业和用户，随需求、供应、渠道、价格的变化，系统内的要素及系统的运行经常发生变化，难于长期稳定。稳定性差、动态性强带来的主要问题是要求系统有足够的灵活性与可改变性。

5. 中间层次性

物流系统本身具有可分性，可以分解成若干个子系统；同时，物流系统在整个社会再生产中又主要处于流通环节中，因此它必然受更大的系统如流通系统、社会经济系统制约。

6. 复杂性

物流系统要素本身就十分复杂，如物流系统运行对象“物”，遍及全部社会物资资源，将全部国民经济产品的复杂性最后集于一身不可能不引起物流系统的复杂；此外，物流系统要素间的关系也不像某些生产系统那样简单而明晰，这就增加了系统的复杂性。

7. 效益背反

物流系统中的某一项活动得到优化将会使系统中的另一活动相应劣化，甚至会出现系统总体恶化的结果。这种非常强的“背反”现象常称之为“交替损益”或“效益背反”现象。

8. 网络经济性

物流网络经济性，具体包括物流线路密度经济和物流网络的幅员经济，物流网络经济包括特定产品的线路密度经济、载运工具载运能力经济、车（船、机）队规模经济、港站（枢纽）处理能力经济、线路延长的运输距离经济和由于物流网络幅员扩大带来的多产品经济。

四、物流的目标

物流在社会实践中不断得以发展，是社会分工深化的结果，物流活动的目标符合社会经济发展的规律，可以归纳为以下几个方面：

1. 客户满意

现代物流系统具有很强的服务性，这是一种以客户满意为出发点的服务目标，树立“用户第一”的观念，将商品按照用户的要求，以正确的方式、合理的成本送到用户手中。

2. 降低成本

物流活动是一种降低总成本的活动，这种成本降低活动包括的内容是广泛的，即时间成本的降低、空间成本的降低而且还包括交易成本的降低等。物流系统就是要通过渠道设计和网络分析来提高物流运作的高效性、流动性。

3. 速度经济

及时性并不等于快速性，也就是说它并不只是简单的时间节约，而是指让物品在最恰当的时间送到用户手中。现代物流不仅仅只是物品的传递，更是要通过信息的沟通来实现物品最适合的流动。在物流领域采取的，如直达运输、联合运输、看板、实行按专门路线配送（货运专线运输）等管理和技术，就是这一目标的体现。

4. 规模经济

与生产领域的规模生产一样，在流通领域同样也需要规模化经营。对于物流系统，就是要通过引入机械化、自动化来提高物流设施规模化的处理能力；通过电子计算机和通信技术的应用以及物流网络的建立与完善等来实现信息处理的规模化。

5. 范围经济

范围经济意味着对产品进行共同生产相对于单独生产的经济性。物流的范围经济性指物流企业在同时能够提供运输、仓储、流通加工、配送以及这些功能集成的服务时远比单独建立起一个个功能性企业来提供运输、仓储、流通加工、配送服务更具有效益。

6. 战略与竞争优势

通过物流活动的有效组织和协调，能够对企业的成本降低和差异化产生影响，从而形成相对于竞争对手的竞争优势。

传统运输、仓储、物资等企业纷纷转型发展现代物流，把物流作为一种战略性竞争行为，通过物流服务提供的成本优势和差异化树立起其在行业内的竞争优势。

第二节 物流发展的阶段

物流真正意义上的发展是从20世纪50年代开始的。美国学者爱德华·弗雷泽（Edward Frazelle，2002）从物流活动范围和影响力方面把物流的演进分为五个阶段：工场物流（workplace logistics）、设施物流（Facility Logistics）、企业物流（Corporate Logistics）、供应链物流（Supply Chain Logistics）和全球物流（Global Logistics）五大阶段。如图1－1所示。图中可以看出，20世纪50年代以来，物流的活动范围和影响力正得到不断扩展。

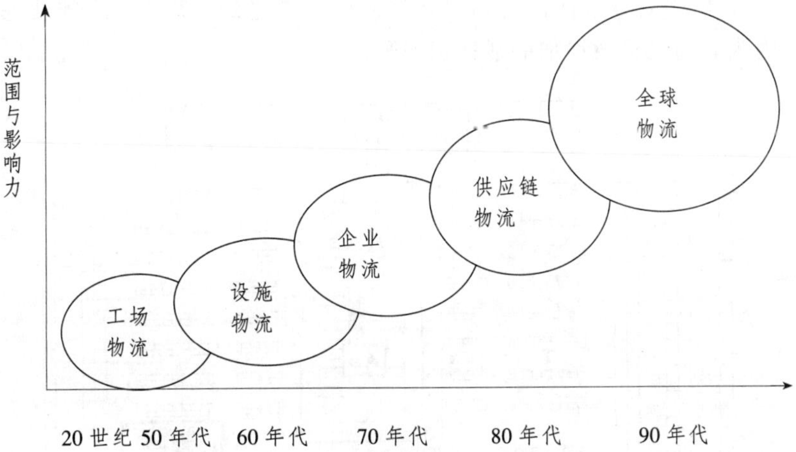

图1－1 物流发展的阶段

一、工场物流

工场（工作场所）物流（见图1－2）是在一个单一工作站的物资流动。工场物流的目标是使得个人在单个机器上工作或使物资沿安装线移动呈平滑状态。工场物流的原理由二战期间工业工程和二战后工厂经营的奠基人发展起来的，人们对这种研究称为工效学。

图 1－2　工场物流

二、设施物流

设施物流（如图 1－3）是指在一个设施内的工作站之间的物资流动，设施物流更一般的是指物料处理。设施可能是指一个工厂、码头、仓库或配送中心，设施物流与物料处理来源于大规模生产和 20 世纪 50～60 年代装配线的使用。这种情况使得从那时起一直到 20 世纪 70 年代，许多企业都保留有物料处理部门。不过到了现在，物料处理活动已不再受到重视，因为它与无价值增加的活动相关联。

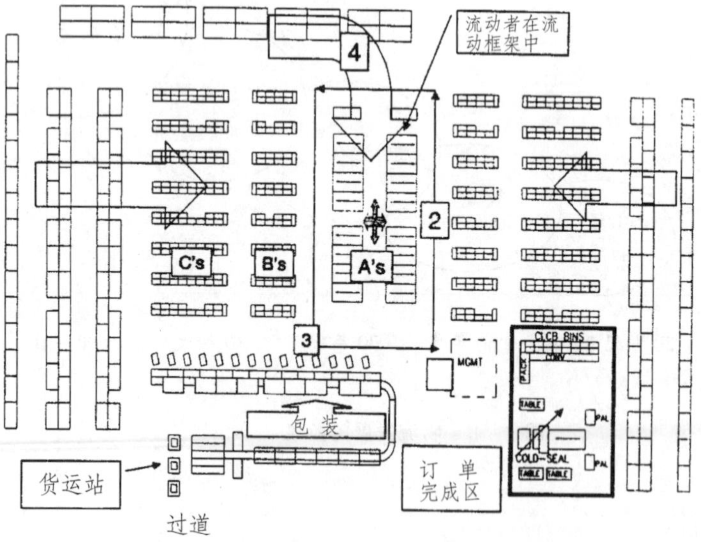

图 1－3　设施物流

在 20 世纪 60 年代，物料处理，仓储和交通被成组在一起，形成人们熟知的实体配送（Physical Distribution）。采购、市场营销和客户服务被成组在一起，形成人们熟知的商业物